Antología de poesía mexicana

mexicana

Siglo XIX

Antología de poesía mexicana

mexicana

Siglo XIX

Prólogo, selección y notas de

José Emilio Pacheco

•

HOTEL DE LAS LETRAS

ANTOLOGÍA DE POESÍA MEXICANA. SIGLO XIX

© 1979, 2022, José Emilio Pacheco y Herederos de José Emilio Pacheco

Diseño de portada: Leonel Sagahón

D. R. © 2022, Editorial Océano de México, S.A. de C.V.
Guillermo Barroso 17-5, Col. Industrial Las Armas
Tlalnepantla de Baz, 54080, Estado de México
info@oceano.com.mx

Primera edición en Océano: 2022

ISBN: 978-607-527-581-9

Impreso en México / Printed in Mexico

Índice

Nota [1979], 15

Nota [1985], 17

Prólogo, 19

JOSÉ JOAQUÍN FERNÁNDEZ DE LIZARDI, 29
Miércoles de ceniza, 29

ANDRÉS QUINTANA ROO, 30
Oda al dieciséis de septiembre de 1821, 30

FRANCISCO ORTEGA, 35
A Iturbide en su coronación, 36

FRANCISCO MANUEL SÁNCHEZ DE TAGLE, 39
A la luna en tiempo de discordias civiles, 39
Soneto inscrito en una puerta de la Alameda, 43
Contrición poética, 44

JOSÉ MARÍA HEREDIA, 44
En el teocalli de Cholula, 45
Niágara, 49

MANUEL CARPIO, 53
Al nacimiento del Señor, 53
Las troyanas, 54
El río de Cosamaloapan, 54
México en 1847, 55

JOSÉ JOAQUÍN PESADO, 60
Sitios y escenas de Orizaba y Córdoba, 60
Salmo XXXVIII, 62

Vanidad de la gloria humana, 64
Invocación (de los aztecas) al Dios de la Guerra, 67

Ignacio Rodríguez Galván, 69
Profecía de Guatimoc, 70
¡Bailad, bailad!, 83
Adiós, oh patria mía, 85
La gota de hiel, 87

Fernando Calderón, 89
El sueño del tirano, 89
El soldado de la libertad, 92

Francisco González Bocanegra, 96
Himno Nacional, 97

Juan Valle, 100
La guerra civil, 100

Ignacio Ramírez, 104
Después de los asesinatos de Tacubaya, 105
Por los desgraciados, 105
Por los gregorianos muertos, 108
Al amor, 111
El Año Nuevo, 112

Guillermo Prieto, 114
Al mar, 114
Ensueños, 119
Cantares, 121
Décimas glosadas, 122
Romance de la Migajita, 124

Vicente Riva Palacio, 127
Adiós, mamá Carlota (versión de Eduardo Ruiz), 128
Adiós, mamá Carlota (versión de Juan A. Mateos), 129
Al viento, 131
El Escorial, 131
La noche en El Escorial, 132
La vejez, 132
La muerte del tirano, 133

IGNACIO MANUEL ALTAMIRANO, 133
Las amapolas, 134
Al Atoyac, 137
El Año Nuevo, 140

MANUEL ACUÑA, 140
A Laura (Méndez), 141
Ante un cadáver, 143
Nocturno, 146
Hojas secas, 148

MANUEL M. FLORES, 156
Bajo las palmas, 156
Francesca, 158
La noche, 160

ANTONIO PLAZA, 163
Abrojos, 164
A una ramera, 166
Nada, 170

JUAN DE DIOS PEZA, 171
Fusiles y muñecas, 172
En mi barrio, 174
En las ruinas de Mitla, 176

JOSÉ ROSAS MORENO, 178
La vuelta a la aldea, 179

JOSÉ PEÓN CONTRERAS, 181
Ecos, 182

JOSEFA MURILLO, 184
Contraste, 184
Adiós y siempre adiós, 185
Definiciones, 185

AGUSTÍN F. CUENCA, 186
A orillas del Atoyac, 186
Árbol de mi vida, 189

LAURA MÉNDEZ DE CUENCA, 190
Nieblas, 190

JOAQUÍN ARCADIO PAGAZA, 193
Al caer la tarde, 193
El cerro, 194
Otumba, 194
El río, 195
La oración de la tarde, 195
Oda XXX de Horacio, 196

IGNACIO MONTES DE OCA Y OBREGÓN, 197
Miramar en 1876, 198
San Ignacio Mártir, 199
Al sol, 199
Ipandro Acaico, 200
Pulvis es, 200
Nave incendiada, 201

ENRIQUE FERNÁNDEZ GRANADOS, 201
De Lidia, 202
A Lidia, 203

JUSTO SIERRA, 203
Playera, 204
Funeral bucólico, 205
Tres cruces, 207
José Martí, 209

SALVADOR DÍAZ MIRÓN, 210
Cleopatra, 210
La nube, 211
Música de Schubert, 212
Música fúnebre, 212
Ejemplo, 213
El fantasma, 213
Engarce, 214
A ella, 215
La giganta, 215
Idilio, 216
Al chorro del estanque…, 221
En el álbum de Eduardo Sánchez Fuentes, 222

Dentro de una esmeralda, 222
La mujer de nieve, 223

MANUEL GUTIÉRREZ NÁJERA, 223
La duquesa Job, 224
Non omnis moriar, 228
Para entonces, 229
To be, 230
En un cromo, 231
A un triste, 231

MANUEL JOSÉ OTHÓN, 232
Frondas y glebas, 233
Himno de los bosques, 234
En el desierto. Idilio salvaje, 241
Elegía, 245

FRANCISCO A. DE ICAZA, 248
Preludio, 249
Paisaje de sol, 250
La arteria rota, 250
El canto del libro, 251
Ahasvero, 251
En la noche, 252
Las horas, 253

MARÍA ENRIQUETA, 254
Renunciación, 254
Vana invitación, 255
Paisaje, 256

LUIS G. URBINA, 257
Así fue…, 257
El poema del lago, 258
Vieja lágrima, 268
La balada de la vuelta del juglar, 269
La elegía del retorno, 270

AMADO NERVO, 273
"Oremus", 274
A Felipe II, 275
A Kempis, 276

El muecín, 277
Andrógino, 277
El violoncello, 278
Londres, 278
En Bohemia, 279
Rondós vagos, 279
Vieja llave, 280
Renunciación, 282
En paz, 283

Rafael López, 283
La Bestia de Oro, 284
Venus suspensa, 286

Efrén Rebolledo, 288
Caro Victrix, 289

Alfredo R. Placencia, 296
Ciego Dios, 296
Miserere, 297
Mi Cristo de cobre, 298
La fatiga de las puertas, 299

Francisco González León, 301
Antiguallas, 302
Íntegro, 302
Despertar, 303
Diálogo, 304
Suenan las III, 305
Palabras sin sentido, 305
Soldaditos de cristal, 306
La gotera, 307
Agua dormida, 308

Enrique González Martínez, 309
Busca en todas las cosas…, 310
Psalle et Sile, 311
Tuércele el cuello al cisne…, 312
Como hermana y hermano, 312
Mañana, los poetas…, 314
Dolor, 314
Mar eterno, 315

La despedida, 315
Estancias, 316

Nota editorial, 323

Índice de poetas, 325
Índice de poemas, 327

Nota

Esta compilación aspira a rescatar la parte más desdeñada de la herencia cultural mexicana: la poesía escrita desde el comienzo de la guerra de independencia (1810) hasta el fin del orden porfiriano con la derrota de Huerta por los ejércitos revolucionarios (1914).

Es un libro de divulgación que se propone reunir los textos más significativos por su calidad poética o su interés histórico. De fray Manuel de Navarrete a José Juan Tablada, se han elegido cuarenta y dos poetas entre los cientos que publicaron en ese lapso.*

Un trabajo de esta naturaleza resulta necesariamente una obra colectiva a la que contribuyen cuantos se han ocupado de la poesía mexicana. Se basa en una investigación que comprendió la lectura de muchos libros críticos y antológicos pero, en primer término, la de todos los poemas que fue posible obtener escritos por los autores seleccionados.

La introducción y las notas (reducidas al mínimo) no pretenden ser eruditas sino informativas. Tampoco el resumen cronológico ambiciona constituir un panorama del siglo XIX: se limita a indicar las condiciones históricas generales en que trabajaron estos poetas, así como lo que se escribía en otros países.

Por lo demás, se dan fechas aproximadas: unos cuantos poemas (los de Navarrete) son anteriores a 1810 y hay otros posteriores a 1914, si bien los hicieron poetas ya formados cuando, con la primera guerra mundial, empezó extracronológicamente el siglo cuyo término estamos viviendo.

En general, el orden cronológico se establece de acuerdo con la etapa más productiva de cada poeta, y no siguiendo estrictamente las fechas de nacimiento. Por ejemplo, González León (1862) aparece mucho después que Urbina (1864). En el prólogo y la nota correspondiente se dan las razones para incluir a José María Heredia que nació en Cuba. En las selecciones de Pesado, Flores y Pagaza se reproducen poemas parafrásticos que, por supuesto, no son "originales" temáticamente, aunque sí por su organización verbal. Esta práctica, común en las antologías inglesas, no es frecuente en nuestro ámbito.

* En la edición definitiva de 1985, Tablada pasó a la sección a cargo de Carlos Monsiváis; la primera parte de la antología terminó con González Martínez y cerró en cuarenta poetas. (Véase Nota editorial a este volumen.)

Poesía mexicana I prosigue una tarea de difusión que inicia en 1965 *La poesía mexicana del siglo XIX* y continúa en 1970 la *Antología del modernismo (mexicano): 1884-1921*. Aunque las coincidencias son inevitables, en modo alguno se ha tratado de reproducir aquí esos libros.

El presente trabajo fue hecho en el Seminario de Historia de la Cultura Nacional (INAH) con el fondo bibliográfico de la biblioteca "Manuel Orozco y Berra". Agradezco su generosa ayuda al profesor Gastón García Cantú, director general del Instituto Nacional de Antropología e Historia; al doctor Enrique Florescano, director general de Estudios Históricos, y a la doctora Sonia Lombardo de Ruiz, jefe del Departamento de Investigaciones Históricas. Asimismo, quiero dejar constancia de mi agradecimiento a René Solís, quien tuvo la idea de incluir en su colección de Clásicos Mexicanos este libro que sirve de antecedente y complemento a la *Poesía mexicana 1915-1979* de Carlos Monsiváis, y a Patricia Bueno, coordinadora de la serie, quien me ayudó amable y eficazmente en todo momento.

J. E. P.
Junio de 1979

Nota

Esta compilación se publicó por vez primera en 1979 en la serie "Clásicos de la literatura mexicana", editada también por BASAS. Ahora se revisa y se pone al día. Incluye poemas escritos desde comienzos de la guerra de independencia (1810) hasta el fin de la era porfiriana con la derrota de Huerta por los ejércitos revolucionarios (1914). Estas fechas son aproximadas. Hay algunos textos escritos después de 1914, si bien los hicieron poetas ya formados cuando, con la Primera Guerra Mundial, empezó extracronológicamente el siglo que está llegando a su fin.

El orden sigue la etapa más productiva de cada autor y no estrictamente las fechas de nacimiento. Así, Francisco González León (1862) aparece mucho después de Luis G. Urbina (1864). Por las características de este volumen, la presentación y las notas informativas sobre cada poeta se han reducido al mínimo. *Poesía mexicana I: 1810-1914* es un libro de divulgación que sólo aspira a rescatar una parte importante de nuestra herencia cultural.

[1985]

Prólogo

En 1765 un decreto de Carlos III comienza la época de las reformas borbónicas. Se instauran nuevos métodos de explotación que hacen de la Nueva España la principal colonia del imperio. Paradójicamente este periodo tiene su principio más visible en la expulsión de los jesuitas (1767). El virrey marqués de Croix la justifica como un medio para mantener subordinados a pueblos que "nacieron para callar y obedecer y no para discurrir en los altos asuntos del gobierno".

La conciencia criolla se radicaliza ante ese acto despótico. El patriotismo nace como criollismo. Los criollos reclaman la herencia del conquistador y se apoderan del pasado indígena. Resumen tres siglos de historia colonial en cuatro palabras: "ingratitud, injusticia, servidumbre y desolación". Se llaman a sí mismos "americanos", término que disimula los conflictos étnicos y de clase. En grandes obras como la *Historia antigua de México* (Francisco Javier Clavijero) y *Rusticatio mexicana* (Rafael Landívar) los jesuitas exiliados en Italia describen y descubren el país y su historia. Ellos habían introducido en la Nueva España la ciencia y la filosofía de la Ilustración y por tanto la idea de progreso. El trabajo intelectual que antes fue exclusivamente literario se orienta hacia otros campos. Se fundan la Academia de San Carlos y el Colegio de Minería. En barricas de vino y toneles de frutas secas entran los libros prohibidos de Voltaire, Rousseau y Montesquieu. El barroco desaparece lo mismo de la arquitectura que de la poesía, pero no hay entre los autores neoclásicos nadie que pueda compararse a lo que significa para las artes plásticas Manuel Tolsá.

Cuando en los albores del siglo XIX llega el barón de Humboldt encuentra la Ciudad de México "la más hermosa del hemisferio occidental", equiparable a las capitales europeas. Sin embargo, advierte que en ningún otro país existe una desigualdad tan terrible: junto al esplendor peninsular y criollo el pueblo está asolado por el hambre y las epidemias. Sólo la élite habla español; el conocimiento de las mayorías se reduce al vocabulario indispensable para entender las órdenes. En estas condiciones los escritores no tienen más público que ellos mismos.

La Arcadia

Con fray Manuel de Navarrete acaba la literatura de la Nueva España sin que comience aún la poesía mexicana. Ahogados por el miedo a la Inquisición y la imposibilidad de editar sus obras, los criollos que pretenden hacer versos sólo tienen un refugio: la carrera eclesiástica. Desde el claustro se expresan según las convenciones del "buen gusto" neoclásico. Es la época más pobre de las letras hispánicas. Hace mucho que la decadencia política y militar de España apagó la llama del Siglo de Oro.

Jacobo de Villaurrutia y Carlos María de Bustamante fundan *El Diario de México* (1805-1817) e intentan producir una literatura mexicana distinta de la española. Como se prohíbe hablar de política todo es política. Hacer una "oda al pulque" y ya no al vino (que por decreto no se elabora aquí) es una afirmación y un desafío. *El Diario* establece la fama de Navarrete e impulsa a José Joaquín Fernández de Lizardi para romper el monopolio literario. Mediante sus revistas y folletos, primer esfuerzo democratizador de la cultura en Nueva España, Lizardi trata de que lo lea un nuevo público y lo mantengan sus lectores, no el clero ni el virrey. Leyendo a Lizardi es inevitable pensar en lo que hubiera sido la literatura novohispana si se hubiesen dado oportunidades a los indígenas y mestizos que asombraron a los españoles por su facilidad para aprender y asimilar.

Mientras el viento de la Revolución francesa llega a lo que por entonces se llama la América septentrional, José Mariano Rodríguez del Castillo y otros poetas del *Diario* organizan la Arcadia mexicana. Adoptan nombres griegos y eligen como su "mayoral" a Navarrete. De ese Edén los expulsa en 1810 la rebelión de Hidalgo. Los criollos que anhelan la independencia y envidian la prosperidad norteamericana se horrorizan ante la tempestad desencadenada por los siglos de coloniaje. La lucha política se convierte en guerra de clases; la toma de Guanajuato equivale por su violencia a la caída de Tenochtitlan.

La contrarrevolución y los neoclásicos

Entre los últimos poetas novohispanos sólo Andrés Quintana Roo cruza las líneas y se afilia a la causa de Morelos que pugna por la igualdad racial, la abolición de privilegios y la restitución de tierras a los indios. Lizardi permanece en territorio realista aunque contribuye, dentro de sus limitaciones, a la empresa insurgente. La poesía no muestra nada que iguale a *El Periquillo Sarniento*, libro fundador de la novela mexicana aun antes de que exista la nación.

Derrotada la gran tentativa de Morelos, la independencia es fruto de la contrarrevolución de Iturbide. De pronto los mexicanos se encuentran autónomos aunque no libres. Celebren o ataquen a Iturbide, los primeros poetas que pueden llamarse nacionales no tienen más posibilidad que imitar las odas del español Manuel José Quintana. Descubren entonces hasta qué punto siguen mentalmente atados. La poesía novohispana comenzó en uno de los grandes momentos del idioma y se benefició de un esfuerzo ajeno: la revolución poética efectuada por Garcilaso de la Vega. En 1821 nuestra lírica padece una miseria en que tampoco tuvo parte. Porque todo se le dio hecho, hasta la blanda esterilidad o la exhortación engolada del neoclasicismo. A partir de entonces la idea de encontrar la independencia cultural obsesionará a los escritores.

En un México que en vez de liberarse sólo ha cambiado de amos, la única tarea importante es impugnar los privilegios o, por lo contrario, defenderlos. En términos generales los criollos forman la nueva élite del poder y los mestizos constituyen la oposición. Nadie hace nada por beneficiar a las masas y se cree que la riqueza minera compensa la falta de desarrollo agrícola e industrial. En la búsqueda de un nuevo orden el ejército se vuelve la única fuerza capaz de mantener el control. El país oscila entre el caos y el despotismo. Instituir una república parlamentaria y federal es una utopía allí donde subsisten las instituciones coloniales. Según el sitio que ocupen en la organización social, los poetas sustentarán las ideas del liberalismo o del partido conservador, serán románticos o académicos. Hay intercambios y contaminaciones, pero nadie permanece al margen. Por eso la mejor literatura mexicana anterior al modernismo resulta casi siempre la que no es en primera instancia literatura: el periodismo y la historiografía.

Heredia y la academia de Letrán

A la explosión de 1789 y las guerras napoleónicas ha sucedido en Europa la paz de los sepulcros impuesta por la Santa Alianza. Viven los románticos alemanes y los ingleses como Lord Byron. No obstante hay que esperar a 1830 para que el romanticismo (Madame de Staël ha creado el término) se imponga en Francia con Victor Hugo y más tarde, a través de España, se difunda en México.

En el país que ya expulsó a Iturbide y todavía no padece a Santa Anna hay una figura literaria central: el cubano José María Heredia. En sus poemas el neoclasicismo se desmantela y empieza a transformarse en otra cosa. Heredia descubre el paisaje mexicano celebrado en latín por Landívar y muestra a los criollos que tienen una antigüedad clásica en su pasado indígena. Excelente crítico, Heredia es el maestro de los poetas jóvenes. Por desgracia, renuncia pronto a su romanticismo; los mexicanos de esta tendencia habrán de aprenderla, siendo antiespañoles, en Espronceda, Zorrilla, el duque de Rivas y García Gutiérrez.

Manuel Carpio y José Joaquín Pesado encarnan a su vez la transición. Conservadores que alcanzaron a formarse en la cultura clásica impartida por la Iglesia, junto a sus recreaciones del mundo antiguo hacen buenos poemas descriptivos. Gracias a ellos el paisaje mexicano se vuelve un motivo poético tan digno de atención como la historia sagrada o la antigüedad grecorromana.

Ignacio Rodríguez Galván inicia propiamente nuestro romanticismo. Es el representante literario de un nuevo sector medio: los mestizos excluidos que reclaman su lugar e improvisan autodidácticamente la instrucción que les fue negada. En la "Profecía de Guatimoc" Rodríguez Galván arrebata a los criollos la idealización del pasado indígena. Su Cuauhtémoc no es, como en los anteriores, figura de reconciliación entre clases y grupos étnicos opuestos sino emblema de combate. Galván se duele de ignorar la lengua de Nezahualcóyotl; trata a Cortés de "bárbaro y cruel, aventurero impío"; condena a Santa Anna, "infame, traidor, bandolero" que habita en palacios y comercia con las lágrimas de su pueblo; se queja de la Europa que oprime a América, África y Asia, y anuncia la rebelión de los pueblos explotados.

Asimismo, en Fernando Calderón la poesía aparece como medio de lucha social y de crear conciencia política. Parte de este impulso llega a los mismos conservadores: Carpio escribe el mejor poema sobre el desastre de 1847, Pesado vindica la poesía náhuatl y la incorpora a la naciente tradición en el mismo rango de sus versiones de los salmos y los poetas clásicos.

La academia de Letrán, fundada en 1836 por Guillermo Prieto y los hermanos José María y Juan N. Lacunza, es el primer paso hacia la formación de una literatura que de verdad pueda llamarse mexicana. Por breve tiempo conviven en la academia de Letrán neoclásicos y románticos. Comparten un interés genuino en las letras pero nada más. Los conservadores no tardan en alejarse cuando escuchan invectivas contra el dictador que acaba de perder a Texas ("El sueño del tirano") y afirmaciones de ateísmo como el primer discurso de Ignacio Ramírez. No hay neutralidad posible: se está con los dueños de la tierra y el dinero, o bien se toma partido por las víctimas de una injusticia que Galván y Prieto conocen en carne propia.

De Santa Anna a la Reforma

Calderón y Rodríguez Galván mueren en la juventud; sus contemporáneos se dan al periodismo de urgencia que las circunstancias imponen. La poesía de Prieto y Ramírez será fundamentalmente obra de la vejez. Entre 1846 y 1867 sus producciones más significativas en este campo resultan dos gritos de batalla: "Los cangrejos", canción burlesca anticonservadora, y un soneto que llama a la lucha a muerte contra el grupo que Ramírez designa como el partido colonial. En el México de esta época no hay espacio para la poesía lírica. Lo prueba el que una barcarola de Rodríguez Galván, escrita para despedirse de la patria y de la existencia, veinte años después sea convertida por Vicente Riva Palacio en "Adiós, Mamá Carlota", la irónica canción de los chinacos.

Al trauma de ver a México vencido y desgarrado por la nación que fue su modelo y su esperanza de auxilio, se suma la afrenta de contemplar el eterno retorno del gran responsable: Santa Anna. Para construir el país con el que sueñan los liberales —herederos de José María Luis Mora y Valentín Gómez Farías y alumnos de los institutos estatales que fundó la Constitución de 1824— es necesario arrasar el pasado, destruir la herencia de la colonia. A esa tarea dedican todas sus fuerzas los poetas de la generación de 1857, la mejor generación que ha nacido en México.

Así como Carpio fue el poeta que lamentó bíblicamente la invasión norteamericana, Juan Valle es el poeta de la Reforma al mismo título que Prieto y Ramírez. Valle se impone a su ceguera para defender la causa liberal y paga con la vida su actitud. Entre la academia de Letrán y la época de Ignacio Manuel Altamirano hay un desierto para la poesía, no para el pensamiento político ni para el heroísmo. Sin embargo, los románticos logran en 1854 su mayor triunfo popular: la letra escrita por Francisco González Bocanegra para el Himno Nacional, himno que no adquiere su auténtico sentido hasta que comienza la intervención francesa.

Juárez y su grupo emprenden la reforma social con objeto de lograr la democracia y el desarrollo económico. Gran parte de lo confiscado a la Iglesia para financiar el progreso tiene que gastarse en la guerra, primero contra los conservadores, luego contra el ejército de Luis Bonaparte y las tropas del archiduque Maximiliano. Nada tan diferente al país de Santa Anna, derrotado en 1847, como el México de Juárez, victorioso en 1862 y en 1867. La tarea a que se enfrentan los liberales no es reconstruir lo que nunca ha existido: es inventar una nación sobre las ruinas dejadas por sesenta años de guerra. En ese proyecto la literatura tiene un papel de primera importancia: dar identidad y voz a un conglomerado que no puede encontrarlas en ninguna otra parte.

La época de Altamirano (1869-1889)

Discípulo de Ramírez y heredero de la academia de Letrán, Ignacio Manuel Altamirano trata de fundar una literatura nacional que para serlo verdaderamente se enriquezca con lo mejor que se ha hecho y se hace en el mundo y, sobre todo, depure y perfeccione su único instrumental: la lengua española. Altamirano abre las páginas de El Renacimiento a los conservadores vencidos. Por vez primera en mucho tiempo los enemigos se encuentran en un terreno común. Sin proponérselo, Altamirano prepara el acuerdo de clases antagónicas, el pacto entre la naciente burguesía y los oligarcas tradicionales, alianza en que a la vuelta de algunos años se basará el porfiriato.

Un intento como el de Altamirano se cumple más fácilmente en la novela, la crónica y el teatro que en la poesía. Con todo, Prieto escribe con el habla popular una celebración del pasado épico, el *Romancero nacional*, y una versión del presente, la *Musa callejera*. Riva Palacio y Juan de Dios Peza encuentran un material vastísimo en las tradiciones y leyendas de la colonia. Aun en medio de los nobles proyectos colectivos la subjetividad reclama sus derechos: aunque ellos no lo hubiesen querido, los mejores poemas de Prieto, Ramírez y Riva Palacio son también los más personales.

El subjetivismo define a los que, bajo el magisterio de Altamirano, forman la segunda generación romántica. Algunos como Manuel M. Flores y Antonio Plaza participaron en las guerras liberales. Otros nacieron tarde para alcanzar la edad heroica. Todos quieren hablar de sí mismos: el gran tema ya no es la patria sino el amor. El amor conduce al suicidio a Acuña, a la ceguera a Flores, a Plaza a romper con la sociedad y a Peza a volcarlo en sus hijos. Él es el único que mantiene las creencias tradicionales. Los otros se consideran hombres de un siglo transfigurado por el vapor, el ferrocarril, la prensa, el telégrafo: son materialistas y pesimistas, dolientes e incrédulos. Se implanta el positivismo que sustituye el estudio del latín y la metafísica por la sociedad y la economía. Sólo es verdadero lo comprobable mediante la experimentación. El lema es: "la ciencia como medio, el progreso como fin".

En plena época romántica y positivista se dirían anacronismos vivientes poetas religiosos como los obispos Joaquín Arcadio Pagaza e Ignacio Montes de Oca y Obregón. Pero ellos sostienen la tradición humanística cuando de los programas escolares se ha expulsado el latín, la retórica y la poética. La continuidad de la línea neoclásica, unida a la descripción del paisaje mexicano, prueba su fecundidad como base de sustento para la gran síntesis que será el modernismo.

Con Josefa Murillo y Laura Méndez de Cuenca las mujeres reclaman su lugar en un medio que tradicionalmente las excluye. Poetas como José Rosas Moreno y el dramaturgo José Peón Contreras reciben y transforman el ejemplo de Bécquer. Al hacer una poesía "hablada" Prieto y Peza rompen con la antigua retórica y sin saberlo preparan una renovación que ya se anuncia en los versos de Justo Sierra y Agustín F. Cuenca.

El porfiriato

Los antiguos y nuevos liberales coinciden en ver el régimen de Porfirio Díaz como antídoto contra la anarquía y la absorción por parte de los Estados Unidos. Creen que pronto México saciará su hambre y sed de justicia, un día llegará la libertad, la riqueza acumulada se derramará desde lo alto de la pirámide social. El progreso es el cielo que le tienen prometido a los mexicanos; el caos y la intervención constituyen el infierno tan temido. El ahora no cuenta, se vive sólo para el mañana. La antigua y la nueva clase dominante celebran un pacto y ejercen su poder a través del caudillo. El porfiriato se presenta como la culminación del proyecto de los liberales, incorpora a México al capitalismo mundial, anuncia el triunfo de la modernidad y garantiza que no volverá el atroz pasado.

En este concierto sólo disuena la voz de Salvador Díaz Mirón. Último y mejor de nuestros románticos, el joven Díaz Mirón conserva los valores de la generación anterior: quiere ser poeta de su pueblo y enemigo de los opresores. Con él se extingue el liberalismo mexicano en su modalidad revolucionaria. 1884 es el año clave. Díaz Mirón y Justo Sierra se enfrentan en la Cámara de Diputados y en los periódicos. El primero se identifica con las víctimas del orden social, pide justicia y libertad para los explotados y oprimidos. El segundo considera que la libertad es abstracta: antes de obtenerla hay que sacrificarla al progreso concreto. Es decir, someterse al capital extranjero y a la dictadura porfiriana. Díaz Mirón levanta contra Sierra el poema "Sursum", manifiesto de poesía comprometida y declaración de guerra al caudillo. Sierra no contesta: juzga anticuado ese gesticular byroniano o victorhuguesco de Díaz Mirón, piensa que con orden y progreso todo llegará a su debido tiempo, la libertad lo mismo que la abundancia y el fin de la perdurable injusticia mexicana.

Sierra aún quiere serlo todo: poeta, historiador, político, maestro, crítico, cronista, funcionario. Los más jóvenes se declaran saturados por medio siglo de literatura militante; en la era de las especializaciones sólo ambicionan escribir y profesionalizarse en esta actividad. De artesanos se han convertido en asalariados, esto es, en periodistas. El mayor ejemplo: Manuel Gutiérrez Nájera. En aquel 1884 escribe "La duquesa Job", reverso simétrico del "Romance de la Migajita". Por fin, gracias al mercado mundial que lo hace proveedor de materias primas para las metrópolis y consumidor de sus manufacturas, México se está convirtiendo en un lugar de apariencias donde algunos privilegiados pueden hacerse la ilusión de vivir en Europa mientras la inmensa mayoría subsiste como antes y como hoy en niveles asiáticos de miseria. Casi todo lo que rodea la existencia diaria de los poetas viene de Francia. Así, el afrancesamiento no es una elección sino una fatalidad.

Al poco tiempo el espejismo se disuelve. Díaz Mirón comprende que en las nuevas condiciones sociales ya no puede duplicar a Byron ni a Victor Hugo. En la cárcel adonde lo lleva una violencia incapaz de encontrar más cauces que los personales, Díaz Mirón cambia la lucha contra la iniquidad por la batalla con las dificultades del idioma. Mientras más se hunde en la íntima degradación, más asciende poéticamente en los territorios que su rigor y su brillo verbal conquistan a lo indecible.

Como los poetas sólo pueden entrar en el mercado de trabajo en tanto que periodistas, la máquina de los diarios consume a Gutiérrez Nájera. No le impide, todo lo contrario, ayudar decisivamente por medio de sus crónicas a la transformación de la prosa española. Sirve y envidia a la nueva oligarquía creada por la venta de los bienes eclesiásticos y el robo de las tierras comunales indígenas. Frente al "rey burgués", Nájera se cree un aristócrata en harapos, "El duque Job". No se da cuenta del sitio que ocupa en el mundo de la producción ni aprecia tampoco la importancia de su diaria labor en los periódicos. En su desesperanza inconsolable la poesía que hace después de "La duquesa Job" se convierte en una crítica oblicua e involuntaria del optimismo positivista. 1896 ve desaparecer su *Revista Azul* y también los grandes periódicos liberales: *El Siglo XIX* y *El Monitor Republicano*. Los sustituye un diario moderno: *El Imparcial*, subsidiado por la nueva pandilla del poder, "los científicos".

El modernismo

La renovación que José Martí y Gutiérrez Nájera inician con la prosa que escriben entre 1875 y 1880 para las publicaciones mexicanas rápidamente se propaga al verso. En un planeta cada vez más intercomunicado Hispanoamérica empieza a lograr por fin su expresión propia al deshacerse —como lúcidamente advierte Sierra en su prólogo de 1896 a las *Poesías* de Gutiérrez Nájera— de la mediación española e ir directamente a los originales franceses, porque los hispanoamericanos no pueden hallar en la literatura peninsular de fin de siglo nada parecido a lo que encuentran en Francia.

De la unión libre y ecléctica entre el parnasianismo y el simbolismo, sobre la base de la tradición castellana, surge el movimiento modernista. No es ni podría ser literatura autóctona pero sí responde al momento hispanoamericano, aun en su descripción de las baratijas que traen como lastre los barcos que se llevan los bosques, los metales preciosos y el petróleo.

Nadie puede ser ajeno al modernismo aunque conscientemente lo rechace. Manuel José Othón ha llegado casi al fin de su existencia con la certeza de ser un simple discípulo de Pagaza cuando de pronto produce los incomparables sonetos de "En el desierto. Idilio salvaje", que honran el idioma en que están escritos y constituyen, fuera de la cuenta cronológica, el mejor poema de nuestro siglo XIX. Pese a su autor, el "Idilio salvaje" es inseparable del movimiento propagado por Rubén Darío. También Luis G. Urbina se propone continuar el romanticismo. Pero nadie deja de respirar lo que está en el aire, sobre todo si se trata de un crítico tan perceptivo como Urbina.

Francisco A. de Icaza y María Enriqueta hacen su obra en España y parecen más próximos a Antonio Machado que a Darío o a Herrera y Reissig. Como excepciones que ponen a prueba el internacionalismo modernista, en la provincia mexicana dos poetas escriben una poesía tan intensa y profunda como la falta de resonancia que encuentran. El padre Alfredo R. Placencia monologa desesperadamente con Dios. Francisco González León produce sin que nadie se dé cuenta uno de los mejores libros de la poesía mexicana: *Campanas de la tarde*. Habla simplemente de su soledad de boticario y de todo lo que se gasta y muere en viejas casas a punto de ser derruidas.

Son pocos los modernistas que se reconocen como tales: el primer Amado Nervo, el joven José Juan Tablada, Efrén Rebolledo, Rafael López, todos reunidos en la *Revista Moderna* (1898-1911). Con ellos el modernismo se afianza en México. Significa ruptura del encierro de siglos, fantasía, pasión, imaginación, placer verbal, erotismo, ironía, conciencia crítica del lenguaje, exploración del inconsciente y muchas cosas más. Suponer que como poetas escriben para la oligarquía porfiriana exagera su importancia social. En realidad ellos mismos constituyen su único público. Nadie se imagina a José Yves Limantour leyendo los poemas japoneses de Rebolledo. El único acercamiento de Porfirio Díaz a la crítica literaria es el juicio expresado cuando en una ceremonia oficial escucha a Nervo leer "La raza de bronce", por cierto un texto en defensa de los indígenas que protesta contra su explotación y exterminio y anuncia el surgimiento de un nuevo Morelos. Díaz se aburre ante los ritmos y las imágenes modernistas y comenta a un ayudante: "Ya estuvo bueno de esa musiquita".

El carnaval modernista dura menos que el porfiriato. Antes que la revolución desmantele una escenografía que ha estado en pie durante treinta y cuatro años, Nervo se deshace del modernismo en que logró sus mejores poemas para buscar la renunciación budista y la sencillez confesional. Enrique González Martínez se aparta de los elementos parnasianos del modernismo y privilegia los rasgos simbolistas. Busca una poesía en que el mundo exterior casi no exista y en cambio refleje lo que transcurre en la conciencia humana.

En cambio para Efrén Rebolledo lo que importa es describir el amor de los cuerpos, cincelado como una estatua y desnudez como ella. Rafael López continúa a Nervo y precede a Ramón López Velarde en el afán de mexicanizar el modernismo. Cuando condena el desembarco de los *marines* en Veracruz, un poema de López, "La Bestia de Oro", enlaza el modernismo con la olvidada tradición de la poesía civil.

El grupo modernista se desgarra: en aquel mismo 1914 la revolución arrasa la tentativa huertista de restaurar el porfiriato. Casi todos los modernistas mexicanos se han equivocado históricamente al dar su apoyo más servil a Huerta. Nacieron "demasiado pronto para preparar la revolución y demasiado tarde para ser instruidos por ella". El final simbólico del modernismo mexicano es el momento en que los zapatistas destruyen el jardín japonés que José Juan Tablada cultivaba en Coyoacán, no como un acto salvaje sino como una intencionada venganza contra el escritor reaccionario que los cubría de injurias y era jefe de redacción de *El Imparcial*, el periódico de la dictadura, entonces dirigido por Salvador Díaz Mirón.

Tablada ve a su generación hundida en un pantano que los mancha a todos. En 1914 el símbolo modernista ya no es el cisne heráldico sino el humilde pijije, con "el ala inválida y herida/ que ya no habrá de volar nunca". Entonces

Tablada emprende otro exilio y otra aventura. Sus haikús inician para México la vanguardia mientras un siglo de tentativas culmina en la obra de Ramón López Velarde. "Y si es cierto —escribió Octavio Paz en 1951— que no es posible regresar a la poesía de López Velarde, también lo es que ese regreso es imposible precisamente porque ella constituye nuestro único punto de partida."

José Joaquín Fernández de Lizardi

(1776-1827)

Lizardi abre esta antología como fundador de la literatura mexicana con *El Periquillo Sarniento* (1816), aun antes de que el país tuviera existencia nacional. Sus versos, reunidos en *Poesía y fábulas* (1963) por Jacobo Chencinsky y Luis Mario Schneider como primer volumen de las *Obras* que está editando la UNAM, son la parte más débil de su producción. Lizardi no tuvo ya la cultura grecolatina que permitió a los poetas novohispanos ser correctos versificadores. Pero tampoco fue su meta la perfección artística.

En el verso halló otra forma de difundir sus ideas entre el público y de escapar, mediante la parábola y la alegoría, de la censura inquisitorial. Una excepción entre sus fábulas y sus poemas que se refieren directamente a la actualidad social y política es el soneto "Miércoles de ceniza"; Lizardi retoma un motivo del Siglo de Oro español que también está en Nezahualcóyotl, a quien no pudo haber leído. Sin embargo, lo que la tradición clásica castellana iba realmente a darle era la forma de la novela picaresca que empleó para trazar su retrato del colonizado y su proyecto del "hombre nuevo" en *El Periquillo Sarniento*.

Miércoles de ceniza

¿Ya ves del rey el cetro dominante?
¿el celo del ministro diligente?
¿del soldado el acero reluciente
y de los grandes, cruces de diamante?

¿El solícito afán del comerciante?
¿el oro y la riqueza del pudiente?
¿el estudio del sabio permanente
y de la dama, en fin, el buen semblante?

Pues todo ese poder, esa grandeza,
ese esplendor y gloria imaginada,
ese marcial espíritu y braveza

es en la muerte, al fin de la jornada,
cetro, instrucción, acero, afán, belleza
polvo, sombra, ceniza, viento y nada.

◆

Andrés Quintana Roo

(1787-1815)

Como Lorenzo de Zavala y Justo Sierra O'Reilly, Quintana Roo entró en contacto con las ideas liberales en el seminario de su ciudad natal, Mérida de Yucatán. Colaboró en el *Diario de México* y trabajó como pasante de derecho con el abogado capitalino Agustín Pomposo Fernández de San Salvador. Se enamoró de Leona Vicario, sobrina de este personaje monárquico, y huyeron para casarse en territorio insurgente.

Secretario del generalísimo José María Morelos, Quintana Roo lo ayudó a escribir el texto fundamental de la independencia, los "Sentimientos de la Nación". Fue vicepresidente de la asamblea constitucional de Chilpancingo y editó *El Ilustrador Americano* y el *Semanario Patriótico Americano*.

A la derrota de Morelos los esposos Quintana Roo tuvieron que solicitar el indulto. Cuando triunfó Iturbide don Andrés publicó el primer poema del México independiente que une los nombres de los caudillos insurgentes y su verdugo realista y habla de Anáhuac para darle un fundamento indígena a la independencia lograda por los criollos.

En 1836 presidió la Academia de Letrán. Fue varias veces ministro y diputado. Hizo periodismo político y literario. Sostuvo correspondencia con Benjamin Constant acerca de la libertad de prensa. Intervino para lograr la reincorporación de Yucatán a México. Su obra en prosa y verso todavía no se ha recopilado.

Oda al dieciséis de septiembre de 1821[1]

> *Ite, ait; egregias animas, quae sanguine nobis hanc patriam peperere suo, decorate supremis muneribus...*
>
> VIRGILIO, *Eneida*, libro XI[2]

Renueva ¡oh Musa! el victorioso aliento
con que, fiel de la patria al amor santo,
el fin glorioso de su acerbo llanto

---

[1] Quintana Roo celebra en el aniversario de la rebelión de Hidalgo (16 de septiembre de 1810) el triunfo de su enemigo Iturbide, quien no entró en la Ciudad de México hasta el 27 de septiembre de 1821.

[2] "Id —dice— a las egregias almas, que con su sangre a nosotros nos han parido esta patria..." *Eneida*, libro undécimo, versos 24-26. Traducción de Rubén Bonifaz Nuño.

Menéndez y Pelayo en su *Historia de la poesía hispanoamericana* encuentra reminiscencias de Horacio en la "Oda" y celebra la cultura clásica de Quintana Roo, quien publicó numerosos estudios sobre prosodia y versificación castellanas.

audaz predije en inspirado acento,
cuando más orgulloso
y con mentidos triunfos más ufano,
el ibero sañoso
tanto ¡ay! en la opresión cargó la mano,
que el Anáhuac vencido
contó por siempre a su coyunda unido.

"Al miserable esclavo" (cruel decía)
"que independencia ciega apellidando,
de rebelión el pabellón nefando
alzó una vez en algazara impía,
de nuevo en las cadenas
con más vigor a su cerviz atadas,
aumentemos las penas,
que a su última progenie prolongadas,
en digno cautiverio
por siglos aseguren nuestro imperio.

"¿Qué sirvió en los Dolores, vil cortijo,
que el aleve pastor el grito diera
de libertad, que dócil repitiera
la inmensa chusma con afán prolijo?
Su valor inexperto
de sacrílega audacia estimulado,
a nuestra vista yerto
en el campo quedó, y escarmentado
su criminal caudillo,
rindió ya el cuello al vengador cuchillo.

"Cual al romper las Pléyadas[3] lluviosas
el seno de las nubes encendidas,
del mar las olas antes adormidas
súbito el austro[4] altera tempestosas;
de la caterva osada
así los restos nuestra voz espanta,
que resuena indignada...

---

[3] *Pléyadas o Pléyades*: las siete hijas de Adante y de Pleyone, siervas de Artemisa, que según la mitología griega se convirtieron en las estrellas principales de la constelación de Tauro.
[4] *Austro*: viento del sur.

y recuerda, si altiva se levanta,
el respeto profundo
que inspiró de Vespucio[5] al rico mundo.

"¡Ay del que hoy más los sediciosos labios
de libertad al nombre lisonjero
abriese, pretextando novelero
mentidos males, fútiles agravios!
Del cadalso oprobioso
veloz descenderá a la tumba fría,
y ejemplar provechoso
al rebelde será, que en su porfía
desconociere el yugo
que al invicto español echarle plugo."

Así los hijos de Vandalia[6] ruda
fieros clamaron cuando el héroe augusto
cedió de la fortuna al golpe injusto;
y el brazo fuerte que la empresa escuda,
faltando a sus campeones,[7]
del terror y la muerte precedidos,
feroces escuadrones
talan impunes campos florecidos,
y al desierto sombrío
consagran de la paz el nombre pío.

No será empero que el benigno cielo,
cómplice fácil de opresión sangrienta,
niegue a la patria en tan crüel tormenta
una tierna mirada de consuelo.

---

[5] *Américo Vespucio* (1454-1512): el navegante italiano que exploró y descubrió las bocas del Amazonas y del Río de la Plata. Como homenaje a su afirmación de que la Tierra Firme no era parte de Asia sino un nuevo continente, éste recibió su nombre (no el de Colón) gracias a la *Cosmographiae Introductio* de Martin Waldseemüller (1507).

[6] *Vandalia*: en 409 la tribu germánica de los vándalos invadió a España; en 455 saquearon Roma y en 533 dejaron de existir como nación al ser derrotados en Cartago por el gran general bizantino Belisario. En la Hispanoamérica de 1810 a 1825 los insurgentes se empeñaron en identificar a las tropas españolas con los vándalos y no con los romanos ni con los iberos. "Vandalia" en el poema de Quintana Roo aparece pues como sinónimo de España.

[7] *Campeones* no tiene aquí, por supuesto, el sentido actual de "quien obtiene la primacía en competencias deportivas" sino el antiguo de "héroe o defensor de una causa".

Ante el trono clemente
sin cesar sube el encendido ruego,
el quejido doliente
de aquel prelado que inflamado en fuego
de caridad divina,
la América indefensa patrocina.

"Padre amoroso", dice, "que a tu hechura,
como el don más sublime concediste
la noble libertad con que quisiste
de tu gloria ensalzarla hasta la altura,
¿no ves un orbe entero
gemir, privado de excelencia tanta,
bajo el dominio fiero
del execrable pueblo que decanta,
asesinando al hombre,
dar honor a tu excelso y dulce nombre?

"¡Cuánto ¡ay! en su maldad ya se gozara
cuando por permisión inescrutable
de tu justo decreto y adorable,
de sangre en la conquista se bañara
sacrílego arbolando
la enseña de tu cruz en burla impía,
cuando más profanando
su religión con negra hipocresía,
para gloria del cielo
cubrió de excesos el indiano suelo!

"De entonces su poder ¡cómo ha pesado
sobre el inerme pueblo! ¡Qué de horrores,
creciendo siempre en crímenes mayores,
el primero a tu vista han aumentado!
La astucia seductora
en auxilio han unido a su violencia:
moral corrompedora
predican con su bárbara insolencia,
y por divinas leyes
proclaman los caprichos de sus reyes.

"Allí se ve con asombroso espanto
cual traición castigando el patriotismo,

en delito erigido al heroísmo
que al hombre eleva y engrandece tanto.
¿Qué más? En duda horrenda
se consulta el oráculo sagrado
por saber si la prenda
de la razón al indio se ha otorgado,
y mientras Roma calla,
entre las bestias confundido se halla.

"¿Y qué, cuando llegado se creía
de redención el suspirado instante,
permites, justo Dios, que ufana cante
nuevos triunfos la odiosa tiranía?
El adalid primero,
el generoso Hidalgo ha perecido:
el término postrero
ver no le fue de la obra concedido;
mas otros campeones
suscita que rediman las naciones."

Dijo, y Morelos siente enardecido
el noble pecho en belicoso aliento;
la victoria en su enseña toma asiento
y su ejemplo de mil se ve seguido.
La sangre difundida
de los héroes, su número recrece,
como tal vez herida
de la segur, la encina reverdece
y más vigor recibe,
y con más pompa y más verdor revive.

Mas ¿quién de la alabanza el premio digno
con títulos supremos arrebata,
y el laurel más glorioso a su sien ata,
guerrero invicto, vencedor benigno?
El que en Iguala dijo:
"Libre la patria sea", y fuelo luego
que el estrago prolijo
atajó y de la guerra el voraz fuego,
y con dulce clemencia
en el trono asentó la Independencia.

¡Himnos sin fin a su indeleble gloria!
Honor eterno a los varones claros
que el camino supieron prepararos,
¡oh Iturbide inmortal! a la victoria.
Sus nombres antes fueron
cubiertos de luz pura, esplendorosa,
mas nuestros ojos vieron
brillar el tuyo como en noche hermosa
entre estrellas sin cuento
a la luna en el alto firmamento.

¡Sombras ilustres, que con cruento riego
de libertad la planta fecundasteis,
y sus frutos dulcísimos legasteis
al suelo patrio, ardiente en sacro fuego!
Recibid hoy benignas,
de su fiel gratitud prendas sinceras
en alabanzas dignas,
más que el mármol y el bronce duraderas,
con que vuestra memoria
coloca en el alcázar de la gloria.

◆

Francisco Ortega

(1793-1849)

En el Seminario Palafoxiano de Puebla estudió latín, filosofía y derecho canónico. Desempeñó con probidad cargos públicos. Tuvo ideas republicanas y ha pasado a la historia literaria por los versos que lanzó contra Iturbide cuando se coronó emperador el gran enemigo de los insurgentes. Ortega reunió sus *Poesías líricas* en 1839. Editó la *Historia antigua de México* por Mariano Veytia y le añadió un apéndice. Colaboró en *El Federalista Mexicano* y en el *Diccionario geográfico de la República Mexicana*. Entre sus obras se citan un manual de prosodia española, una disertación sobre los bienes eclesiásticos, unas memorias sobre los medios para desterrar la embriaguez, una reflexión sobre los misterios de la imprenta y un drama, *Cacamatzin*.

A Iturbide en su coronación

¡Y pudiste prestar fácil oído
a falaz ambición, y el lauro eterno
que tu frente ciñera
por la venda trocar que vil te ofrece
la lisonja rastrera,
que pérfida y astuta te adormece!

Sus: despierta, y escucha los clamores
que en tu pro y del azteca infortunado
te dirige la gloria:
oye el hondo gemir del patriotismo;
oye la fiel historia
y retrocede ¡ay! del hondo abismo.

En el pecho magnánimo recoge
aquel aliento y generoso brío
que te lanzó atrevido
de Iguala a la inmortal heroica hazaña,
y un cetro aborrecido
arroja presto que tu gloria empaña.

Desprecia la aura leve, engañadora,
de la ciega voluble muchedumbre,
que en su delirio, insana,
tan pronto ciega abate como eleva,
y al justo a quien "hosanna"[8]
ayer cantaba su furor hoy lleva.

Con los almos[9] patricios virtüosos,
amigos tuyos y en el pueblo electo,
en lazo fiel te anuda;
atiende a sus consejos, que no dañan;
sólo ellos la desnuda
verdad te dicen: los demás te engañan.

[8] *Hosanna*: exclamación de júbilo.
[9] *Almos*: dignos de veneración.

Esos loores con que al cielo te alzan
los vítores confusos que de Anáhuac
señor hoy te proclaman,
del rango de los héroes, inhumanos,
te arrancan, y encaraman
al rango ¡oh Dios! fatal de los tiranos.

¿No miras ¡oh caudillo deslumbrado!
ayer delicia del azteca libre,[10]
cuánto su confianza,
su amor y gratitud has ya perdido,
rota ¡ay! la alianza
con que debieras siempre estar unido?

De puro tierno amor no cual solía
allegarse veráslo ya a tu lado,
y el paternal consejo
de tus labios oír: mas zozobrante
temblar al sobrecejo[11]
de tu faz imperiosa y arrogante.

La cándida verdad, que te mostraba
el sendero del bien, rauda se aleja
del brillo fastuoso
que rodea ese solio[12] tan ansiado;
ese solio ostentoso,
por nuestro mal y el tuyo levantado.

Y en vez de sus acentos celestiales
rastrera turba, pérfida, insolente,
de astutos lisonjeros
hará resonar sólo en tus oídos
loores placenteros:
¡ah placenteros... pero cuán mentidos!
No así fueron los himnos que entonara
Tenoxtitlán cuando te abrió sus puertas

---

[10] *Azteca libre*: Ortega identifica al mexicano con el azteca para mejor desligarlo de la dominación española y, al mismo tiempo, como tentativa de los criollos para expropiarle a un grupo indígena su antiguo poder y su esplendor.

[11] *Sobrecejo*: señal de enfado.

[12] *Solio*: trono.

y saludó risueña,
al verte triunfador y enarbolando
la trigarante enseña,
seguido del leal patricio bando.

¡Con qué placer tu triunfo se ensalzaba!
¡La ingenua gratitud con qué entusiasmo
lo grababa en los bronces!
¡Tu nombre amado, con acento vario,
cuál resonaba entonces
en las calles, las plazas y el santuario!

Ni esperes ya el clamor del inocente,
ni de la ley la majestad hollada,
ni el sagrado derecho
de la patria vengar: que el cortesano,
de ti en continuo acecho,
atará para el bien tu fuerte mano.

¿De la envidia las sierpes venenosas
del trono en derredor no ves alzarse,
y con enhiestos cuellos
abalanzarse a ti?; ¿los divinales
lazos de amistad bellos
rasgar y conjurarte mil rivales?

La patria, en tanto, de dolor acerbo
y de males sin número oprimida,
en tus manos ansiosa
busca el almo pendón con que juraste
la libertad preciosa,
que por un cetro aciago ya trocaste.

Y no lo halla, y en mortal desmayo
su seno maternal desgarrar siente
por impías facciones;
y de desolación y angustia llena,
los nuevos eslabones
mira forjar la bárbara cadena.

¡Oh, cuánto de pesares y desgracias,
cuánto tiene de sustos e inquietudes,

de dolor y de llanto;
cuánto tiene de mengua y de mancilla,
de horror y luto cuánto
esa diadema que a tus ojos brilla!

◆

Francisco Manuel Sánchez de Tagle

(1782-1847)

Miembro de la aristocracia criolla, Sánchez de Tagle sustituyó a fray Manuel Martínez de Navarrete como "mayoral" de la Arcadia y fue secretario y regidor del ayuntamiento de la capital, aunque en secreto simpatizaba con Morelos. Formó parte de la junta provisional que allanó a Iturbide el camino del poder y le tocó redactar el acta de independencia. Fue gobernador de Michoacán, su estado natal, y del Estado de México. En varias ocasiones estuvo como representante en el Congreso. José Joaquín Pesado editó en 1852 las *Obras poéticas* de Tagle.

A la luna en tiempo de discordias civiles
(Oda filosófica)

¡Con qué silencio y majestad caminas
por miles de luceros cortejada,
súbditos que dominas,
ornato augusto de la noche helada!

Ellos acatan tu beldad fulgente
desque[13] en carro de nácar y de plata
asoma en el oriente,
consuelo al triste y al virtuoso grata;

y extáticos te siguen por la inmensa
bóveda del santuario del Eterno,
do la oración intensa
del justo perseguido escucha tierno.

---

[13] *Desque*: "desde que", contracción por licencia poética.

Con ellos te saludo, almo[14] destello
de la luz perennal, fija la mente
y ojo absorto en tu cuello,
y en esa ebúrnea majestuosa frente,

de donde luz gratísima difundes
por la inmensa creación desfallecida,
con que sopor le infundes,
seguro germen de repuesta vida.

A tu argentada luz sus presas cede
que otra vez le arrancó, mal de su grado
voz que todo lo puede,
y pensaba engullir el mengüado.

Duermen los montes y en sus grutas hondas
duermen los vientos y el horrible trueno;
duermen del mar las ondas,
y Leviatán,[15] y monstruos de su seno.

Hace pausa la vida de los seres
que engrandecen al orbe; tu beleño[16]
embarga sus poderes
con ligaduras de apacible sueño.

¡Alto silencio, interrumpido apenas
por pies del gamo que ni toca el suelo,
y las hojas serenas
recorriendo Favonio[17] en blando vuelo,

saludo, oh don de la triforme diosa,[18]
que desciendes al pecho trabajado

---

[14] *Almo*: vocablo empleado exclusivamente en el léxico literario que significa muchas cosas: creador, vivificador, santo, magnífico. (Ver también la nota 9 al poema de Ortega.)

[15] *Leviatán*: monstruo de las aguas que aparece en la Biblia (Job, Salmos, Isaías) y se ha identificado con la ballena, el cocodrilo y la serpiente de mar.

[16] *Beleño*: planta de flores amarillas que tiene propiedades narcóticas y venenosas.

[17] *Favonio*: viento suave que sopla del poniente.

[18] *Triforme diosa*: Artemis o Artemisa (Diana para los romanos), diosa de lo silvestre y lo salvaje, de la luna y la noche.

en vida congojosa,
nido revuelto del mortal cuidado,

del temer y esperar sin fin ni tino,
y de allí lanzas el aciago susto;
pues ya el néctar divino
de la quietud a tu presencia gusto.

Tú avanzas ¡oh belleza majestuosa!
recorriendo la bóveda azulada,
ufana cual la esposa
que del lecho nupcial sale adornada.

Te rinden homenaje cielo y tierra;
y la sombra huye sin saber adónde:
ya tras fragosa sierra,
ya en la lejana nube se te esconde,

plegando el manto más y más, medrosa;
mas tú incansable, en sólita carrera,
por siempre victoriosa,
no le das tregua y lanzas de doquiera.

Todo es calma y dulzor. ¿Y el hombre...? ¡Oh, luna!
Huye veloz del tachonado cielo;
tu luz le es importuna;
y a la maldad consagra su desvelo.

No alumbres, no, los crímenes atroces
que unos contra otros sin cesar maquinan:
mutuamente feroces,
al dolor y a la muerte se destinan.

O víctimas o cómplices furiosos,
busca tan sólo el hombre en sus hermanos.
Con ojos sanguinosos
en el vagar amenazante insanos.

Ora ¡oh dolor! en hórridas reuniones,
astutos para el mal, el mal sazonan;
preparan combustiones,
amasan el penar, y más se enconan.

Allí la seducción la venda teje
que del incauto oprimirá los ojos.
Y mirar no le deje
sino fantasmas, ocasión de enojos.

La atroz calumnia, el venenoso aliento,
y los densos vapores de allí lanza
contra famas sin cuento,
y mancilla y marchita cuanto alcanza.

En grupos parten desconfianza y celos,
y las discordias en su pos siguieran:
padres, hijos, abuelos,
romperán lazos que antes los unieran.

No habrá mérito ya, virtud segura;
todo se ataca, todo se atropella
con mano y lengua impura.
Impudente maldad todo lo huella.

La patria del placer y la abundancia
ya es del horror y crímenes guarida,
y tenebrosa estancia
donde la rabia carnicera anida.

¡Y es a tu nombre, oh patria idolatrada,
que los malvados fraguan tantos daños,
con los que destrozada
aparezcas, e infame a los extraños!

¿Qué mal has hecho a tus rabiosos hijos
que así desgarran el materno seno,
y sólo en dañar fijos,
gustado apenas, les hastía lo bueno...?

Las antiguas heridas aún gotean,
¡y abrirte quieren nuevas insanables,
los que amarte vocean,
hipócritas, perversos, detestables!

¡Qué porvenir te labran tan funesto
y tan discorde de tu bella aurora...!

¿Doblará el cuello enhiesto
la que del orbe se vería señora...?

Paz, dulce paz, de nuestro triste suelo
¿para nunca volver te habrás marchado;
y el fervoroso anhelo
del patriota veraz será frustrado?

¿No ha de haber ya justicia so la tierra,
ni quien vindique hollados sus derechos?
¿Siempre amagos de guerra
mantendrán yermos nuestros caros lechos?

Si así ha de ser, ¡oh luna!, cede el puesto,
y haz al ocaso de tu lumbre dueño:
fine mi vida presto;
cierre mis ojos el eterno sueño.

Soneto inscrito en una puerta de la Alameda

Trescientas veces el zodíaco inmenso
recorre el padre de la lumbre pura
mientras la tierra esclavizada apura
el hondo cáliz del dolor intenso.

Bendecida en su bello suelo inmenso,
rico para su mal y desventura,
a sordo cielo enviaba su amargura
entre humo puro de oloroso incienso.

Irrompibles creyeron tus cadenas
e invencibles los hados, sus señores.
Eternas ella imaginó sus penas.

Pero la hora feliz suena en Dolores.
Estalla el fuego en las filiales penas
y humo se tornan hierros e invasores.

Contrición poética

¡Oh lira, que hasta aquí locos amores
en tus vibrantes cuerdas suspiraste,
y dócil a mis voces me ayudaste
a comprar por un goce mil dolores!

Ya que hiciste armoniosos mis errores
y a mi locura seducción prestaste,
herida de otro plectro, da, en contraste,
con acuerdo mejor, tonos mejores.

Llora de los pasados años míos
prolongada maldad, crímenes tantos,
y tan multiplicados desvaríos:

de amarga contrición rige los cantos
en que le pida, con acentos píos,
misericordia al Santo de los Santos.

◆

José María Heredia

(1803-1839)

La poesía mexicana debe gran parte de su impulso inicial a Heredia, nacido en Santiago de Cuba pero también inseparable de nuestra historia literaria por su presencia y su actividad teórica. De niño y adolescente vivió en Florida, Santo Domingo y Caracas. Llegó a la Ciudad de México en 1819, cuando su padre fue nombrado alcalde de la sala del crimen. A los 17 años escribió "En el teocalli de Cholula" y a los 21 "Niágara". Nadie en estas tierras hizo por aquellos años nada semejante a estos dos poemas en que muchos ven el comienzo del romanticismo hispanoamericano. A partir de 1825 Heredia intentó volver al orden de las convenciones neoclásicas.

Pasó dos años en Cuba y fue condenado a destierro perpetuo por su militancia independentista. Publicó en Nueva York la primera edición de sus *Poesías*. El presidente Victoria lo llevó de nuevo a México. Fue secretario de Santa Anna, diputado, oidor de la Audiencia y dirigió el célebre Instituto Literario de Toluca. Editó *El Iris* (con el gran ilustrador Claudio Linati), primera revista literaria de México, y *Minerva*, republicada en 1972 por María del Carmen Ruiz Castañeda. Inauguró la crítica literaria en este país y tradujo *Waverley*, primera novela histórica de Walter Scott.

En el Congreso se rehusó a aprobar las medidas anticlericales de José María Luis Mora y Valentín Gómez Farías. Al ver la trayectoria de su antiguo amigo Santa Anna se decepcionó de los conservadores. Imprimió en Toluca una segunda edición ampliada y corregida de sus *Poesías*. Obtuvo el indulto español, regresó a Cuba y, al verse hostilizado por sus compañeros liberales de ayer, regresó a México, donde murió a los 39 años. Sus *Poesías completas*, con estudio preliminar de Raimundo Lazo, figuran en la serie Sepan Cuantos.

En el teocalli de Cholula

¡Cuánto es bella la tierra que habitaban
los aztecas valientes! En su seno
en una estrecha zona concentrados,
con asombro se ven todos los climas
que hay desde el Polo al Ecuador. Sus llanos
cubren a par de las doradas mieses
las cañas deliciosas. El naranjo
y la piña y el plátano sonante,
hijos del suelo equinoccial, se mezclan
a la frondosa vid, al pino agreste,
y de Minerva el árbol majestuoso.
Nieve eternal corona las cabezas
de Iztaccihuatl purísimo, Orizaba
y Popocatepetl, sin que el invierno
toque jamás con destructora mano
los campos fertilísimos, do ledo
los mira el indio en púrpura ligera
y oro teñirse, reflejando el brillo
del sol en occidente, que sereno
en hielo eterno y perennal verdura
a torrentes vertió su luz dorada,
y vio a Naturaleza conmovida
con su dulce calor hervir en vida.

Era la tarde; su ligera brisa
las alas en silencio ya plegaba
y entre la hierba y árboles dormía
mientras el ancho sol su disco hundía

detrás de Iztaccihuatl. La nieve eterna,
cual disuelta en mar de oro, semejaba
temblar en torno de él; un arco inmenso
que del empíreo en el cenit finaba,
como espléndido pórtico del cielo,
de luz vestido y centellante gloria,
de sus últimos rayos recibía
los colores riquísimos. Su brillo
desfalleciendo fue; la blanca luna
y de Venus la estrella solitaria
en el cielo desierto se veían.
¡Crepúsculo feliz! Hora más bella
que la alma noche o el brillante día,
¡cuánto es dulce tu paz al alma mía!

Hallábame sentado en la famosa
cholulteca pirámide. Tendido
el llano inmenso que ante mí yacía,
los ojos a espaciarse convidaba.
¡Qué silencio! ¡Qué paz! ¡Oh! ¿Quién diría
que en estos bellos campos reina alzada
la bárbara opresión, y que esta tierra
brota mieses tan ricas, abonada
con sangre de hombres, en que fue inundada
por la superstición y por la guerra...?

Bajó la noche en tanto. De la esfera
el leve azul, oscuro y más oscuro
se fue tornando; la movible sombra
de las nubes serenas, que volaban
por el espacio en alas de la brisa,
era visible en el tendido llano.
Iztaccihuatl purísimo volvía
del argentado rayo de la luna
el plácido fulgor, y en el oriente,
bien como puntos de oro centelleaban
mil estrellas y mil... ¡Oh! ¡Yo os saludo,
fuentes de luz, que de la noche umbría
ilumináis el velo
y sois del firmamento poesía!

Al paso que la luna declinaba
y el ocaso fulgente descendía,

con lentitud la sombra se extendía
del Popocatepetl, y semejaba
fantasma colosal. El arco oscuro
a mí llegó, cubrióme, y su grandeza
fue mayor y mayor, hasta que al cabo
en sombra universal veló la tierra.

Volví los ojos al volcán sublime,
que velado en vapores transparentes,
sus inmensos contornos dibujaba
de occidente en el cielo
¡Gigante del Anáhuac! ¿Cómo el vuelo
de las edades rápidas no imprime
alguna huella en tu nevada frente?
Corre el tiempo veloz, arrebatando
años y siglos, como el norte fiero
precipita ante sí la muchedumbre
de las olas del mar. Pueblos y reyes
viste hervir a tus pies, que combatían
cual ora combatimos y llamaban
eternas sus ciudades y creían
fatigar a la tierra con su gloria.
Fueron: de ellos no resta ni memoria.
¿Y tú eterno serás? Tal vez un día
de tus profundas bases desquiciado
caerás; abrumará tu gran ruina
al yermo Anáhuac; alzaránse en ella
nuevas generaciones, y orgullosas,
que fuiste negarán...

　　　　　　　　Todo perece
por ley universal. Aun este mundo
tan bello y tan brillante que habitamos,
es el cadáver pálido y deforme
de otro mundo que fue...
En tal contemplación embebecido
sorprendióme el sopor. Un largo sueño
de glorias engolfadas y perdidas
en la profunda noche de los tiempos,
descendió sobre mí. La agreste pompa
de los reyes aztecas desplegóse
a mis ojos atónitos. Veía

entre la muchedumbre silenciosa
de emplumados caudillos levantarse
el déspota salvaje en rico trono
de oro, perlas y plumas recamado.
Y al son de caracoles belicosos
ir lentamente caminando al templo
la vasta procesión, do la aguardaban
sacerdotes horribles, salpicados
con sangre humana rostros y vestidos.
Con profundo estupor el pueblo esclavo
las bajas frentes en el polvo hundía,
y ni mirar a su señor osaba,
de cuyos ojos férvidos brotaba
la saña del poder.

           Tales ya fueron
tus monarcas, Anáhuac, y su orgullo,
su vil superstición y tiranía
en el abismo del no ser se hundieron.
Sí, que la muerte, universal señora,
hiriendo a par al déspota y esclavo,
escribe la igualdad sobre la tumba.
Con su manto benéfico el olvido
tu insensatez oculta y tus furores
a la raza presente y la futura.
Esta inmensa estructura
vio a la superstición más inhumana
en ella entronizarse. Oyó los gritos
de agonizantes víctimas, en tanto
que el sacerdote, sin piedad ni espanto,
les arrancaba el corazón sangriento.
Miró el vapor espeso de la sangre
subir caliente al ofendido cielo
y tender en el sol fúnebre velo.
Y escuchó los horrendos alaridos
con que los sacerdotes sofocaban
el grito de dolor.

           Muda y desierta
ahora te ves, pirámide. ¡Más vale
que semanas de siglos yazcas yerma,
y la superstición a quien serviste

en el abismo del infierno duerma!
A nuestros nietos últimos, empero,
sé lección saludable; y hoy al hombre
que ciego en su saber fútil y vano
al cielo, cual Titán, truena orgulloso,
sé ejemplo ignominioso
de la demencia y del furor humano.

Niágara

Templad mi lira, dádmela, que siento
en mi alma estremecida y agitada
arder la inspiración. ¡Oh!, ¡cuánto tiempo
en tinieblas pasó, sin que mi frente
brillase con su luz...! Niágara undoso,
tu sublime terror sólo podría
tornarme el don divino, que ensañada
me robó del dolor la mano impía.

Torrente prodigioso, calma, calla
tu trueno aterrador: disipa un tanto
las tinieblas que en torno te circundan.
Déjame contemplar tu faz serena
y de entusiasmo ardiente mi alma llena.
Yo digno soy de contemplarte: siempre
lo común y mezquino desdeñado,
ansié por lo terrífico y sublime.
Al despeñarse el huracán furioso,
al retumbar sobre mi frente el rayo,
palpitando gocé: vi al Océano,
azotado por austro proceloso,
combatir mi bajel, y ante mis plantas
vórtice hirviente abrir, y amé el peligro.
Mas del mar la fiereza
en mi alma no produjo
la profunda impresión que tu grandeza.

Sereno corres, majestuoso; y luego
en ásperos peñascos quebrantado,
te abalanzas violento, arrebatado,
como el destino irresistible y ciego.

¿Qué voz humana describir podría
de la sirte rugiente
la aterradora faz? El alma mía
en vago pensamiento se confunde
al mirar esa férvida corriente
que en vano quiere la turbada vista
en su vuelo seguir al borde oscuro
del precipicio altísimo: mil olas,
cual pensamiento rápidas pasando
chocan y se enfurecen,
y otras mil y otras mil ya las alcanzan
y entre espuma y fragor desaparecen.

¡Ved! ¡Llegan, saltan! El abismo horrendo
devora los torrentes despeñados:
crúzanse en él mil iris y asordados
vuelven los bosques el fragor tremendo.
En las rígidas peñas
rómpese el agua: vaporosa nube
con elástica fuerza
llena el abismo en torbellino, sube,
gira en torno y al éter
luminosa pirámide levanta
y por sobre los montes que le cercan
al solitario cazador espanta.

Mas ¿qué en ti busca mi anhelante vista
con inútil afán? ¿Por qué no miro
alrededor de tu caverna inmensa
las palmas ¡ay! las palmas deliciosas,
que en las llanuras de mi ardiente patria
nacen del sol a la sonrisa y crecen
y al soplo de las brisas del Océano
bajo un cielo purísimo se mecen?

Este recuerdo a mi pesar me viene...
Nada ¡oh Niágara! falta a tu destino,
ni otra corona que el agreste pino
a tu terrible majestad conviene.
La palma y mirto y delicada rosa,
muelle placer inspiren y ocio blando
en frívolo jardín: a ti la suerte
guardó más digno objeto, más sublime.

El alma libre, generosa, fuerte,
viene, te ve, se asombra;
el mezquino deleite menosprecia
y aun se siente elevar cuando te nombra.

¡Omnipotente Dios! En otros climas
vi monstruos execrables,
blasfemando tu nombre sacrosanto,
sembrando error y fanatismo impío,
los campos inundar en sangre y llanto;
de hermanos atizar la infanda guerra
y desolar frenéticos la tierra.
Vilos y el pecho se inflamó a su vista
en grave indignación. Por otra parte
vi mentidos filósofos que osaban
escrutar tus misterios, ultrajarte,
y de impiedad al lamentable abismo
a los míseros hombres arrastraban.
Por eso te buscó mi débil mente
en la sublime soledad: ahora
entera se abre a ti; tu mano siente
en esta inmensidad que me circunda.
Y tu profunda voz hiere mi seno
de este raudal en el eterno trueno.

¡Asombroso torrente!
¡Cómo tu vista el ánimo enajena,
y de terror y admiración me llena!
¿Dó tu origen está? ¿Quién fertiliza
por tantos siglos tu inexhausta fuente?
¿Qué poderosa mano
hace que al recibirte
no rebose en la tierra el Océano?

Abrió el Señor su mano omnipotente;
cubrió tu faz de nubes agitadas,
dio su voz a tus aguas despeñadas
y ornó con su arco tu terrible frente.
¡Ciego, profundo, infatigable corres,
como el torrente oscuro de los siglos
en insondable eternidad...! ¡Al hombre
huyen así las ilusiones gratas,

los florecientes días
y despierta al dolor...! ¡Ay! agostada
yace mi juventud; mi faz, marchita;
y la profunda pena que me agita
ruga mi frente, de dolor nublada.

Nunca tanto sentí como este día
mi soledad y mísero abandono
y lamentable desamor... ¿Podría
en edad borrascosa
sin amor ser feliz? ¡Oh! ¡si una hermosa
mi cariño fijase
y de este abismo al borde turbulento
mi vago pensamiento
y ardiente admiración acompañase!
¡Cómo gozara, viéndola cubrirse
de leve palidez y ser más bella
en su dulce terror y sonreírse
al sostenerla mis amantes brazos...!
¡Delirios de virtud...! ¡Ay! ¡Desterrado,
sin Patria, sin amores,
sólo miro ante mí llanto y dolores!

¡Niágara poderoso!
¡Adiós! ¡Adiós! Dentro de pocos años
ya devorado habrá la tumba fría
a tu débil cantor. ¡Duren mis versos
cual tu gloria inmortal! ¡Pueda piadoso
viéndote algún viajero,
dar un suspiro a la memoria mía!
Y al abismarse Febo en occidente,
feliz yo vuele do el Señor me llama.
Y al escuchar los ecos de mi fama,
alce en las nubes la radiosa frente.

◆

Manuel Carpio

(1791-1860)

Carpio obtuvo el título de cirujano en la Universidad de México, fundó la Escuela de Medicina y la Academia Médica y fue profesor de fisiología, higiene e historia de la ciencia. Gracias a estas actividades modernizó la enseñanza y la práctica de su profesión en México. Tradujo los *Aforismos* de Hipócrates. Fue miembro del partido conservador y diputado por su tierra natal, Cosamaloapan, Veracruz.

Sin embargo, la política le interesó menos que el estudio de la Tierra Santa. No la conoció nunca pero acerca de ella reunió una antología en 1852 y escribió muchos poemas. Con su gran amigo José Joaquín Pesado construyó a base de cartón y corcho una maqueta de Jerusalén.

Empezó a publicar pasados los 40 años. Su formación neoclásica se benefició con los intercambios de la Academia de Letrán. A Carpio, que fue popular hasta fines del siglo XIX, le corresponde el gran mérito de haber redescubierto para la poesía el paisaje mexicano como tema digno de celebración. Muchas de sus composiciones bíblicas e históricas son dignas de estudiarse como un modesto preludio del parnasianismo. Un poema olvidado, "México en 1847", es quizás el mejor de Carpio y lamenta con ecos de la Biblia el desastre de aquel año sombrío. Pesado publicó las *Poesías* de Carpio en 1849. Necesitamos una edición actual de sus obras.

Al nacimiento del Señor

Aquel Señor que enfurecido truena
entre nubes y niebla y torbellino,
que por el hondo mar se abre camino,
y hace temblar de espanto a la ballena,

que el orbe todo con su gloria llena,
cuando vuela en inmenso remolino,
que desencaja al cielo diamantino,
o al mundo calma con su faz serena:

Hoy nace desvalido y a deshora,
del viento herido y el punzante hielo.
Y en lecho duro amargamente llora.

Tal vez no hay hombre en el doliente suelo
a quien alumbre en esta vez la aurora,
más infeliz que el Hacedor del cielo.

Las troyanas[19]

Fue tomada a traición Troya inocente;
murió el rey con la flor de sus troyanos,
y con sangre mancháronse inhumanos
los griegos, de los pies hasta la frente.

Entre el lloro y los gritos de la gente
al fin quemaron enemigas manos
muros y templos y los dioses vanos,
las torres y el alcázar eminente.

Mas la reina y sus fieles compañeras,
esclavas de señores arrogantes,
fueron a dar a tierras extranjeras:

y a orillas de los mares resonantes
sentábanse a llorar las prisioneras,
vueltos a Ilión los pálidos semblantes.

El río de Cosamaloapan

Arrebatado y caudaloso río
que riegas de mi pueblo las praderas,
¡quién pudiera llorar en tus riberas
de la redonda luna al rayo frío!

De noche en mi agitado desvarío
me parece estar viendo tus palmeras,
tus naranjos en flor y enredaderas,
y tus lirios cubiertos de rocío.

¡Quién le diera tan sólo una mirada
a la dulce y modesta casa mía,
donde nací, como ave en la enramada!

---

[19] *Las troyanas*: el destino de Hécuba, Casandra y Andrómaca en medio de la ruina de Troya
inspiró la tragedia homónima de Eurípides estrenada en 415 a. C. Jean-Paul Sartre hizo
una adaptación en 1965 de esta obra, la tragedia pacifista por excelencia.

Pero tus olas ruedan en el día
sobre las ruinas, ¡ay!, de esa morada,
donde feliz en mi niñez vivía.

México en 1847

¿Quién me diera las alas de paloma
para cruzar los montes y los ríos,
los mares nebulosos y bravíos
y llegar hasta el lago de Sodoma?

Quiero sentarme al pie de una columna
de la famosa y trágica Palmira,[20]
y allí entre escombros que el viajero admira
quiero llorar al rayo de la luna.

Quiero pisar las playas del Mar Rojo
y la arena del bárbaro desierto,
y andar vagando con destino incierto,
y allá ocultar mi llanto y mi sonrojo.

Yo vi en las manos de la patria mía
verdes laureles, palmas triunfadoras,
y brillante con glorias seductoras
yo la vi rebosar en alegría.

Yo vi a las grandes e ínclitas naciones
en un tiempo feliz llamarla amiga;
y ella, depuesta el asta y la loriga,[21]
a la sombra dormir de sus pendones.

[20] *Palmira*: antigua ciudad de Siria que estuvo donde hoy se alza la aldea de Tumur. En el siglo tercero de nuestra era Septimio Odenato convirtió a Palmira en un estado autónomo dentro del imperio romano; Palmira abarcaba gran parte del Medio Oriente. Hacia 272 su esposa Cenobia mandó matar a Odenato, aumentó los territorios de Palmira y coronó emperador a su hijo. Al frente de las legiones romanas Aureliano tomó Palmira y capturó a Cenobia. Saqueada por Tamerlán en 1400, Palmira quedó en ruinas. Acerca de su reina Calderón de la Barca escribió *La gran Cenobia*. El conde de Volney (1757-1820) publicó *Las ruinas de Palmira* que, entre la minoría capaz de leer, fue el libro más popular en las postrimerías del virreinato novohispano.
[21] *Loriga*: armadura de láminas imbricadas.

Mas la discordia incendia con su tea
desde el palacio hasta la humilde choza;
bárbara guerra todo lo destroza,
todo se abrasa y en contorno humea.

Armados con sacrílegas espadas
sin piedad se degüellan los hermanos,
y alzan al cielo pálidas las manos,
manos en sangre fraternal bañadas.

¿Cuál es el campo que la guerra impía
una vez y otra vez no ha ensangrentado?
¿Y cuál de las montañas no ha temblado
al trueno de pesada artillería?

¿Qué ciudades, qué pueblos o desiertos,
no han visto los más bárbaros estragos?
¿Dónde están los arroyos y los lagos
que no tiñó la sangre de los muertos?

En medio a tanto mal, el incensario
llenó de humo los templos ofendidos;
y cánticos, y lloros, y gemidos
sonaron en el lúgubre santuario.

En vano todo: el indignado cielo
a México en su angustia desampara,
y el terrible Jehová vuelve la cara
a los pueblos sencillos de otro suelo.

En tanto se levanta pavorosa
allá en el Aquilón[22] negra tormenta,
y en la abatida México revienta
y rayos mil y mil lanza estruendosa.

Yo vi del Norte carros polvorosos,
y vi grandes caballos y cañones,
y vi los formidables batallones
tomar trincheras y saltar los fosos.

---

[22] *Aquilón*: viento del norte. También: polo ártico; en el contexto: los Estados Unidos.

En las calles de México desiertas,
vi correr los soldados extranjeros,
vi relumbrar sus fúlgidos aceros,
y vi las gentes pálidas y yertas.

Y vi también verter la sangre roja,
y oí silbar las balas y granadas,
y vi temblar las gentes humilladas,
y vi también su llanto y su congoja.

Llorad, hijas de México, dolientes
en las tristes orillas de los ríos,
y bajo de los árboles sombríos
al estruendo gemid de los torrentes.

Todo en la vida a llanto nos provoca;
gemid, pues, en los campos y ciudades,
cual gime en las profundas soledades
el ave solitaria de la roca.

Quitad del cuello el oro y los diamantes
y de luto tristísimo vestíos.
¿Por qué ostentar ni galas ni atavíos
en tiempos congojosos y humillantes?

Es hora de llorar, huya la risa
de vuestros labios rojos e inocentes;
estampad en el polvo vuestras frentes,
en ese polvo que el normando pisa.

Yo también lloraré tantos pesares,
y al enojado cielo haré plegarias,
en medio de las noches solitarias,
en las remotas playas de los mares.

Esas mismas naciones que algún día
con rosas coronaron tu cabeza,
hoy te burlan ¡oh patria! con vileza,
y todas te escarnecen a porfía.

"¿Cómo es", dicen soberbias, "que humillada
sin trono está la reina de Occidente?

¿Quién la diadema le arrancó a su frente?
¿En dónde está su formidable espada?

"Sus hijos sin pudor y afeminados
se espantan del cañón al estallido,
y de las balas al fugaz silbido
huyen sus capitanes y soldados.

"¿En dónde están su orgullo y su ardimiento?
¿Sus laureles en dónde y sus hazañas?
Son como viles y quebradas cañas
que abate el soplo de un ligero viento."

Otros burlan también nuestros errores,
abran su historia y cállense sus labios:
no volvamos agravios por agravios:
que nos dejen llorar nuestros dolores.

Feliz ¡ay! muy feliz el mexicano
que al golpe de mortífera metralla
ha expirado en el campo de batalla,
antes de ver el ceño del tirano.

Mejor me fuera en tierras muy remotas
vivir entre escorpiones y serpientes
que mirar humilladas nuestras frentes
a fuerza de reveses y derrotas.

Mas, pise yo la patagonia playa,
o ya escuche del Niágara el estruendo,
ya los helados Alpes esté viendo
o contemple el magnífico Himalaya,

allá en la soledad ¡oh patria mía!
siempre estarás presente en mi memoria.
¿Cómo olvidar tu congojosa historia?
¿Cómo olvidar tu llanto y tu agonía?

Antes del sauce nacerá la rosa,
y crecerán las palmas en los mares,
que me llegue a olvidar de mis hogares,
que te pueda olvidar, México hermosa.

¡Roma, patria de Curios y Catones![23]
Compadezco tu suerte lamentable:
leyes te dieron con sangriento sable
del Norte los terribles batallones.

Los viles e insolentes pretorianos[24]
desgarraron tus leyes con la espada,
la toga veneranda[25] fue pisada
mil veces por brutales veteranos.

¡Patria infeliz! sin Curios ni Catones,
ha sido tu destino lamentable:
leyes te dieron con sangriento sable
del Norte los terribles batallones.

Tú también has sufrido mil tiranos
que pisaron las leyes y la toga,
y que apretaron con sangrienta soga
tu cuello tierno y tus cansadas manos.

Mas baste ya. Quiero alas de paloma
para cruzar los montes y los ríos,
los mares nebulosos y bravíos,
y llegar hasta el lago de Sodoma.

Quiero pisar las playas del Mar Rojo
y la arena del bárbaro desierto,
y andar vagando con destino incierto
y allá ocultar mi llanto y mi sonrojo.

◆

[23] *Curios y Catones*: personajes que se volvieron simbólicos de las virtudes imperiales romanas. Manio Curio Dentato derrotó, entre 290 y 274 a.C., a los enemigos de Roma, entre ellos Pirro, y empleó sus ganancias en beneficiar a la ciudad con las aguas del Anio. Catón el censor pugnó por la austeridad de los romanos y creó la consigna "Cartago debe ser destruida". Catón el menor fue enemigo de César y Catilina. Seguidor de Pompeyo, estoico e incorruptible, se suicidó en 46 a.C., al ser derrotado en Tapso.

[24] *Pretorianos*: se llamaba así a los soldados que cuidaban a los emperadores. Por extensión, el término se aplica a los militares, sobre todo cuando se dan atribuciones políticas.

[25] *Toga veneranda*: en la Roma imperial los patricios usaban la toga como traje de ceremonia. Simbolizaba la dignidad ciudadana y no podían ponérsela los extranjeros ni los vasallos. En el contexto de Carpio la toga venerada equivale a la bandera que simbólicamente envuelve el cuerpo de la Patria.

José Joaquín Pesado

(1801-1861)

Pesado nació en San Agustín del Palmar (Puebla) y heredó campos tabacaleros. Pudo entregarse sin problemas económicos a su vocación literaria. En un principio tuvo simpatías liberales, fue diputado y gobernador interino de Veracruz. Ocupó el Ministerio del Interior (Gobernación) en el gabinete de Anastasio Bustamante, y a partir de entonces militó entre los conservadores. En vísperas de la invasión norteamericana fue ministro de Relaciones. Profesor de la Universidad, destacó en *La Oposición* y *La Cruz* como periodista antiliberal.

No creyó en la originalidad sino en el trabajo colectivo y llamó *Poesías originales y traducidas* a su libro (1839, 1849, 1886). Hizo buenos sonetos del paisaje, versiones de los Salmos y de los románticos franceses e italianos; pero tal vez su contribución mas importante sea la paráfrasis de *Las aztecas* (es decir, "Las poesías aztecas", 1854), hecha sobre las traducciones literales de Francisco Galicia Chimalpopoca, profesor de náhuatl en la Universidad. Durante mucho tiempo se creyeron invenciones de Pesado. Los trabajos de Ángel María Garibay y Miguel León-Portilla le han hecho justicia en nuestro siglo. No menos importante es su participación en el nacimiento de la narrativa mexicana gracias a cuentos como "El inquisidor de México" y "El amor frustrado", que David Huerta rescató en *Cuentos románticos* (1972). Es otro de los poetas que reclaman ediciones y estudios de sus obras.

Sitios y escenas de Orizaba y Córdoba

LA FUENTE DE OJOZARCO

Sonora, limpia, transparente, ondosa,
naces de antiguo bosque, ¡oh sacra fuente!
En tus orillas canta dulcemente
el ave enamorada y querellosa.

Ora en el lirio azul, ora en la rosa
que ciñen el raudal de tu corriente,
se asientan y se mecen blandamente
la abeja y la galana mariposa.

Bien te conoce Amor por tus señales,
gloria de las pintadas pedrerías,
hechizo de pastoras y zagales.

Mas ¿qué son para ti tus alegrías?
¿Qué tus claros y tersos manantiales
si sólo has de llevar lágrimas mías?

EL MOLINO Y LLANO DE ESCAMELA

Tibia en invierno, en el verano fría
brota y corre la fuente: en su camino
el puente pasa, toca la arquería,
y mueve con sus ondas el molino:

espumosa desciende, y se desvía
después, en curso claro y cristalino
copiando a trechos la enramada umbría
y el cedro añoso y el gallardo pino.

Mírase aquí selvosa la montaña:
allí en el ganado ledo, que sestea,
parte en la cuesta y parte en la campaña.

Y en la tarde, al morir la luz febea,
convida a descansar en la cabaña
la campana sonora de la aldea.

LA CASCADA DE BARRIO NUEVO

Crecida, hinchada, turbia la corriente
troncos y peñas con furor arrumba,
y bate los cimientos y trastumba
la falda, al monte de enriscada frente.

A mayores abismos impaciente
el raudal espumoso se derrumba;
la tierra gime: el eco que retumba
se extiende por los campos lentamente.

Apoyado en un pino el viejo río,
alzando entrambas sienes, coronadas
de ruda encina y de arrayán bravío;

entre el iris y nieblas levantadas,
ansioso de llegar al mar umbrío,
a las ondas increpa amotinadas.

UNA TEMPESTAD, DE NOCHE, EN ORIZABA

El carro del Señor, arrebatado
de noche, en tempestad que ruge y crece,
los cielos de los cielos estremece,
entre los torbellinos y el nublado.

De súbito, el relámpago inflamado
rompe la oscuridad y resplandece;
y bañado de luces aparece
sobre los montes el volcán nevado.

Arde el bosque, de viva llama herido;
y semeja de fuego la corriente
del río, por los campos extendido.

Al terrible fragor del rayo ardiente
lanza del pecho triste y abatido
clamor de angustia la aterrada gente.

Salmo XXXVIII

ORACIÓN EN TIEMPO DE ANGUSTIA

No con tu fuerte mano me destruyas,
ni traspases con flechas mi costado,
    no me increpes airado,
    ni con furor me arguyas:
mira todos mis huesos quebrantados
con el peso, Señor, de mis pecados.

De mi mucha maldad la cuenta larga
sobrepuja y oprime mi cabeza;
    me agobia la tristeza
    como pesada carga;
licencias que mis ojos cometieron
las llagas de mi cuerpo corrompieron.

Pagando a la miseria su tributo
empapo con mis lágrimas el suelo.
   cubierto estoy de duelo,
   y el corazón de luto:
arden en mis entrañas derretidas
del tormento las brasas encendidas.

Rompo el aire con ayes y gemidos,
desfallezco entre sustos y temores,
   publico mis dolores
   con tristes alaridos:
alivia la aflicción en que me veo
Tú, Señor, que conoces mi deseo.

Mi débil corazón atribulado
respira con profundo sentimiento:
   con lágrimas sin cuento
   mis ojos han cegado:
se alzaron contra mí todas las gentes,
y huyeron mis amigos y parientes.

Urdieron sin cesar falsos testigos
engaños contra mí de toda suerte;
   procuraron mi muerte
   mis fieros enemigos;
y al mirar mis congojas y pesares
prorrumpieron en burlas y cantares.

En esta tempestad violenta y ruda,
y entre tantos combates repetidos,
   me tapé los oídos,
   hice mi lengua muda,
mostrándome a la injuria indiferente
como aquel que no mira y que no siente.

En ti, Señor, apoyo mi esperanza,
da entrada a mis querellas en tu oído:
   el adversario erguido
   perderá su confianza;
y quitándole el gozo que tuvo antes,
afirmarás mis pasos vacilantes.

Dispuesto estoy, mi Dios, y resignado
a sufrir de tus manos el castigo:
    a detestar me obligo
    por siempre mi pecado;
en medio de amarguras tan inmensas
borraré con mi llanto tus ofensas.

No te alejes de mí, Salvador mío,
camina en mi socorro diligente,
    mira cuán insolente
    el enemigo impío
tanto se multiplica, que parece
que triunfa, y que del todo prevalece.

Vanidad de la gloria humana
(Canto de Netzahualcóyotl)

Son del mundo las glorias y la fama
como los verdes sauces de los ríos,
a quienes quema repentina llama
o los despojan los inviernos fríos:
la hacha del leñador los precipita
o la vejez caduca los marchita.

Del monarca la púrpura preciosa
las injurias del tiempo no resiste;
es en su duración como la rosa,
alegre al alba y en la noche triste:
ambas tienen en horas diferentes
las mismas propiedades y accidentes.

¿Pero qué digo yo? Graciosas flores
hay, que la aurora baña de rocío,
muertas con los primeros resplandores
que el sol derrama por el aire umbrío.
Pasa en un punto su belleza vana,
y así pasa también la pompa humana.

¡Cuán breve y fugitivo es el reinado
que las flores ejercen cuando imperan!
¡No es menos el honor alto y preciado

que en sí los hombres perpetuar esperan!
Cada blasón que adquieren se convierte
en sus manos en símbolo de muerte.

No llegar a su fin, nadie lo espere:
la más alegre y dilatada vida
en yerto polvo convertida muere.
¿Ves la tierra tan ancha y extendida?
Pues no es más que sepulcro dilatado
que oculta cuanto fue, cuanto ha pasado.

Pasan los claros ríos y las fuentes,
y pasan los arroyos bullidores:
nunca a su origen vuelven las corrientes,
que entre guijas nacieron y entre flores:
con incesante afán y con presura
buscan allá en el mar su sepultura.

La hora que ya pasó rauda se aleja
para nunca volver, cual sombra vana,
y la que ora gozamos nada deja
de su impalpable ser para mañana.
Llena los cementerios polvo inmundo
de reyes que mandaron en el mundo.

Y su centro de horror también encierra
sabios en el consejo, ya olvidados
héroes famosos, hijos de la guerra,
grandes conquistadores esforzados,
que dictando su ley a las naciones
se hicieron tributar adoraciones.

Mas su poder quedó desvanecido
como el humo que espira la garganta
de este volcán de México encendido,
cuando al cielo sus llamas adelanta.
No queda más recuerdo a tanta gloria
que una confusa página en la historia.

¿Dónde está el poderoso, dónde el fuerte?
¿Dó la doncella púdica y gallarda?
El césped que los cubre nos advierte

la condición que a todos nos aguarda.
Murieron nuestros padres: moriremos:
la muerte a nuestros hijos legaremos.

Volvamos ya la vista a los panteones,
morada de pavor, lugar sombrío.
¿Dónde están los clarísimos varones
que extendieron su inmenso señorío
por la vasta extensión de este hemisferio,
con leyes justas y sagrado imperio?

¿Dónde yace el guerrero poderoso
que los toltecas gobernó el primero?
¿Dónde Necax, adorador piadoso
de las deidades, con amor sincero?
¿Dónde la reina Xiul, bella y amada?
¿Dó el postrer rey de Tula desdichada?

Nada bajo los cielos hay estable.
¿En qué sitio los restos se reservan
de Xolotl, tronco nuestro venerable?
¿Dó los de tantos reyes se conservan?
De mi padre la vívida ceniza
¿qué lugar la distingue y eterniza?

En vano busco yo, caros amigos,
los restos de mis claros ascendientes;
de mi inútil afán me sois testigos,
a mis preguntas tristes y dolientes
sólo me respondéis: nada sabemos,
más que en polvo también nos tornaremos.

¿Quién es el que esto advierte y no suspira
por gozar de otra vida, allá en la altura
donde sin corrupción libre respira
y en eterna quietud el alma dura?
Desprendida del cuerpo, tiende el vuelo
y vive con los astros en el cielo.

Es el sepulcro helado nueva cuna
para nacer del sol a los fulgores,
y su tiniebla, lóbrega, importuna,

brillo para los astros superiores.
En polvo la criatura convertida
goza con las estrellas nueva vida.

No hay poder que trastorne de esa esfera
los muros y los quicios diamantinos,
allí el Creador su imagen reverbera:
en ellos imprimió nuestros destinos
y en ellos el mortal mira seguro
con ojos penetrantes lo futuro.

Invocación (de los aztecas) al Dios de la Guerra

¡Invisible poder del cielo y tierra,
señor omnipotente de la guerra,
        invicto lidiador:
tu pueblo ante tus aras se presenta,
y al rudo asalto y a la lid sangrienta
        se apresta con valor!

La muerte a tu mandato se levanta:
tiembla el suelo oprimido de tu planta:
        huye el numen de paz:
y abre y dilata sus profundos senos,
de eterna noche y de silencio llenos,
        el sepulcro voraz.

¡Cuánta sangre vertida por la espada
descenderá al abismo, consagrada
        al infernal furor!
¡Cuántos cuerpos truncados, insepultos,
en montes asperísimos, incultos,
        serán ofrenda al sol!

Sus víctimas señala airado el cielo,
y lágrimas sin término y sin duelo
        a la tierra infeliz:
ignora de su amor la dulce esposa,
y del hijo la madre cariñosa,
        ¡ay!, el próximo fin.

Hermosa imagen de su padre, el hijo
derrama en su morada el regocijo
     con infantil candor:
crece robusto joven, y en un punto
cayendo inmóvil en la lid, difunto,
     causa inmenso dolor.

Breves son los instantes de contento,
larguísimas las horas de tormento,
     prolijo el padecer:
tal es la suerte que a los hombre cupo:
así con sabio porvenir lo supo
     el cielo disponer.

Que si nos dio, con término y medida,
beber las dulces auras de la vida
     y ver su clara luz;
hace también, sin que crueldad implique,
que la guerra nos postre y sacrifique
     con fúnebre segur.

Del sepulcro voraz somos tributo:
somos al reino de pavor y luto
     ofrenda funeral:
inevitables víctimas nacemos;
y en sacrificio al cielo nos debemos
     con término fatal.

Al que muera en la lucha sanguinosa
traslada ¡oh Dios! con mano poderosa
     a la etérea mansión:
ciñe su frente con diadema de oro,
y vístelo de pompa y de decoro
     con vívido esplendor.

Abre la helada mano de la muerte
gloriosas puertas al guerrero fuerte
     que expira en dura lid;
aposéntalo el sol en sus palacios
de cristal fabricados y topacios
     en campo de zafir.

Allí en jardines llenos de verdura,
do florecen con plácida frescura
el cedro y el laurel;
cabe tanques y fuentes bulliciosas,
gusta del lirio y encendidas rosas
la perfumada miel.

Concede ¡oh Dios! un ánimo valiente,
invicto brazo y corazón ardiente
al bravo lidiador:
haz su espada triunfar en las batallas,
postra a sus pies ciudades y murallas,
míralo con favor.

◆

Ignacio Rodríguez Galván

(1816-1842)

Rodríguez Galván nació en Tizayuca, hoy estado de Hidalgo. Fue hijo de campesinos y a los 12 años llegó a la capital para trabajar en la librería e imprenta de su tío Mariano Galván, uno de los grandes editores mexicanos del siglo XIX. Aprendió por medios autodidácticos francés e italiano y, gracias a Sánchez de Tagle, latín. Fue recibido en la Academia de Letrán e hizo amistad con sus contemporáneos Guillermo Prieto y Fernando Calderón.

El 27 de septiembre de 1838 estrenó en el teatro Principal o Coliseo Nuevo *Muñoz, visitador de México*. Le dio el título de primer dramaturgo que llevó a la escena romántica temas mexicanos. *Muñoz* tuvo tal éxito que la obra, cosa insólita en aquel tiempo, fue repuesta en 1842. Hizo algunos bocetos y una segunda obra, *El privado del virrey*. En *El Año Nuevo* editó antologías de su círculo literario y escribió con verdadero talento algunas narraciones fundadoras que acaban de reunirse en el volumen *Manolito el Pisaverde* y otros cuentos (serie La Matraca, 1984). Se enamoró en vano de Soledad Cordero (1816-1847), la primera actriz del México independiente. Para alejarlo de su obsesión José María Tornel, ministro de la Guerra y protector de los jóvenes poetas, le consiguió un puesto diplomático en Sudamérica. Apenas iniciado su viaje, murió en La Habana, víctima de la fiebre amarilla.

Rodríguez Galván es un adelantado en varios campos, no sólo en la literatura dramática: primer romántico mexicano, primer "poeta maldito", primero que

escribe desde el punto de vista del mestizo que se ha apropiado de la cultura lite-
raria antes privilegio de los criollos. Sus poemas muestran una activa conciencia
política y una intensidad poética que, fuera de Heredia, no se encuentra en nin-
gún otro hispanoamericano entre 1830 y 1840. Nadie ha discrepado de Marceli-
no Menéndez y Pelayo en su consideración de la "Profecía de Guatimoc" como
obra maestra del romanticismo en este país. Hay que ampliar el redescubrimien-
to iniciado por Antonio Castro Leal con la publicación de *Poesía y teatro* (1965).

Profecía de Guatimoc

*No fue más que un sueño de la
noche que se disipó con la aurora.*
SAN JUAN CRISÓSTOMO

I

Tras negros nubarrones asomaba
pálido rayo de luciente luna
tenuemente blanqueando los peñascos
que de Chapultepec la falda visten.
Cenicientos a trechos, amarillos,
o cubiertos de musgo verdinegro
a trechos se miraban, y la vista
de los lugares de profundas sombras
con terror y respeto se apartaba.
Los corpulentos árboles ancianos,
en cuya frente siglos mil reposan,
sus canas venerables conmovían
de viento leve al delicado soplo,
o al aleteo de nocturno cuervo,
que tal vez descendiendo en vuelo rápido
rizaba con sus alas sacudidas
las cristalinas aguas de la alberca,
en donde se mecía blandamente
la imagen de las nubes retratadas
en su luciente espejo. Las llanuras
y las lejanas lomas repetían
el aullido siniestro de los lobos
o el balar lastimoso del cordero,
o del toro el bramido prolongado.
¡Oh soledad, mi bien, yo te saludo!

¡Cómo se eleva el corazón del triste
cuando en tu seno bienhechor su llanto
consigue derramar! Huyendo al mundo
me acojo a ti. Recíbeme, y piadosa
divierte mi dolor, templa mi pena.
Alza mi corazón a lo infinito,
el velo rasga de futuros tiempos,
templa mi lira, y de los sacros vates
dame la inspiración.

        Nada en el mundo,
nada encontré que el tedio y el disgusto
de vivir arrancara de mi pecho.
Mi pobre madre descendió a la tumba
y a mi padre infeliz dejé buscando
un lecho y pan de la piedad ajena.
El sudor de mi faz y el llanto ardiente
mi sed templaron. Amistad sincera
busqué en los hombres, y la hallé... Mentira,
perfidia y falsedad hallé tan sólo.
Busqué el amor, y una mujer, un ángel
a mi turbada vista se presenta
con su rostro ofuscando a los malvados
que en torno la cercaban, y entre risas
de estúpida malicia se gozaban,
que en sus manos sacrílegas pensando
la flor de su virtud marchitarían
y de su faz las rosas... ¡Miserables!
¿Cuándo la nube tempestuosa y negra
pudo apagar del sol la lumbre pura,
aunque un instante la ofuscó? ¿Ni cuándo
su irresistible luz el pardo búho
soportar pudo?...

        Yo temblé de gozo,
sonrió mi labio y se aclaró mi frente,
y brillaron mis ojos, y mis brazos
vacilantes buscaban el objeto
que tanto me asombró... ¡Vana esperanza!
En vez de un alma ardiente cual la mía,
en vez de un corazón a amar creado,
aridez y frialdad encontré solo,
aridez y frialdad, ¡indiferencia!...

Y mis ensueños de placer volaron,
y la fantasma de mi dicha huyóse,
y sin lumbre quedé perdido y ciego.
Sin amistad y sin amor... (La ingrata
de mí aparta la vista desdeñosa,
y ni la luz de sus serenos ojos
concede a su amador... En otro tiempo,
en otro tiempo sonrió conmigo.)
Sin amistad y sin amor, y huérfano.
Es ya polvo mi padre, y ni abrazarlo
pude al morir. Y abandonado y solo
en la tierra quedé. Mi pecho entonces
se oprimió más y más, y la poesía
fue mi gozo y placer, mi único amigo.
Y misteriosa soledad de entonces
mi amada fue.

            ¡Qué dulce, qué sublime
es el silencio que me cerca en torno!
¡Oh cómo es grato a mi dolor el rayo
de moribunda luna, que halagando
está mi yerta faz! —Quizá me escuchan
las sombras veneradas de los reyes
que dominaron el Anáhuac, presa
hoy de las aves de rapiña y lobos
que ya su seno y corazón desgarran.
—"¡Oh varón inmortal! ¡oh rey potente!
Guatimoc valeroso y desgraciado,
si quebrantar las puertas del sepulcro
te es dado acaso, ¡ven! Oye mi acento:
contemplar quiero tu guerrera frente,
quiero escuchar tu voz..."

II

            Siento la tierra
girar bajo mis pies, nieblas extrañas
mi vista ofuscan y hasta el cielo suben.
Silencio reina por doquier; los campos,
los árboles, las aves, la natura,
la natura parece agonizante.

Mis miembros tiemblan, las rodillas doblo
y no me atrevo a levantar la vista.
¡Oh mortal miserable! tu ardimiento,
tu exaltado valor es vano polvo.
Caí por tierra sin aliento y mudo,
y profundo estertor del hondo pecho
oprimido salía.
           De repente
parece que una mano de cadáver
me aferra el brazo y me levanta... ¡Cielos!
¿Qué estoy mirando?...
                —"Venerable sombra,
huye de mí: la sepultura cóncava
tu mansión es. ¡Aparta, aparta!
                  En vano
suplico y ruego; mas el alma mía
vuelve a su ser y el corazón ya late.
De oro y telas cubierto y ricas piedras
un guerrero se ve. Cetro y penacho
de ondeantes plumas se descubre; tiene
potente maza a su siniestra, y arco
y rica aljaba de sus hombros penden...
¡Qué horror! Entre las nieblas se descubren
llenas de sangre sus tostadas plantas
en carbón convertidas; aun se mira
bajo sus pies brillar la viva lumbre.
Grillos, esposas y cadenas duras
visten su cuerpo, y acerado anillo
oprime su cintura; y para colmo
de dolor, un dogal su cuello aprieta.
"Reconozco, exclamé, sí, reconozco
la mano de Cortés bárbaro y crudo.
¡Conquistador! ¡aventurero impío!
¿Así trata un guerrero a otro guerrero?
¿Así un valiente a otro valiente?..." Dije
y agarrar quise del monarca el manto;
pero él se deslizaba y aire sólo
con los dedos toqué.

III

　　　　　　　　　—"Rey del Anáhuac,
noble varón, Guatimoctzin valiente,
indigno soy de que tu voz me halague,
indigno soy de contemplar tu frente.
Huye de mí". —"No tal," él me responde,
　　　　　y su voz parecía
que del sepulcro lóbrego salía.
—"Háblame", continuó, "pero en la lengua
　　　　　del gran Netzahualcóyotl".
Bajé la frente y respondí: "La ignoro".
El rey gimió en su corazón. —"¡Oh mengua,
oh vergüenza!" gritó. Rugó las cejas
y en sus ojos brilló súbito lloro.
—"Pero siempre te amé, rey infelice.
Maldigo a tu asesino y a la Europa,
la injusta Europa que tu nombre olvida.
　　　　　Vuelve, vuelve a la vida,
empuña luego la robusta lanza,
de polo a polo sonará tu nombre,
temblarán a tu voz caducos reyes,
el cuello rendirán a tu pujanza,
serán para ellos tus mandatos, leyes;
y en México, en París, centro de orgullo,
resonará la trompa de venganza.
¿Qué de estos tiempos los guerreros valen
cabe[26] Cortés sañudo y Alvarado
(varones invencibles, si[27] crueles)
y los venciste tú, sí, los venciste
en nobleza y valor, rey desdichado!"
—"Ya mi siglo pasó. Mi pueblo todo
jamás elevará la oscura frente
hundida ahora en asqueroso lodo.
Ya mi siglo pasó. Del mar de Oriente
nueva familia de distinto idioma,
de distintas costumbres y semblantes,

---

[26] *Cabe*: "cerca de", "junto a". Preposición caída en desuso.
[27] *Si*: desempeña en esta frase las funciones de la conjunción adversativa "aunque": "varones invencibles aunque crueles".

en hora de dolor al puerto asoma,
y asolando mi reino, nuevo reino
sobre sus ruinas míseras levanta.
Y cayó para siempre el mexicano,
y ahora imprime en mi ciudad la planta
el hijo del soberbio castellano.
Ya mi siglo pasó."

        Su voz augusta
sofocada quedó con los sollozos.
Hondos gemidos arrojó del seno,
retemblaron sus miembros vigorosos,
el dolor ofuscó su faz adusta
y la inclinó de abatimiento lleno.
—"¿Pues las pasiones que al mortal oprimen
acosan a los muertos en la tumba?
¿Hasta ella el grito del rencor retumba?
¿También las almas en el cielo gimen?"
Así hablé y respondió. —"Joven audace,
el atrevido pensamiento enfrena.
Piensa en ti, en tu nación; mas lo infinito
        no será manifiesto
a los ojos del hombre: así está escrito.
        Si el destino funesto
el denso velo destrozar pudiera
que la profunda eternidad te esconde,
más, joven infeliz, más te valiera
ver a tu amante en brazos de tu amigo
y ambos a dos el solapado acero
        clavar en tus entrañas,
y reír a tu grito lastimero
y, sin poder morir, sediento y flaco,
agonizar un siglo, ¡un siglo entero!"

Sentí desvanecerse mi cabeza,
tembló mi corazón, y mis cabellos
erizados se alzaron en mi frente.
        Miróme con terneza
del rey la sombra, y desplegando el labio
de esta manera prosiguió doliente:

"¡Oh joven infeliz! ¡cuál tu destino,
    cuál es tu estrella impía!...
Buscará la verdad tu desatino
    sin encontrar la vía.

Deseo ardiente de renombre y gloria
    abrasará tu pecho,
y contigo tal vez la tu memoria
    expirará en tu lecho.

Amigo buscarás y amante pura,
    mas a la suerte plugo
que halles en ella bárbara tortura,
    y en él feroz verdugo.

    Y ansia devoradora
de mecerte en las olas del océano
aumentará tu tedio, y será en vano,
aunque en dolor y rabia te despeña,
    que el destino tirano
para siempre en tu suelo te asegura
cual fijo tronco o soterrada peña.

    Y entre tanto a tus ojos
¡qué terrífico lienzo se despliega!
    Llanos, montes de abrojos;
    el justo, que navega
y de descanso al punto nunca llega.

    Y en palacios fastuosos
el infame traidor, el bandolero,
    holgando poderosos,
    vendiendo a un usurero
las lágrimas de un pueblo a vil dinero.

    La virtud a sus puertas,
gimiendo de fatiga y desaliento,
    tiende las manos yertas
    pidiendo el alimento,
y halla tan sólo duro tratamiento.

El asesino insano
los derechos proclama,
debidos al honrado ciudadano.

Y más allá rastrero cortesano,
que ha vendido su honor, honor reclama.
Hombre procaz, que la torpeza inflama,
castidad y virtud audaz predica,
y el hipócrita ateo
a Dios ensalza y su poder publica.

Una no firme silla
mira sobre cadáveres alzada...

Ya diviso en el puerto
hinchadas lonas como niebla densa,
ya en la playa diviso,
en el aire vibrando aguda lanza,
de gente extraña la legión inmensa.
Al son del grito de feroz venganza
las armas crujen y el bridón relincha;
oprimida rechina la cureña,
bombas ardientes zumban,
vaga el sordo rumor de pena en pena
y hasta los montes trémulos retumban.

¡Mirad! mirad por los calientes aires
mares de viva lumbre
que se agitan y chocan rebramando;
mirad de aquella torre el alta cumbre
cómo tiembla, y vacila, y cruje, y cae,
los soberbios palacios derrumbando.
¡Escuchad, escuchad!... Hondos gemidos
arrojan los vencidos.
¡Mirad los infelices por el suelo,
moribundos, sus cuerpos arrastrando,
y su sed ardorosa
en sus propias heridas apagando!
¡Oídlos en su duelo
maldecir su nación, su vida, el cielo!...
Sangrienta está la tierra,
sangrienta el alta sierra,

sangriento el ancho mar, el hondo espacio,
y del inmoble[28] rey del claro día
la faz envuelve ensangrentado velo.

Nada perdona el bárbaro europeo:
todo lo rompe y tala y aniquila
           con brazo furibundo.
Ved la doncella en torpe desaliño
abrazar a su padre moribundo.
Mirad sobre el cadáver asqueroso
           del asesino aleve
caer sin vida el inocente niño.

¡Oh vano suplicar! Es dura roca
           el hijo del Oriente:
brotan sangre sus ojos, y a su boca
           lleva sangre caliente.

Es su placer en fúnebres desiertos
las ciudades trocar. ¡Hazaña honrosa!
Ve el sueño con desdén, si no reposa
           sobre insepultos muertos.

           ¡Ay pueblo desdichado!
Entre tantos caudillos que te cercan
¿quien a triunfar conducirá tu acero?
Todos huyen cobardes, y al soldado
en las garras del pérfido extranjero
           dejan abandonado
clamando con acento lastimero:
¿Dónde Cortés está?, ¿dónde Alvarado?

Ya eres esclavo de nación extraña,
           tus hijos son esclavos,
a tu esposa arrebatan de tu seno...
¡Ay si provocas la extranjera saña!...

---

[28] *Inmoble*: "que no puede ser movido". Compárense los matices de este adjetivo respecto a inmóvil ("que no se mueve") e inamovible ("que no es movible").

¿Lloras, pueblo infeliz y miserable?
        ¿A qué sirve tu llanto?
        ¿Qué vale tu lamento?
        Es tu agudo quebranto
para el hijo de Europa inaplacable
su más grato alimento.

Y ni enjugar las lágrimas de un padre
        concederá a tu duelo,
que de la venerable cabellera
        entre signos de gozo
        le verás arrastrado
        al negro calabozo,
do por piedad demanda muerte fiera.
        ¡Ay, pueblo desdichado!
¿Dónde Cortés está?, ¿dónde Alvarado?

¿Mas qué faja de luz pura y brillante
        en el cielo se agita?
¿Qué flamígero carro de diamante
por los aires veloz se precipita?
¿Cuál extendido pabellón ondea?
¿Cuál sonante clarín a la pelea
el generoso corazón excita?

        ¡Temblad, estremeceos,
        oh reyes europeos!
Basta de tanto escandaloso crimen.
Ya los cetros en ascuas se convierten,
        los tronos en hogueras
y las coronas en serpientes fieras
que rencorosas vuestro cuello oprimen.

        ¿Qué es de París y Londres?
¿Qué es de tanta soberbia y poderío?
¿Qué de sus naves de riqueza llenas?
¿Qué de su rabia y su furor impío?
Así preguntará triste viajero.
Fúnebre voz responderá tan sólo:
¿Qué es de Roma y Atenas?

¿Ves en desiertos de África espantosos,
al soplar de los vientos abrasados,
  qué multitud de arenas
se elevan por los aires agitados,
y ya truécanse en hórridos colosos,
ya en bramadores mares procelosos?
¡Ay de vosotros, ay, guerreros viles,
que de la inglesa América y de Europa,
con el vapor, o con el viento en popa,
a México llegáis miles a miles
y convertís el amistoso techo
en palacio de sangre y de furores,
y el inocente hospitalario lecho
en morada de escándalo y de horrores!
¡Ay de vosotros! Si pisáis altivos
las humildes arenas deste suelo,
no por siempre será, que la venganza
su soplo asolador furiosa lanza,
y veloz las eleva por los aires,
y ya las cambia en tétricos colosos
que en sus fornidos brazos os oprimen,
  ya en abrasados mares
que arrasan vuestros pueblos poderosos.

Que aun del caos la tierra no salía
cuando a los pies del Hacedor radiante
escrita estaba en sólido diamante
esta ley, que borrar nadie podría:
El que del infeliz el llanto vierte,
amargo llanto verterá angustiado;
el que huella al endeble, será hollado;
el que la muerte da, recibe muerte;
y el que amasa su espléndida fortuna
con sangre de la víctima llorosa,
su sangre beberá, si sed lo seca,
sus miembros comerá, si hambre lo acosa.

IV

Brilló en el cielo matutino rayo,
de súbito cruzó rápida llama,
el aire convirtióse en humo denso

salpicado de brasas encendidas
cual rojos globos en oscuro cielo.
La tierra retembló, giró tres veces
en encontradas direcciones; hondo
cráter abrióse ante mi planta infirme,
y despeñóse en él bramando un río
de sangre espesa, que espumoso lago
formó en el fondo, y cuyas olas negras,
agitadas subiendo, mis rodillas
bañaban sin cesar. Fantasma horrible
de formas colosales y abultadas,
envolvió su cabeza en luengo manto
y en el profundo lago sumergióse.
Ya no vi más...

        ¿Dó estoy? ¿Qué lazo oprime
mi garganta? ¡Piedad! Solo me encuentro...
Mi cuerpo tembloroso húmeda yerba
tiene por lecho; el corazón mis manos
con fuerza aprietan, y mi rostro y cuerpo
tibio sudor empapa. El sol brillante,
tras la sierra asomando la cabeza,
mira a Chapultepec cual padre tierno
contempla al despertar a su hijo amado.
Los rayos de su luz las peñas doran,
los árboles sus frentes venerables
inclinan blandamente, saludando
al astro ardiente que les da la vida.
Azul está el espacio, y a los montes
baña color azul, claro y oscuro.
Todo respira juventud risueña
y cantando los pájaros se mecen
en las ligeras y volubles auras.

Todo a gozar convida; pero a mi alma
manto de muerte envuelve, y gota a gota
sangre destila el corazón herido.
Mi mente es negra cavidad sin fondo
y vaga incierto el pensamiento en ella
cual perdida paloma en honda gruta.

¿Fue sueño o realidad?... Pregunta vana...
Sueño sería, que profundo sueño
es la voraz pasión que me consume;
sueño ha sido, y no más, el leve gozo
que acarició mi faz; sueño el sonido
de aquella voz que adormeció mis penas;
sueño aquella sonrisa, aquel halago,
aquel blando mirar... Desperté súbito
y el bello Edén despareció a mis ojos
como oleada que la mar envía
y se lleva después. Sólo me resta
atroz recuerdo que me aprieta el alma
y sin cesar el corazón me roe.
Así el fugaz placer sirve tan sólo
para abismar el corazón sensible,
así la juventud y la hermosura
sirven tan sólo de romper el seno
a la cansada senectud. El hombre
tiene dos cosas solamente eternas:
su Dios y la virtud, de Él emanada...

Yo me sentí mecido de mis padres
en los amantes cariñosos brazos,
y fue sueño también... Mujer que adoro,
ven otra vez a adormecer mi alma
y mátame después, mas no te alejes...
La amistad y el amor son mi existencia,
y el amor y amistad vuelven el rostro
y huyen de mí cual de cadáver frío.

¡Venid, sueños, venid! y ornad mi frente
de beleño mortal: soñar deseo.
Levantad a los muertos de sus tumbas:
quiero verlos, sentir, estremecerme...
Las sensaciones mi alimento fueron,
sensaciones de horror y de tristeza.
Sueño sea mi paso por el mundo,
hasta que nuevo sueño, dulce y grato,
me presente de Dios la faz sublime.

16-27 de septiembre de 1839

¡Bailad, bailad!

*Con motivo de un baile dado
en el teatro al E. Señor Presidente,
la noche del 25 de marzo de 1841*

Mane, Thecel, Phares.
Daniel[29]

Bailad mientras que llora
el pueblo dolorido,
bailad hasta la aurora
al compás del gemido
que a vuestra puerta el huérfano
hambriento lanzará.
    ¡Bailad, bailad!

Desnudez, ignorancia
a nuestra prole afrenta,
orgullo y arrogancia
con altivez ostenta,
y embrutece su espíritu
torpe inmoralidad.
    ¡Bailad, bailad!

Las escuelas inunda
turba ignorante y fútil,
que su grandeza funda
en vedarnos lo útil
y nos conduce hipócrita
por la senda del mal.
    ¡Bailad, bailad!

---

[29] *Mane...* La escritura en la pared que una mano inscribió durante el festín de Baltasar o Belsasar, rey de los caldeos, y que Daniel interpretó en uno de los pasajes más célebres de la Biblia (Daniel 5: 1-31). *Mane* (o *Mené*): "Contó Dios tu reino y le ha puesto fin". *Thecel* (o *Tekel*): "Pesado has sido en balanza, y fuiste hallado falto". *Phares* (en otras versiones *Parsim* o *Upasim*): "Tu reino ha sido roto y dado a los medas y a los persas". Sobra decir quiénes representaban en el México de Santa Anna el papel de medos y persas que iban a apoderarse del reino.

Soldados sin decoro
y sin saber nos celan,
adonde dan más oro
allá rápidos vuelan:
en la batalla tórtolas,
buitres en la ciudad.
    ¡Bailad, bailad!

Ya por Tejas se avanza
el invasor astuto:
su grito de venganza
anuncia el triste luto
a la infeliz república
que al abismo arrastráis.
    ¡Bailad, bailad!

El bárbaro[30] ya en masa
por nuestros campos entra,
a fuego y sangre arrasa
cuanto a su paso encuentra,
deshonra nuestras vírgenes,
nos asesina audaz.
    ¡Bailad, bailad!

Europa se aprovecha
de nuestra inculta vida,
cual tigre nos acecha
con la garra tendida
y nuestra ruina próxima
ya celebrando está.
    ¡Bailad, bailad!

Bailad, oh campeones,
hasta la luz vecina,
al son de los cañones
de Tolemaida y China,
y de Argel a la pérdida[31]

---

[30] *El bárbaro*: ¿se refiere a las constantes incursiones de los apaches en territorio mexicano?

[31] *De Tolemaida y China*: En un época anterior al cable telegráfico Rodríguez Galván tenía una sorprendente información política internacional y una conciencia, que hoy llamaríamos tercermundista, de los avances imperiales. *Tolemaida* es el nombre antiguo de San

veinte copas vaciad.
  ¡Bailad, bailad!

Vuestro cantor en tanto,
de miedo henchido el pecho,
se envuelve en negro manto
en lágrimas deshecho
y prepara de México
el himno funeral.
  ¡Bailad, bailad!

Adiós, oh patria mía[32]

A mis amigos de México

Alegre el marinero
en voz pausada canta,
y el ancla ya levanta
con extraño rumor.

De la cadena al ruido
me agita pena impía.
Adiós, oh patria mía,
adiós, tierra de amor.

El barco suavemente
se inclina y se remece,
y luego se estremece
a impulsos del vapor.

Juan dè Acre que el 3 de noviembre de 1840 fue bombardeado y capturado por los ingleses. Obligaron al general egipcio Ibrahim Bajá a retirarse de la Siria ocupada por los turcos. *China*: Los mismos ingleses libraron de 1839 a 1842 la llamada "guerra del opio" contra China cuando este país prohibió la importación de la droga con que lo estaba destruyendo el imperio británico. *Y de Argel a la pérdida*: En 1839, asimismo Abd-el-Kader, emir de Mascara y líder de la resistencia argelina, declaró la guerra santa contra los invasores franceses.

[32] *Adiós...*: En el típico proceso de transformaciones que es la poesía, esta barcarola de Rodríguez Galván, basada en un texto francés, inspiró treinta años más tarde la canción de Riva Palacio "Adiós, Mamá Carlota", himno burlesco de la resistencia chinaca, incluido también en este libro.

Las ruedas son cascadas
de blanca argentería.
Adiós, oh patria mía,
adiós, tierra de amor.

Sentado yo en la popa
contemplo el mar inmenso,
y en mi desdicha pienso
y en mi tenaz dolor.

A ti mi suerte entrego,
a ti, Virgen María.
Adiós, oh patria mía,
adiós, tierra de amor.

De fuego ardiente globo
en las aguas se oculta:
una onda lo sepulta
rodando con furor.

Rugiendo el mar anuncia
que muere el rey del día.
Adiós, oh patria mía,
adiós, tierra de amor.

Las olas, que se mecen
como el niño en su cuna,
retratan de la luna
el rostro seductor.

Gime la brisa triste
cual hombre en agonía.
Adiós, oh patria mía,
adiós, tierra de amor.

Del astro de la noche
un rayo blandamente
resbala por mi frente
rugada de dolor.

Así como hoy la luna
en México lucía.

Adiós, oh patria mía,
adiós, tierra de amor.

¡En México!... ¡Oh memoria!...
¿Cuándo tu rico suelo
y tu azulado cielo
veré, triste cantor?

Sin ti, cólera y tedio
me causa la alegría.
Adiós, oh patria mía,
adiós, tierra de amor.

Pienso que en tu recinto
hay quien por mí suspire,
quien al oriente mire
buscando a su amador.

Mi pecho hondos gemidos
a la brisa confía.
Adiós, oh patria mía,
adiós, tierra de amor.

A bordo del paquete-vapor
Teviot, *navegando de la baliza*
de Nueva Orleans a La Habana.
Domingo 12 de junio de 1842.

La gota de hiel

¡Jehovah! ¡Jehovah, tu cólera me agobia!
¿Por qué la copa del martirio llenas?
Cansado está mi corazón de penas.
    Basta, basta, Señor.
Hierve incendiada por el sol de Cuba
mi sangre toda, y de cansancio expiro,
busco la noche, y en el lecho aspiro
    fuego devorador.

¡Ay, la fatiga me adormece en vano!
Hondo sopor de mi alma se apodera

¡y siéntanse a mi pobre cabecera
    la miseria, el dolor!
Roncos gemidos que mi pecho lanza
tristes heraldos son de mis pesares,
y a mi mente descienden a millares
    fantasmas de terror.

¡Es terrible tu cólera, terrible!
Jehovah, suspende tu venganza fiera
o dame fuerzas, oh Señor, siquiera
    para tanto sufrir.
Incierta vaga mi extraviada mente,
busco y no encuentro la perdida ruta,
sólo descubro tenebrosa gruta
    donde acaba el vivir.

Yo sé, Señor, que existes, que eres justo,
que está a tu vista el libro del destino,
y que vigilas el triunfal camino
    del hombre pecador.
Era tu voz la que en el mar tronaba,
al ocultarse el sol en occidente,
cuando una ola rodaba tristemente
    con extraño fragor.

Era tu voz y la escuché temblando.
Calmóse un tanto mi tenaz dolencia
y adoré tu divina omnipotencia
    como cristiano fiel.
¡Ay, tú me ves, Señor! Mi triste pecho
cual moribunda lámpara vacila,
y en él la suerte sin cesar destila
    una gota de hiel.

La Habana, sábado 18 de junio de 1842

◆

Fernando Calderón

(1809-1845)

Calderón nació en una familia de hacendados criollos. La Universidad de su Guadalajara natal le permitió conocer las ideas liberales. Perteneció a una sociedad secreta, "La Estrella Polar", y tomó parte en la lucha armada contra Santa Anna. En la capital fue discípulo de Heredia y miembro destacado de la Academia de Letrán.

Sobresalió como autor teatral con *El torneo, Hermán o la vuelta del cruzado, Ana Bolena, Muerte de Virginia por la libertad de Roma* y *A ninguna de las tres*, comedia crítica sobre la educación de las mujeres que es una respuesta a *Marcela o ¿a cuál de las tres?* del comediógrafo español Manuel Bretón de los Herreros. La protección del general Tornel le permitió ocupar la secretaría de Gobierno en Zacatecas, donde murió en Ojocaliente a los 34 años.

Calderón y Rodríguez Galván inician el romanticismo mexicano que con ellos se vuelve indesligable de la resistencia contra Santa Anna. Francisco Monterde probó que los dramas de Calderón no constituyen "evasiones" sino formas de aludir al tirano y a los problema nacionales a través de temas de la Edad Media y la Antigua Roma.

Los poemas suyos que han sobrevivido representan ataques directos contra el general que nos dio la república y nos quitó medio país. "El soldado de la libertad" adapta recursos expresivos de Alfred de Vigny y Victor Hugo, no directamente sino por medio de "La canción del pirata" de Espronceda. Con estas apropiaciones se fue integrando la literatura nacional. Francisco Monterde publicó en 1959 los *Dramas y poesías* de Calderón.

El sueño del tirano

De firmar proscripciones
y decretar suplicios, el tirano
cansado se retira
y en espléndido lecho hallar pretende
el reposo y la paz. ¡Desventurado!
El sueño, el blando sueño,
le niega su balsámica dulzura;
tenaz remordimiento y amargura
sin cesar le rodean;
en todas partes estampada mira
de sus atroces crímenes la historia;
su implacable memoria,

fiel en atormentarle, le recuerda
las esposas, los hijos inocentes
que por su saña abandonados gimen
en viudez y orfandad; gritos horrendos
cual espada de fuego le penetran;
con pasos agitados
recorre su magnífico aposento,
sin hallar el consuelo; en su alma impura
la amistad, el amor, son nombres vanos
que jamás comprendió; los ojos torna;
su cetro infausto y su corona mira;
un grito lanza de mortal congoja;
con trabajo respira,
y a su lecho frenético se arroja.

Ya, por fin, un sopor espantoso
sus sentidos embarga un momento;
pero el sueño redobla el tormento
con visiones de sangre y horror.

A un desierto se mira llevado
donde el rayo del sol nunca brilla;
una luz sepulcral, amarilla,
allí esparce su triste fulgor.

Tapizado de huesos el suelo,
va sobre ellos poniendo la planta,
y al fijarla los huesos quebranta
con un sordo siniestro crujir.

A su diestra y siniestra divisa
esqueletos sin fin hacinados,
y los cráneos, del viento agitados,
le parece que escucha gemir.

Lago inmenso de sangre descubre
a sus plantas furioso bramando,
y cabezas hirsutas nadando,
que se asoman y vuelven a hundir.

Y se avanzan, se juntan, se apiñan,
y sus cóncavos ojos abriendo,

brilla en ellos relámpago horrendo
de infernal espantoso lucir.

Del tirano en el rostro se fijan
sus atroces funestas miradas;
en sus frentes de sangre bañadas,
del infierno refleja el horror.

Y sus dientes rechinan entonces
y sus cárdenos labios abriendo,
este grito lanzaron tremendo:
"¡Maldición! ¡maldición! ¡maldición!"

Las cavernas de un monte vecino
el acento fatal secundaron;
largo tiempo los ecos sonaron
repitiendo la horrísona voz.

Y el crujir de las olas y el viento
y el estruendo del rayo espantoso
parecía al tirano medroso
que clamaban también: "¡Maldición!".

Cambia luego la escena: entre tinieblas,
de fuego circundado,
gigantesco fantasma se presenta;
con dedo descarnado
muestra al tirano una espantosa sima:
en su profundo seno
reventar oye retumbando el trueno,
y mira un fuego hervir como la boca
de encendido volcán, y por las llamas
los demonios sacando la cabeza,
prorrumpen en horrendas carcajadas,
y al réprobo saludan.
Tiemblan sus miembros: hórridas serpientes
ciñen su corazón, y ni un suspiro
puede exhalar, ni respirar siquiera...
¡Sacude el sueño: vagarosos ojos
en torno suyo pavorosos giran
y sangre, sangre, dondequiera mira!

Del lecho se lanza
con grito doliente;
se inunda su frente
de frío sudor.

Parece que escucha
la voz del destino,
y el trueno divino
de justo furor.

Sus ojos cansados
anhelan el llanto;
mas nunca su encanto
probó la maldad.

Al cielo levanta
la diestra homicida,
con voz dolorida
clamando: "¡Piedad!".

Mas no, que ya dada
está su sentencia:
en vano clemencia
demanda su voz.

¡Ya tiene con fuego
marcada la frente
del vil delincuente,
la mano de Dios!

El soldado de la libertad

Sobre un caballo brioso
camina un joven guerrero
cubierto de duro acero,
lleno de bélico ardor.

Lleva la espada en el cinto,
lleva en la cuja la lanza,
brilla en su faz la esperanza,
en sus ojos el valor.

De su diestra el guante quita,
y el robusto cuello halaga,
y la crin, que al viento vaga
de su compañero fiel.

Al sentirse acariciado
por la mano del valiente,
ufano alzando la frente
relincha el noble corcel.

Su negro pecho y sus brazos
de blanca espuma se llenan;
sus herraduras resuenan
sobre el duro pedernal;

y al compás de sus pisadas,
y al ronco son del acero,
alza la voz el guerrero
con un acento inmortal:

"Vuela, vuela, corcel mío
          denodado;
no abatan tu noble brío
enemigos escuadrones,
que el fuego de los cañones
siempre altivo has despreciado,
          y mil veces
          has oído
          su estallido
          aterrador,
          como un canto
          de victoria,
          de tu gloria
          precursor.

"*Entre hierros, con oprobio*
gocen otros de la paz;
yo no, que busco en la guerra
la muerte o la libertad.

"Yo dejé el paterno asilo
          delicioso:

dejé mi existir tranquilo
para ceñirme la espada,
y del seno de mi amada
supe arrancarme animoso;
          vi al dejarla
          su tormento,
          ¡qué momento
          de dolor!
          Vi su llanto
          y pena impía;
          fue a la mía
          superior.

"Entre hierros, con oprobio
gocen otros de la paz;
yo no, que busco en la guerra
la muerte o la libertad.

"El artero cortesano
          la grandeza
busque adulando al tirano
y doblando la rodilla;
mi trotón y humilde silla
no daré por su riqueza,
          y bien pueden
          sus salones
          con canciones
          resonar:
          corcel mío,
          yo prefiero
          tu altanero
          relinchar.

"Entre hierros, con oprobio
gocen otros de la paz,
yo no, que busco en la guerra
la muerte o la libertad.

"Vuela, bruto generoso,
          que ha llegado
el momento venturoso
de mostrar tu noble brío,

y hollar del tirano impío
el pendón abominado.
  En su alcázar
  relumbrante
  arrogante
  pisarás,
  y en su pecho
  con bravura
  tu herradura
  estamparás.

"Entre hierros, con oprobio
gocen otros de la paz;
yo no, que busco en la guerra
la muerte o la libertad."

Así el guerrero cantaba
cuando resuena en su oído
un lejano sordo ruido
como de guerra el fragor.

"A la lid", el fuerte grita,
en los estribos se afianza,
y empuña la dura lanza,
lleno de insólito ardor.

En sus ojos, en su frente,
la luz brilla de la gloria,
un presagio de victoria,
un rayo de libertad.

Del monte en las quiebras hondas
resuena su voz terrible,
como el huracán horrible
que anuncia la tempestad.

Rápido vuela el caballo,
ya del combate impaciente,
mucho más que el rayo ardiente
en su carrera veloz.

Entre una nube de polvo
desaparece el guerrero:

se ve aún brillar su acero,
se oye a los lejos su voz:

"¡Gloria, gloria! ¡Yo no quiero
una vergonzosa paz;
busco en medio de la guerra
la muerte o la libertad!"

◆

Francisco González Bocanegra

(1825-1861)

Fue hijo de un oficial realista y sobrino de José María Bocanegra, presidente interino en 1829. El decreto de expulsión contra los españoles lo llevó a residir durante ocho años en Cádiz. Pudo volver cuando España reconoció la independencia de México. Se estableció en San Luis Potosí, en donde había nacido, y hacia 1846 apareció en la capital. Presidió el Liceo Hidalgo, fue administrador de caminos, censor de teatros y director del *Diario Oficial*. En 1853 publicó *Vida del corazón* y en 1856 estrenó el drama *Vasco Núñez de Balboa* que, rescatado por Joaquín Antonio Peñaloza, figura en la antología de Antonio Magaña Esquivel (1972).

En 1853 Santa Anna abrió un concurso para elegir letra y música del futuro Himno Nacional. Guadalupe González del Pino, quien no tardaría en ser su esposa, encerró a Bocanegra en una habitación para obligarlo a escribir el texto. Le dio el primer premio un jurado que integraban algunos de los intelectuales más distinguidos del grupo conservador: Carpio, Pesado y José Bernardo Couto.

El poema romántico de Bocanegra fue puesto en música por el maestro catalán Jaime Nunó, a quien Santa Anna trajo de Cuba para hacerlo director general de bandas militares. El Himno se estrenó el 15 de septiembre de 1854. No volvió a cantarse hasta el 5 de mayo de 1862, cuando sirvió de estímulo para derrotar a los franceses en la batalla de Puebla. Durante el porfiriato se le suprimieron las estrofas que aluden a Iturbide y al "guerrero inmortal de Zempoala": el propio Santa Anna.

Francisco González Bocanegra sirvió al gobierno de Miramón y murió de tifo poco después de la victoria juarista. Cuanto sabemos de él está en los dos libros de Joaquín Antonio Peñaloza: *Vida y obra* (1954), que reproduce todos sus trabajos literarios, y *Entraña poética del Himno Nacional* (1955).

Himno Nacional

Volemos al combate, a la venganza,
y el que niegue su pecho a la esperanza,
hunda en el polvo la cobarde frente.
Quintana

(*Coro*)

Mexicanos, al grito de guerra
el acero aprestad y el bridón.
Y retiemble en sus centros la tierra
al sonoro rugir del cañón.

Ciña ¡oh patria! tus sienes de oliva
de la paz el arcángel divino,
que en el cielo tu eterno destino
por el dedo de Dios se escribió.

Mas si osare un extraño enemigo
profanar con su planta tu suelo,
piensa ¡oh Patria querida! que el cielo
un soldado en cada hijo te dio.

(*Coro*)

En sangrientos combates los viste
por tu amor palpitando sus senos,
arrostrar la metralla serenos,
y la muerte o la gloria buscar.

Si el recuerdo de antiguas hazañas
de tus hijos inflama la mente,
los laureles del triunfo, tu frente
volverán inmortales a ornar.

(*Coro*)

Como al golpe del rayo la encina
se derrumba hasta el hondo torrente,
la discordia vencida impotente,
a los pies del arcángel cayó.

Ya no más de tus hijos la sangre
se derrame en contienda de hermanos;
sólo encuentre el acero en sus manos
quien tu nombre sagrado insultó.

(Coro)

Del guerrero inmortal de Zempoala
te defiende la espada terrible,
y sostiene su brazo invencible
tu sagrado pendón tricolor.

Él será del feliz mexicano
en la paz y en la guerra el caudillo,
porque él supo sus armas de brillo
circundar en los campos de honor.

(Coro)

¡Guerra, guerra sin tregua al que intente
de la patria manchar los blasones!
¡Guerra, guerra, los patrios pendones
en las olas de sangre empapad!

¡Guerra, guerra! En el monte, en el valle
los cañones horrísonos truenen,
y los ecos sonoros resuenen,
con las voces de ¡unión! ¡libertad!

(Coro)

Antes, Patria, que inermes tus hijos
bajo el yugo su cuello dobleguen,
tus campiñas con sangre se rieguen,
sobre sangre se estampe su pie.

Y tus templos, palacios y torres
se derrumben con hórrido estruendo,
y sus ruinas existan diciendo:
de mil héroes la Patria aquí fue.

(Coro)

Si a la lid contra hueste enemiga
nos convoca la trompa guerrera,
de Iturbide la sacra bandera,
mexicanos, valientes seguid.

Y a los fieros bridones les sirvan
las vencidas enseñas de alfombra;
los laureles del triunfo den sombra
a la frente del bravo adalid.

(Coro)

Vuelva altivo a los patrios hogares
el guerrero a cantar su victoria,
ostentando las palmas de gloria
que supiera en la lid conquistar.

Tornaránse sus lauros sangrientos
en guirnaldas de mirtos y rosas,
que el amor de las hijas y esposas
también sabe a los bravos premiar.

(Coro)

Y el que al golpe de ardiente metralla
de la patria en las aras sucumba,
obtendrá en recompensa una tumba
donde brille de gloria la luz.

Y de Iguala la enseña querida
a su espada sangrienta enlazada,
de laurel inmortal coronada,
formará de su fosa la cruz.

(Coro)

¡Patria! ¡Patria! Tus hijos te juran
exhalar en tus aras su aliento,
si el clarín con su bélico acento
los convoca a lidiar con valor.

¡Para ti las guirnaldas de oliva;
un recuerdo para ellos de gloria!
¡Un laurel para ti de victoria;
un sepulcro para ellos de honor!

◆

Juan Valle

(1838-¿1865?)

Valle quedó ciego en su primera infancia. Pudo formarse una gran cultura literaria gracias a un hermano que leía en voz alta para él. Comenzó a escribir en su adolescencia. A semejanza de Borges, hacía borradores mentales y dictaba cuando el texto ya estaba perfectamente redactado y pulido.

Francisco Zarco presentó su poesía en *El Siglo XIX*. Durante la guerra de la Reforma se convirtió en el vocero poético de los liberales. Cuando los conservadores tomaron Guanajuato, su ciudad natal, arrastraron a Valle por los suelos y obligaron a la multitud a lapidarlo. Con su esposa y su hija el poeta ciego erró por el centro de la república. Su huella se pierde hacia 1865 en Guadalajara, donde se cree que murió a los 26 años y en la miseria.

"La guerra civil" es uno de los escasos testimonios poéticos de aquel enfrentamiento de 1857-1860. En una forma tan ardua como los tercetos, que deben estar perfectamente encadenados para dar la impresión de fluidez prosística, Valle prueba sus aptitudes y su conocimiento de los clásicos españoles. En su poema hay reminiscencias de la *Numancia* cervantina. En 1862 Ignacio Cumplido publicó las *Poesías* de Valle con prólogo de Zarco.

La guerra civil

Vuela del Septentrión al Mediodía
y vuela del Poniente hasta el Levante
el torvo genio de la guerra impía.

Lleva en su diestra espada centellante,
sus víctimas escoge y, descargando
el golpe asolador, sigue adelante.

Van la peste y el hambre caminando
tras él como sus dignas cortesanas,
Tumbas y tumbas tras de sí dejando.

Hecatombes de víctimas humanas
los ojos ven, y el corazón se aterra
al fúnebre clamor de las campanas.

Llega a faltar para sepulcros tierra,
que ni a niños ni a vírgenes ni a ancianos
perdona el torvo genio de la guerra.

Como a José sus bárbaros hermanos,
a sus hermanos los guerreros tratan,
y en sangre fraternal manchan sus manos.

Las furias del infierno se desatan
y de todos murmuran al oído:
"Matad y venceréis"; y todos matan.

Gratitud y amistad dan al olvido
los combatientes, y en delirio ciego
hieren hasta al amigo ayer querido.

Arrasan con furor a sangre y fuego
las pobladas y espléndidas ciudades,
que en desiertos trocadas quedan luego.

Y todavía aquellas soledades
el vencedor, en su triunfal carroza,
cruza cual las siniestras tempestades.

En su carrera sin piedad destroza,
pasando sobre el surco, los sembrados,
y al paso incendia del pastor la choza.

Saliendo de las llamas espantados,
medio desnudos van los moradores
entre las fieras turbas de soldados;

los que olvidando un punto sus furores
convierten a la esposa ante el esposo
en víctima de lúbricos amores.

Más y más crece el fuego pavoroso,
y el soldado el doméstico santuario
tras el botín asalta codicioso.

Las llamas despreciando, el temerario
recorre audaz la habitación ardiendo,
y devora el incendio al incendiario.

De los que van su patria destruyendo
es agradable música al oído
del techo desplomándose el estruendo.

El vencedór de ayer es hoy vencido,
y el que vencido es hoy, vence mañana:
de la patria es la voz largo gemido.

En medio, a veces, de la lucha insana
se encuentra con su padre algún guerrero,
y su espada traspásale inhumana.

Lo reconoce tarde en su ¡ay! postrero,
y al ver que el crimen su castigo tiene,
desgarra el propio pecho con su acero.

Cesad, cesad: sobre vosotros viene
ávida ya la peste asoladora,
y su marcha triunfal nada detiene.

Será la verdadera vencedora,
y asistida del hambre, su aliada,
será por fin de México señora.

Al más fuerte le hará soltar la espada,
si no de caridad el sentimiento,
sí del hambre la mano descarnada.

Cuando el recién nacido llore hambriento,
el pecho exhausto le dará la madre,
y sangre beberá por alimento.

Por mal que a la virtud, proscrita, cuadre,
por quitarle su pan, fiero el hermano
al hermano herirá, y el hijo al padre.

¿Los ejemplos de amor serán en vano
que os da naturaleza en su armonía,
desde el águila audaz al ruin gusano?

¿Vuestros ojos de buitre todavía
no se cansan de ver sangre corriendo,
ni vuestros brazos de la atroz porfía?

¡Ah, sí! ya estoy en mi alma presintiendo
que mi patria por fin será dichosa,
las fraticidas armas deponiendo.

La paz, como una madre cariñosa,
sus benéficas alas con ternura
sobre ella, al fin, extenderá amorosa.

Y movido por fin de su tristura,
Aquel que convirtiera el agua en vino
convertirá su acíbar en dulzura.

Le dará bondadoso luz y tino
quien la luz a los ciegos devolvía,
y seguirá mi patria el buen camino.

La hará resucitar a la alegría
quien de la tumba a Lázaro sacara
de nuevo al aire y a la luz del día.

Aquel que, paternal, multiplicara
los cinco panes, perdurables años
de paz y de abundancia le prepara.

Tras tanta humillación y tantos daños,
mi pueblo se verá grande y temido,
envidiando su gloria los extraños.

Y el mismo que a su pueblo protegido
por en medio del mar camino abriendo
dejó en él al egipcio sumergido,

potente los obstáculos venciendo,
por la difícil senda interrumpida,
nos irá de la mano conduciendo.

Y cual llegó a la tierra prometida
el escogido pueblo tras la guerra,
llegaremos tras lucha fratricida
de paz y unión a la anhelada tierra.

◆

Ignacio Ramírez

(1818-1879)

Ignacio Ramírez, que empleó como pseudónimo "El Nigromante", nació en San Miguel de Allende, Guanajuato. Se recibió de abogado en el colegio de San Gregorio y se presentó en la Academia de Letrán con un discurso acerca de la inexistencia de Dios. Con Manuel Payno y Guillermo Prieto fundó el periódico humorístico *Don Simplicio* que le costó la cárcel. Asistió a la batalla de Padierna. Colaboró en los *Apuntes para la historia de la guerra con los Estados Unidos* y en *Los mexicanos pintados por sí mismos*. Como secretario de Gobierno en el Estado de México proclamó leyes que permitieron estudiar a los indígenas. De allí que Altamirano lo considerase "padre y maestro".

Fue diputado constituyente en 1857, ministro de Justicia con Juárez y gran promotor de las leyes de Reforma. Funcionario de increíble probidad, se retiró a vivir humildemente de artículos y clases. Al iniciarse la invasión francesa redactó, con su amigo Prieto, *La Chinaca* para excitar a la resistencia popular. Salió de México a pie pues no tenía para alquilar un caballo.

Desde la revista *La Insurrección* polemizó con Emilio Castelar sobre la colonización española. Padeció destierros y nuevas prisiones. Rompió con Juárez y apoyó al joven Porfirio Díaz que en su primer gabinete le dio el Ministerio de Justicia e Instrucción Pública. Cuando murió Ramírez, Altamirano tuvo que recurrir a la caridad pública para enterrarlo: en su casa ya no quedaban ni siquiera los muebles.

Ramírez, uno de los mejores prosistas de su generación, escribió unos cuantos poemas en que el impulso romántico vence la voluntad de clasicismo. A un soneto de combate siguen una década después sus tercetos estoicos y los versos que nacen de su amor no correspondido por Rosario de la Peña. Luis Reyes de la Maza publicó en 1982 *sus Bocetos dramáticos,* inéditos hasta entonces. Se ha iniciado la publicación de *sus Obras completas* editadas por Boris Rossen y David Maciel, autor del más reciente estudio crítico y biográfico sobre "El Nigromante".

Después de los asesinatos de Tacubaya[33]

Guerra sin tregua ni descanso, guerra
a nuestros enemigos, hasta el día
en que su raza detestable, impía,
no halle ni tumba en la indignada tierra.

Lanza sobre ellos, nebulosa sierra,
tus fieras y torrente; tu armonía
niégales, ave de la selva umbría;
y de sus ojos, sol, tu luz destierra.

Y si impasible y ciega la natura
sobre todos extiende un mismo velo
y a todos nos prodiga su hermosura;

anden la flor y el fruto por el suelo,
No les dejemos ni una fuente pura,
si es posible ni estrellas en el cielo.

San Luis Potosí, 1859

Por los desgraciados
Banquete fraternal de la Sociedad Gregoriana, 1868

Indigno es de sufrir el navegante
que tiembla cuando ruge la tormenta
y se esconde del rayo resonante.

Indigno es de la lid quien se amedrenta
cuando en el campo se desata el fuego
que de los más audaces se alimenta.

---

[33] *Los asesinatos de Tacubaya*: en abril de 1859 el conservador Leonardo Márquez derrotó
en Tacubaya a las tropas liberales de Santos Degollado y le hizo muchos prisioneros. Mi-
ramón, que regresaba de sitiar en vano a Juárez en Veracruz, ordenó que jefes y oficiales
fueran pasados por las armas. Márquez fusiló también a los civiles y médicos que aten-
dían a los heridos de ambos bandos, entre ellos al notable escritor Juan Díaz Covarrubias,
autor de *La clase media* y *El diablo en México*, quien pagó con su vida un discurso antimi-
litarista leído en Tlalpan.

Mi madre es la desgracia; pero niego
mi parentesco con aquel cobarde
que agota, si padece, lloro y ruego.

Debemos de morir temprano o tarde,
y entretanto es placer, es una gloria,
de un alma desdeñosa hacer alarde.

Por eso el pueblo es digno de la historia.
Yo lo he visto sangriento y derrotado
entregarse al festín de la victoria.

En vano el invasor lo ha encadenado;
la muerte en vano por su frente gira;
no descubre un caudillo ni un soldado:

en oscura prisión tal vez se mira;
se extingue de la tumba en el ambiente;
y allí lo alumbran su esperanza y su ira.

¿Quién ha postrado su soberbia frente?
¿Ni quién resiste su mirada fiera?
El contrario estandarte, omnipotente

allá en la Europa, para allá volviera;
y desde el Golfo contempló en el cielo
manto del sol, brillar nuestra bandera.

¿Y seremos nosotros el modelo
de los humanos débiles? Un día,
nos dispersamos con incierto vuelo

tras los caprichos de la suerte impía,
desde aqueste edificio venerable
que de nido amoroso nos servía.

Éste se abrió un camino con el sable;
aquél halló en la musa eterna fama;
otro se envuelve en manto miserable,

y pide al hospital la última cama;
alguno el oro busca por los mares;
otro su herencia en el festín derrama;

quién consagra su vida a los altares;
y quién la ciencia que aprendió, cultiva
sin alejarse de los patrios lares.

Y, de todos nosotros ¿quién, cautiva,
ha logrado arrastrar a la fortuna?
¿Quién su existencia de dolores priva?

Si es un astro la dicha, es cual la luna;
un momento no más entera luce
y a la sombra su luz sirve de cuna;

¡a cuántos desengaños nos conduce
cuando ebrio de placer se halla el deseo!
¡Cuánta ilusión costosa nos seduce!

¡Dichoso quien su loco devaneo
alcanza a prolongar! Con sus dolores
luchar eternamente a muchos veo!

Para ellos siempre espinas, nunca flores
produce el mundo. ¿Van tras la hermosura?
¡En sierpes se convierten sus amores!

Con fatiga se acercan a una altura,
do su ambición pavonearse espera,
y oyen crujir la escala mal segura.

Un tesoro su rica sementera
les promete; y desátanse los ríos;
y la cosecha al mar corre ligera.

¿Quién es estoico ante hados tan impíos?
Yo no me atrevo a contemplar sus males
por temor de llorar también los míos.

A destinos más nobles e inmortales
nos puede conducir una atroz pena,
a los héroes haciéndonos iguales.

Hijos del infortunio, la serena
frente elevemos, como el risco osado
cuando la tempestad se inflama y truena.

No es el hombre feliz, el desgraciado
es quien eclipsa al fin la turba necia
que en las garras del mal sólo ha llorado.

¡Fortuna y gloria al hombre que se precia
de respeto infundir hasta a la muerte!
Dios, por invulnerable, la desprecia;
y, por su dignidad, el varón fuerte.

Por los gregorianos muertos
Banquete fraternal de la Sociedad Gregoriana, 1872

Cesen las risas y comience el llanto.
Esta mesa en sepulcro se convierte.
¡Vivos y muertos, escuchad mi canto!

Mientras que vinos espumosos vierte
nuestra antigua amistad, en este día,
y con alegres brindis se divierte;

y en raudales se escapa la armonía;
y la insaciable gula se despierta;
y va de flor en flor la poesía;

y el júbilo de todos se concierta
en una sola exclamación: ¡gocemos!
Y gozamos... La muerte está a la puerta.

Rechazar unas sombras, ¿no las vemos?
Ellas nos tienden suplicantes manos.
Ese acento, esos rostros conocemos.

¿No los oís? ¡Se llaman gregorianos!
Permíteles entrar, ¡oh muerte adusta!
He aquí su asiento... Son nuestros hermanos.

Pudo del mundo la sentencia injusta
proscribirlos, mas no de mi memoria:
He aquí su asiento... Son nuestros hermanos.

Algunos de ellos viven en la historia;
otros, en florecer ocultamente
cifraron su placer, su orgullo y gloria.

Villalba[34] asoma su tranquila frente
y el fraternal abrazo me reclama...
Y yo no puedo declararlo ausente.

¡Ay! en Fonseca ved cómo se inflama
el paternal cariño, no olvidado,
y, por nosotros, lágrimas derrama.

¿Será de nuestro seno arrebatado
Domínguez, que constante nos traía
un fiel amor y un nombre venerado?

¿No guarda nuestro oído todavía
los brindis que en el último banquete
pronuncian Soto, Iglesias y García?

Pero ¿será la Parca quien respete
los votos del dolor? ¡Empeño vano!
¡Turba de espectros, a tus antros vete!

¡Separóse el hermano del hermano!
Para sentaros a la mesa es tarde;
¡para irnos con vosotros es temprano!

---

[34] *Villalba*... El compilador de este libro ha fracasado en su tentativa de identificar a Villalba, Soto e Iglesias. Supone que Fonseca es José Urbano Fonseca (1792-1871). Abogado, fundó el que hoy se llama hospital Juárez para atender a los heridos de la resistencia contra la invasión norteamericana y creó también la Escuela de Sordomudos. Ministro de Arista, trajo el alumbrado de gas a México. Domínguez puede ser Leandro Domínguez (muerto en 1868). Liberal, luchó contra Maximiliano y por la autonomía de Campeche respecto a Yucatán. Dada la fecha de su muerte García tal vez sea Antonio García Pérez (1820-1870), periodista satírico, redactor de *El Siglo XIX* y *El Correo de México*. San Gregorio fue encomendado a los jesuitas en 1573 para la instrucción de los indígenas. En 1824 se becó a dos jóvenes indios para cada estado y el Colegio tuvo su mejor época. Santa Anna lo suprimió en 1853 al ver que era un centro de formación de liberales. La Asociación Gregoriana de exalumnos comenzó a reunirse en 1866 el 12 de marzo de cada año. Ramírez compuso sus poemas para estas ocasiones.

Para vosotros, ¡infelices! no arde
ya un solo leño en el hogar; ni miro
cuál copa vuestros ósculos aguarde.

¡Sólo va tras vosotros un suspiro!
Idos en paz; y quiera la fortuna
no cerrar a la luz vuestro retiro.

Odio el sepulcro, convertido en cuna
de vil insecto o sierpe venenosa
donde jamás se asoman sol ni luna.

Arraigue en vuestros huesos una rosa
donde aspire perfumes el rocío
y reine la pintada mariposa.

Escuchad sin temor el rayo impío;
y sonreíd al contemplar cercano,
vida esparciendo, un caudaloso río.

¡Para irnos con vosotros es temprano!
Aguarde, por lo menos, la Impaciente
que la copa se escape de la mano.

Más que a vosotros ¡ay! rápidamente
¿por qué de la existencia nos desnuda?
A éste despoja la adornada frente;

al otro dobla con su mano ruda;
a unos envuelve en amarillo velo;
y algunos sienten una garra aguda

en las entrañas, y en las venas hielo.
¡Ay! otra vez vendrá la primavera
y hallará en nuestro hogar el llanto, el duelo;

y este festín veremos desde afuera.
Tal vez alguno a despedirse vino.
Turba de espectros, al que parte, espera.

¿Sabéis cuál es el puerto, del camino
que llevamos? La tumba. Ya naufraga
nuestra nave; en astillas cae el pino;

quién en las aguas moribundo vaga;
quién a la débil tabla se confía,
y el que a la jarcia se subió, no apaga

la luz de la esperanza todavía,
y conciertan sus golpes viento y olas,
y el cielo inexorable un rayo envía.

Sube el fuego a bajar las banderolas,
y el ave de rapiña, el triste caso,
y las fieras del mar lo saben solas.

¿Qué es nuestra vida sino tosco vaso
cuyo precio es el precio del deseo
que en él guardan natura y el acaso?

Si derramado por la edad le veo,
sólo en las manos de la sabia tierra
recibirá otra forma y otro empleo.

Cárcel es y no vida la que encierra
privaciones, lamentos y dolores.
Ido el placer, la muerte ¿a quién aterra?

Madre naturaleza, ya no hay flores
por do mi paso vacilante avanza.
Nací sin esperanzas ni temores:
vuelvo a ti sin temores ni esperanza.

Al amor

¿Por qué, Amor, cuando expiro desarmado,
de mí te burlas? Llévate esa hermosa
doncella tan ardiente y tan graciosa
que por mi oscuro asilo has asomado.

En tiempo más feliz, yo supe osado
extender mi palabra artificiosa
como una red, y en ella, temblorosa,
más de una de tus aves he cazado.

Hoy de mí mis rivales hacen juego,
cobardes atacándome en gavilla,
y libre yo mi presa al aire entrego.

Al inerme león el asno humilla...
Vuélveme, amor, mi juventud, y luego
tú mismo a mis rivales acaudilla.

El Año Nuevo

El sol se estremece, expira;
en torno a su tibio lecho,
el cortinaje deshecho
en alas del viento gira.
No canta el ave, suspira,
oculta Iris los colores
que adornaron sus amores;
envuelve, enlutado el cielo
lago y volcán en su velo,
y palidecen las flores.

También así el año muere,
se revuelca entre sus galas
y las plumas de sus alas;
sobre el dardo que le hiere
no mis lágrimas espere,
que apenas dejó su cuna,
ha robado a mi fortuna
su más preciado tesoro:
eclipsado mi sol, lloro
ante la piadosa luna.

No mi fuerte corazón
en la desgracia se abate;
con fiebre juvenil late
al fuego de una pasión.
Al brillo de una ilusión
hacia mis labios se lanza;
y en su atrevimiento alcanza
ciencia, fama, poesía:
todo él guarda todavía,
menos amor y esperanza.

¿Y esto, existencia se llama?
Roto, empañado cristal,
que fue espejo, manantial
que en la arena se derrama;
fuego que humea sin llama,
¡Cómo mi polvo no alfombra
la sepultura, me asombra!
Pero no opondré a la suerte
el escudo de la muerte.
¿Para qué? Soy una sombra.

Tú también, amiga hermosa,
sabes que amargo sabor
deja el cáliz del dolor
en una alma silenciosa;
pero más que yo dichosa,
puedes esperar ufana
que tu juventud lozana
se te convierta en aurora,
y la existencia ya dora
para ti, el sol de mañana.

Un nuevo destino viene
de un año nuevo en las alas,
adórnete con las galas
que en urna de cristal tiene;
sobre tu frente no truene
otra vez sañudo el cielo,
flores te siembre en tu suelo;
los astros a tus pies baje,
y su más bello celaje
sirva en tus nupcias de velo.

◆

Guillermo Prieto

(1818-1897)

La vida de Prieto parece resumir el siglo XIX mexicano del que dejó un testimonio irremplazable en *Memorias de mis tiempos*. Al quedar huérfano conoció la vida del arrabal y la casa de vecindad. Lo protegieron Quintana Roo y Calderón. Fue uno de los fundadores de la Academia de Letrán. Inició entre nosotros el cuadro de costumbres y colaboró en todas las publicaciones liberales (en *El Siglo XIX* lo hizo durante 53 años).

Fue diputado al Congreso constituyente de 1857 y en otros diecinueve periodos. Ministro de Hacienda con Arista, Álvarez y Juárez, organizó el correo y nacionalizó los bienes eclesiásticos: 300 millones de pesos pasaron por sus manos sin que retuviera un solo centavo.

Compuso "Los cangrejos", el himno satírico de los liberales; siguió a Juárez en sus peregrinaciones y le salvó la vida en Guadalajara. Rompió con él en 1865 y se exilió en Texas. A los 60 años empezó a recoger en libros su producción poética. En un concurso de 1890 ganó el título del poeta más popular.

El autor de *Viajes de orden suprema* y *Viaje a los Estados Unidos* intentó al lado de su poesía culta, inscrita plenamente en el romanticismo, hacer una épica mexicana en el *Romancero nacional* (1885) y unos retablos y viñetas de la vida cotidiana de los pobres en *Musa callejera* (1883). Escribió poesía con la misma habla que empleó Lizardi para sus novelas y presentó en toda su dignidad a personajes del pueblo que antes sólo habían aparecido en la literatura como objetos de escarnio.

Su gran tentativa poética queda al lado de su obra de prosista y su personalidad pública para hacerlo una figura clave de nuestro liberalismo. En Sepan Cuantos figuran *Musa callejera* y el *Romancero nacional*. En los últimos años Carlos Monsiváis, María del Carmen Ruiz Castañeda y Paco Ignacio Taibo II han multiplicado las ediciones de Prieto como cronista y testigo de su siglo.

Al mar

Te siento en mí: cuando tu voz potente
saludó retronando en lontananza,
se renovó mi ser; alcé la frente
nunca abatida por el hado impío,
y vibrante brotó del pecho mío
un cántico de amor y de alabanza.

Te encadenó el Señor en estas playas
cuando, Satán del mundo,
temerario plagiando el infinito,
le quisiste anegar, y en lo profundo
gimes, ¡oh mar!, en sempiterno grito.

Tú también te retuerces cual remedo
de la eterna agonía;
también, como al ser mío,
la soledad te cerca y el vacío;
y siempre en inquietud y en amargura,
te acaricia la luz del claro día,
te ven los astros de la noche oscura.

A mí te vi venir, como en locura,
desparcido el cabello de tus ondas
de espuma en el vaivén, como cercada
de invisibles espíritus, llegando
de abismos ignorados y clamando
en acentos humanos que morían
y el grito y el sollozo confundían.

A mí te vi venir, ¡oh mar divino!,
y supe contener tanta grandeza,
como tiembla la gota de la lluvia
en la hoja leve del robusto encino.

Eres sublime ¡oh mar! Los horizontes
recogiendo las alas fatigadas,
se prosternan a ti desde los montes.

Prendida de tus hombros la luz bella
forma los pliegues de tu manto inmenso.
Entre la blanca bruma
se perciben los tumbos de tus ondas,
cual de hermosa en el seno palpitante
los encajes levísimos de espuma.

Si te agitas, arrojas de tu seno
en explosión tremenda las montañas,
y es un remedo de la brisa el trueno,
terrible mar, si gimen tus entrañas.

¿Quién te describe, ¡oh mar!, cuando bravía,
como mujer celosa,
en medio de tu marcha procelosa
el escollo tus iras desafía?

Vas, te encrespas, te ciñes con porfía,
retrocedes rugiente,
y del tenaz luchar desesperada,
te precipitas en su negro seno
despedazando tu altanera frente.

En tanto, el viento horrible,
arrastrando al relámpago y al rayo,
cimbra el espacio, rasga el negro velo
de la tiniebla, se prosterna el mundo
y un siniestro contento se percibe
¡oh mar!, en lo profundo,
cual si con esa pompa celebraras,
entre el eterno duelo,
tus nupcias con el cielo.

Cansada de fatiga, cual si el aura
tierna te prodigara sus caricias,
a su encanto dulcísimo te entregas,
calmas tu enojo, viertes tus sonrisas,
y como niña con las olas juegas
cuando te dan su música las brisas.

Tú eres un ser de vida y de pasiones:
escuchas, amas, te enloqueces, lloras,
nos sobrecoges de terrible espanto,
embriagas de grandeza y enamoras.

Cuando por vez primera ¡oh mar sublime!,
me vi junto de ti, como tocando
el borde del magnífico infinito,
Dios, clamó el labio en entusiasta grito:
Dios, repitió tu inquieta lontananza:
y *Dios*, me pareció que proclamaban
las ondas, repitiendo mi alabanza.

Entonces, ¡ay!, la juventud hervía
en mi temprano corazón; la suerte,
cual guirnalda de luz, embellecía
la frente horrible de la misma muerte.

Y grande, grande el corazón, y abierto
al amor, a la patria y a la gloria,
émulo me sentí de tu grandeza
y mi orgullo me daba la victoria.
Entonces, el celaje que cruzaba
por el espacio con sus alas de oro,
de la patria me hablaba.

Entonces ¡ay! en la ola que moría
reclinada en la arena sollozando
recordaba el mirar de mi María,
sus lindos ojos y su acento blando.

Si una huérfana rama atravesaba,
juguete de las ondas, cual yo errante,
lejos de su pensil y de su fuente,
la saludaba con mi voz amante,
la consolaba de la patria ausente.

Si el pájaro perdido iba siguiendo,
rendido de fatiga, mi navío,
¡cuánto sufrir, Dios mío!
su ala se plega, aléjase la nave,
y se esfuerza y se abate y desfallece,
y convulso, arrastrándose en las ondas,
el hijo de los bosques desparece.

En tanto, tus inmensas soledades
la gaviota recorre, desafiando
las fieras tempestades.
Entonces, en la popa, dominando
la inmensa soledad, me parecía
que una voz a lo lejos me llamaba
y acentos misteriosos me decía;
y yo le preguntaba:
¿Quién eres tú? ¿De la creación olvido,
te quedaste tus formas esperando

engendro indescifrable, eń agonía
entre el ser y el no ser siempre luchando?
¿Al desunirse de la tierra el cielo
en tus entrañas refugiaste el caos?
¿O, mágica creación, rebelde un día,
provocaste a tu Dios; se alzó tremendo;
sobre tu frente derramó la nada,
y te dejó gimiendo
a tu muro de arena encadenada?

¿O, promesa de bien, en tus cristales
los átomos conservas que algún día,
cuando la tierra muera,
produzcan con encantos celestiales
otra luz, otros seres, otro mundo,
y entonces nuestro suelo
a tus plantas, se llame mar profundo
en que retrate su grandeza el cielo?

Hoy llegué junto a ti como otro tiempo
siguiendo, ¡oh Libertad!, tu blanca estela;
hoy llegué junto a ti cuando se hundía
en abismos de horror y de anarquía
la linfa de cristal de mi esperanza;
porque eres un poema de grandeza,
porque en ti el huracán sus notas vierte,
luz y vida coronan tu cabeza,
tienen por pedestal tiniebla y muerte.

Nadie muere en la tierra; allí se duerme
de tierna madre en el amante pecho:
velan cipreses nuestro sueño triste,
y riegan flores nuestro triste lecho.
Solitaria una cruz dice al viajero
que pague su tributo
de lágrimas y luto,
en el extenso llano y el sendero.

En ti se muere, ¡oh mar!, ni la ceniza
le das al viento: en ola que sepulta
la rica pompa de poblada nave,
nada conserva las mortales huellas;

se pierden... y en tu seno indiferente
nace la aurora y brillan las estrellas.

A ti me entrego ¡oh mar! roto navío,
destrozado en las recias tempestades,
sin rumbo, sin timón, siempre anhelante
por el seguro puerto,
encerrando en mi pecho dolorido
las tumbas y el desierto...

Pero humillado no; y en mi fiereza
a ti tendiendo las convulsas manos,
sintiendo en ti de mi alma la grandeza
y ahogando mi tormento,
le pido a Dios la paz de mis hermanos;
y renuevo mi augusto juramento
de mi odio a la traición y a los tiranos.

Enero de 1877

Ensueños

Eco sin voz que conduce
el huracán que se aleja,
ola que vaga refleja
a la estrella que reluce;
recuerdo que me seduce
con engaños de alegría;
amorosa melodía
vibrando de tierno llanto,
¿qué dices a mi quebranto,
qué me quieres, quién te envía?

Tiende su ala el pensamiento
buscando una sombra amiga,
y se rinde de fatiga
en los mares del tormento;
de pronto florido asiento
ve que en la orilla aparece,
y cuando ya desfallece
y más se acerca y le alcanza,

ve que su hermosa esperanza
es nube que desparece.

Rayo de sol que se adhiere
a una gota pasajera,
que un punto luce hechicera
y al tocar la sombra muere.
Dulce memoria que hiere
con los recuerdos de un cielo,
murmurios de un arroyuelo
que en inaccesible hondura
brinda al sediento frescura
con imposible consuelo.

En inquietud, como el mar,
y sin dejar de sufrir,
ni es mi descanso dormir,
ni me consuela llorar.
En vano quiero ocultar
lo que el pecho infeliz siente;
tras cada sueño aparente,
tras cada mentida calma,
hay más sombras en el alma,
más arrugas en la frente.

Si vienen tras este empeño
en que tan doliente gimo
la esperanza de un arrimo,
de un halago en un ensueño;
si de mí no siendo dueño
sonreír grato me veis,
os ruego que recordéis
que estoy de dolor rendido...
Pasad... dejadme dormido...
Pasad... ¡no me despertéis!

1878

Cantares

Yo soy quien sin amparo cruzó la vida
en su nublada aurora, niño doliente,
con mi alma herida,
el luto y la miseria sobre la frente;
y en mi hogar solitario y, agonizante,
mi madre amante.

Yo soy quien vagabundo cuentos fingía,
y los ecos del pueblo que recogía
torné en cantares;
porque era el pueblo humilde toda mi ciencia
y era escudo, en mis luchas con la indigencia,
de mis pesares.

La soledad austera y el libre viento
le dieron a mi pecho robusto aliento,
fiera entereza;
y así tuvo mi lira cantos sentidos,
en lo íntimo de mi alma sordos gemidos
de mi pobreza.

La nube que volaba con alas de oro,
la tórtola amorosa que se quejaba
como con lloro;
el murmullo del aura que remedaba
las voces expresivas del sentimiento
copió mi acento.

Y el bandolón que un barrio locuaz conmueve,
y el placer tempestuoso con que la plebe
muestra contento;
sus bailes, sus cantares y sus amores,
fueron luz y arroyuelos, aves y flores
de mi talento.

Cantando ni yo mismo me sospechaba
que en mí la patria hermosa con voz nacía,
que en mí brotaba
con sus penas, sus glorias y su alegría,
sus montes y sus lagos, su lindo cielo,
y su alma que en perfumes se desparcía.

Entonces a la choza del jornalero,
al campo tumultuoso del guerrillero
llevé mis sones;
y no a regias beldades ni peregrinas,
sino a obreras modestas, a alegres chinas
di mis canciones.

¡Oh patria idolatrada, yo en tus quebrantos,
ensalcé con ternura tus fueros santos,
sin arredrarme;
tu tierra era mi carne, tu amor mi vida,
hiel acerba en tus duelos fue mi bebida
para embriagarme!

Yo tuve himnos triunfales para tus muertos,
mi voz sembró esperanzas en tus desiertos
y, complaciente,
a la tropa cansada la consolaba,
y oyendo mis leyendas me reanimaba
riendo valiente.

Hoy merezco recuerdo de ese pasado
de luz y de tinieblas, de llanto y gloria;
soy un despojo, un resto casi borrado
de la memoria...

Pero esta pobre lira que está en mis manos
guarda para mi pueblo sentidos sones;
y acentos vengadores y maldiciones
a sus tiranos...!

Septiembre de 1889

Décimas glosadas

Pajarito corpulento,
préstame tu medecina
para curarme una espina
que tengo en el pensamiento,
que es traidora y me lastima.

Es de muerte la apariencia
al dicir del hado esquivo;
pero está enterrado vivo
quien sufre males de ausencia.
¿Cómo hacerle resistencia
a la juerza del tormento?
Voy a remontarme al viento
para que tú con decoro
digas a mi bien que lloro,
pajarito corpulento.

Dile que voy tentaleando
en lo oscuro de mi vida,
porque es como luz perdida
el bien por que estoy penando.
Di que me estoy redibando
por su hermosura devina,
y, si la mirares fina,
pon mi ruego de por medio,
y di: "Tú eres su remedio;
préstame tu medecina".

El pensil tiene sus flores
y el manantial sus frescuras,
y yo todas mis venturas
en sus alegres amores.
Hoy me punzan los dolores
con terquedá tan indina,
que no puedo estar ansina.
Aigre, tierra, mar y cielo,
¿quién quiere darme un consuelo
para curarme una espina?

Es la deidad que yo adoro,
es mi calandria amorosa,
mi lluvia de hojas de rosa
y mi campanita de oro.
Hoy su perdido tesoro
me tiene como en el viento,
sin abrigo, sin asiento:
su recuerdo de ternura

es como una sepoltura
que tengo en el pensamiento.

Es mirar la que era fuente
hoyo espantable y vacío;
es ver cómo mató el frío
la mata airosa y potente;
es un sentir redepente
a la muerte que se arrima,
es que tiene mi alma encima
una fantasma hechicera
que me sigue adonde quiera,
que es traidora y me lastima.

Romance de la Migajita

"¡Detente! que está rendida,
¡eh, contente, no la mates!"
Y aunque la gente gritaba
y corría como el aire,
cuando quiso ya no pudo,
aunque quiso llegó tarde,
que estaba la Migajita
revolcándose en su sangre...
Sus largas trenzas en tierra,
con la muerte al abrazarse,
la miramos de rodillas
ante el hombre, suplicante;
pero él le dio tres *metidas*
y una al sesgo de remache.
De sus labios de claveles
salen dolientes los ayes,
se ven entre sus pestañas,
los ojos al apagarse...
Y el Ronco está como piedra
en medio a los sacrifantes,
que lo atan codo con codo,
para llevarlo a la cárcel.

"Ve al hespital, Migajita,
vete con los platicantes,
y atente a la Virgen pura

para que tu alma se salve.
¡Probe casa sin tus brazos!
¡Probecita de tu madre!
¿Y quién te lo hubiera dicho,
tan preciosa como un ángel,
con tu rebozo de seda,
con tus sartas de corales,
con tus zapatos de raso,
que ibas llenando la calle,
como guardando tus gracias,
porque no se redamasen?
El celo es punta de rabia,
el celo alcanzó matarte,
que es veneno que hace furias
las más finas voluntades."
Esto dijo con conciencia
una siñora ya grande
que vido del peapa al pepe
cómo pasó todo el lance.

Y yendo y viniendo días,
la Migajita preciosa
fue retoñando en San Pablo;
pero la infeliz era otra;
está como pan de cera,
el aigre la desmorona,
se le pintan las costillas,
se alevanta con congoja;
sólo de sus lindos ojos
llamas de repente brotan.

"¡Muerto!... ¡dése!" A la ventana
la pobre herida se asoma,
y vio que llevan difunto,
por otra mano alevosa,
a su Ronco que idolatra,
que fue su amor y su gloria.

Olvida que está baldada
y de sus penas se olvida,
y corre como una loca,
y al muerto se precipita,

y aulla de dolor la triste
llenándolo de caricias.

"Madre, mi madre (le dice)
—que su madre la seguía—,
vendan mis aretes de oro,
mis trastes de loza fina,
mis dos rebozos de seda,
y el rebozo de bolita;
vendan mis tumbagas de oro,
y de coral la soguilla,
y mis arracadas grandes,
guarnecidas con perlitas;
vendan la cama de fierro,
y el ropero y las camisas,
y entierren con lujo a ese hombre
porque era el bien de mi vida;
que lo entierren con mi almohada
con su funda de estopilla,
que pienso que su cabeza
con el paso se lastima.
Que le ardan cirios de cera,
cuatro, todos de a seis libras;
que le pongan muchas flores,
que le digan muchas misas,
mientras que me arranco el alma
para hacerle compañía.
Tú, ampáralo con tu sombra,
sálvalo, Virgen María;
que si en esta positura
me puso, lo merecía;
no porque le diera causa,
pues era suya mi vida..."

Y dando mil alaridos
la infelice Migajita,
se arrancaba los cabellos,
y aullando se retorcía.
De pronto los gritos cesan,
de pronto se quedó fija:
se acercan los platicantes,
la encuentran sin vida y fría,

y el silencio se destiende
convirtiendo en noche el día.

En el panteón de Dolores,
lejos, en la última fila,
entre unas cruces de palo
nuevas o medio podridas,
hay una cruz levantada
de pulida cantería,
y en ella el nombre del Ronco,
"Arizpe José Marías",
y al pie, en un montón de tierra,
medio cubierto de ortigas,
sin que lo sospeche nadie
reposa la Migajita,
flor del barrio de la Palma
y envidia de las catrinas.

●

Vicente Riva Palacio

(1832-1896)

Riva Palacio es la figura más rica en matices de nuestro siglo XIX: general en jefe del ejército del centro, periodista satírico, historiador (*México a través de los siglos*), crítico (*Los ceros*), folletinista (ver por ejemplo *Martín Garatuza*) y uno de los primeros narradores mexicanos que aplicó métodos novelísticos al periodismo (*El libro rojo*) y escribió relatos breves con intención estética (*Cuentos del general*).

Tan vasta es su diversidad que, aun dentro de la poesía, género al que dedicó una parte mínima de su tiempo, Riva Palacio presenta varias personalidades: el poeta popular que da a los chinacos el canto "Adiós, mamá Carlota", con el que tomaron Querétaro en 1867; el nacionalista que escribe con Juan de Dios Peza *Tradiciones y leyendas mexicanas*; "Rosa Espino", la poetisa heterónima, autora de *Flores del alma*; y el lírico que hizo dos de los mejores sonetos de nuestra poesía: "El Escorial" y "Al viento". Clementina Díaz de Ovando, quien durante años ha estudiado la vida y obra de Riva Palacio, editó su *Antología* (1977) y José Ortiz Monasterio publicó los *Cuentos del General* y *Los ceros* (1979).

Adiós, mamá Carlota
(Versión de Eduardo Ruiz)[35]

I

Alegre el marinero
con voz pausada canta,
y el ancla ya levanta
con extraño rumor.
La nave va en los mares
botando cual pelota.
Adiós, mamá Carlota;
adiós, mi tierno amor.

II

De la remota playa
te mira con tristeza
la estúpida nobleza
del mocho y del traidor.
En lo hondo de su pecho
ya sienten su derrota.
Adiós, mamá Carlota;
adiós, mi tierno amor.

III

Acábanse en Palacio
tertulias, juegos, bailes,
agítanse los frailes
en fuerza de dolor.
La chusma de las cruces
gritando se alborota.
Adiós, mamá Carlota;
adiós, mi tierno amor.

[35] *Eduardo Ruiz* (1839-1907) fue secretario de Riva Palacio y autor de *Historia de la guerra de Intervención en Michoacán* (1896).

IV

Murmuran sordamente
los tristes chambelanes,
lloran los capellanes
y las damas de honor.
El triste Chucho Hermosa[36]
canta con lira rota:
adiós, mamá Carlota;
adiós, mi tierno amor.

V

Y en tanto los chinacos
que ya cantan victoria,
guardando tu memoria
sin miedo ni rencor,
dicen mientras el viento
tu embarcación azota:
adiós, mamá Carlota;
adiós, mi tierno amor.

Adiós, mamá Carlota
(Versión de Juan A. Mateos)[37]

La niebla de los mares
radiante sol aclara.
Ya cruje la *Novara*[38]
a impulsos del vapor.

---

[36] *Chucho Hermosa*: Jesús Hermosa, novelista y geógrafo, fue poeta oficial en la corte de Maximiliano y Carlota.

[37] *Juan A. Mateos* (1831-1913). En 1861-1862 colaboró con Riva Palacio en más de quince comedias que llamaban a la resistencia contra los franceses. En la república restaurada fue con él uno de nuestros primeros *best sellers* (*El sol de mayo, El cerro de las campanas*, que incluye esta segunda versión de "Mamá Carlota"). Mateos alcanzó a escribir en 1911 *La majestad caída*, quizá la primera novela de la revolución, que se incluye en el tomo quinto de esta serie.

[38] *Novara*: la fragata austriaca que trajo y se llevó a Carlota.

El agua embravecida
la embarcación azota.
¡Adiós, mamá Carlota;
adiós, mi tierno amor!

El ancla se desprende
y la argentada espuma
revienta entre la bruma
con lánguido rumor.
En lo alto de la nave
el estandarte flota.
¡Adiós, mamá Carlota;
adiós, mi tierno amor!

¿Qué llevas a tus lares?
Recuerdos de esta tierra
donde extendió la guerra
su aliento destructor.
Las olas son de sangre
que por doquiera brota.
¡Adiós, mamá Carlota;
adiós, mi tierno amor!

Mas pronto de los libres
escucharás el canto,
bajo tu regio manto
temblando de pavor.
Te seguirán sus ecos
a la región ignota.
¡Adiós, mamá Carlota;
adiós, mi tierno amor!

Verás de tu destierro
en la azulada esfera
flotar nuestra bandera
con gloria y esplendor.
Y brotará laureles
la tumba del patriota.
¡Adiós, mamá Carlota;
adiós, mi tierno amor!

Al viento

Cuando era niño, con pavor te oía
en las puertas gemir de mi aposento;
doloroso, tristísimo lamento
de misteriosos seres te creía.

Cuando era joven, tu rumor decía
frases que adivinó mi pensamiento;
y cruzando después el campamento,
"Patria", tu ronca voz me repetía.

Hoy te siento azotando, en las oscuras
noches, de mi prisión las fuertes rejas;
pero me han dicho ya mis desventuras

que eres viento, no más, cuando te quejas,
eres viento si ruges o murmuras,
viento si llegas, viento si te alejas.

Prisión de Santiago Tlatelolco, julio de 1884

El Escorial

Resuena en el marmóreo pavimento
del medroso viajero la pisada,
y repite la bóveda elevada
el gemido tristísimo del viento.

En la historia se lanza el pensamiento,
vive la vida de la edad pasada,
y se agita en el alma conturbada
supersticioso y vago sentimiento.

Palpita aquí el recuerdo, que aquí en vano,
contra su propia hiel, buscó un abrigo,
esclavo de sí mismo, un soberano,

que la vida cruzó sin un amigo,
águila que vivió como un gusano,
monarca que murió como un mendigo.

La noche en El Escorial

La noche envuelve con su sombra fría
el claustro, los salones, la portada,
y vacila la lámpara agitada
de la iglesia en la bóveda sombría.

Como triste presagio de agonía
gime el viento en la lúgubre morada,
y ondulando la yerba desecada
vago rumor entre la noche envía.

De Felipe segundo, misterioso
se alza el espectro de marmóreo suelo
y vaga en el convento silencioso,

y se le escucha en infernal desvelo
crujiendo por el claustro pavoroso
la seda de su negro ferreruelo.

La vejez

Mienten los que nos dicen que la vida
es la copa dorada y engañosa,
que si de dulce néctar se rebosa,
ponzoña de dolor guarda escondida.

Que es en la juventud senda florida,
y, en la vejez, pendiente que escabrosa
va recorriendo el alma, congojosa,
sin fe, sin esperanza y desvalida.

¡Mienten! Si a la virtud sus homenajes
el corazón rindió con sus querellas
no contesta del tiempo a los ultrajes;

que tiene la vejez horas tan bellas
como tiene la tarde sus celajes,
como tiene la noche sus estrellas.

La muerte del tirano

Herido está de muerte, vacilante
y con el paso torpe y mal seguro
apoyo busca en el cercano muro
pero antes se desploma palpitante.

El que en rico palacio deslumbrante
manchó el ambiente con su aliento impuro,
de ajeno hogar en el recinto oscuro
la negra eternidad mira delante.

Se extiende sin calor la corrompida
y negra sangre que en el seno vierte
de sus cárdenos labios la ancha herida,

y el mundo dice al contemplarle inerte:
"Escarnio a la virtud era su vida:
vindicta del derecho fue su muerte."

◆

Ignacio Manuel Altamirano

(1834-1893)

Para una biografía resumida de Altamirano a la luz de los nuevos descubrimientos sobre su persona y su trabajo puede consultarse la antología *La novela histórica y de folletín* (Promexa, 1985). Aquí sólo diremos que el escritor que nos dio las primeras novelas mexicanas concebidas como obras de arte y se empeñó en crear una literatura nacional con sus escritos, sus ideas y su ejemplo, también reservó una parte de su inmensa labor social y literaria para la poesía. *Rimas*, su único libro, apareció en 1871.

Los poemas de Altamirano permiten observar lo que deseaba para la literatura mexicana: textos que expresaran la circunstancia real de sus autores sin negar nada que pudiera enriquecerlos artísticamente. Altamirano vio a México en tanto que fragmento del mundo y no como una entidad aparte. Así en sus versos se reflejan los paisajes de su tierra con los nombres de las aves y las flores; pero todo ello dentro del marco clásico del idilio grecolatino originario y con la expresión, sutil pero real, de la sexualidad que entonces era una conquista muy reciente de la poesía. La edición de *sus Obras completas,* coordinada por Nicole Giron, se acaba de iniciar en 1985.

Las amapolas

Uror.[39]
TÍBULO

El sol en medio del cielo
derramando fuego está;
las praderas de la costa
se comienzan a abrasar,
y se respira en las ramblas
el aliento de un volcán.

Los arrayanes se inclinan,
y en el sombrío manglar
las tórtolas fatigadas
han enmudecido ya;
ni la más ligera brisa
viene en el bosque a jugar.

Todo reposa en la tierra,
todo callándose va,
y sólo de cuando en cuando
ronco, imponente y fugaz,
se oye el lejano bramido
de los tumbos de la mar.

A las orillas del río,
entre el verde carrizal,
asoma una bella joven
de linda y morena faz;
siguiéndola va un mancebo
que con delirante afán
ciñe su ligero talle,
y así le comienza a hablar:

—"Ten piedad, hermosa mía,
del ardor que me devora,
y que está avivando impía
con su llama abrasadora
esta luz de mediodía.

[39] *Uror*: deseo ardiente.

"Todo suspira sediento,
todo lánguido desmaya,
todo gime soñoliento:
el río, el ave y el viento
sobre la desierta playa.

"Duermen las tierras mimosas
en los bordes del torrente;
mustias se tuercen las rosas,
inclinando perezosas
su rojo cáliz turgente.

"Piden sombra a los mangueros
los floripondios tostados;
tibios están los senderos
en los bosques perfumados
de mirtos y limoneros.

"Y las blancas amapolas
de calor desvanecidas,
humedecen sus corolas
en las cristalinas olas
de las aguas adormidas.

"Todo invitarnos parece;
yo me abraso de deseos;
mi corazón se estremece,
y ese sol de junio acrece
mis febriles devaneos.

"Arde la tierra, bien mío;
en busca de sombra vamos
al fondo del bosque umbrío,
y un paraíso finjamos
en los bordes de ese río.

"Aquí en retiro encantado,
al pie de los platanares,
por el remanso bañado,
un lecho te he preparado
de eneldos y de azahares.

"Suelta ya la trenza oscura
sobre la espalda morena;
muestra la esbelta cintura
y que forme la onda pura
nuestra amorosa cadena.

"Late el corazón sediento;
confundamos nuestras almas
en un beso, en un aliento...
mientras se juntan las palmas
a las caricias del viento.

"Mientras que las amapolas,
de calor desvanecidas,
humedecen sus corolas
en las cristalinas olas
de las aguas adormidas"—.

Así dice amante el joven,
y con lánguido mirar
responde la bella niña
sonriendo y nada más.

Entre las palmas se pierden;
y del día al declinar,
salen del espeso bosque,
a tiempo que empiezan ya
las aves a despertarse
y en los mangles a cantar.

Todo en la tranquila tarde
tornando a la vida va;
y entre los alegres ruidos,
del Sud al soplo fugaz,
se oye la voz armoniosa
de los tumbos de la mar.

Junio, 1858

Al Atoyac

Abrase el sol de julio las playas arenosas
que azota con sus tumbos embravecido el mar,
y opongan en su lucha las aguas orgullosas
al encendido rayo su ronco rebramar.

Tú corres blandamente bajo la fresca sombra
que el mangle con sus ramas espesas te formó
y duermen tus remansos en la mullida alfombra
que dulce primavera de flores matizó.

Tú juegas en las grutas que forman tus riberas
de ceibas y parotas del bosque colosal:
y plácido murmuras al pie de las palmeras
que esbeltas se retratan en tu onda de cristal.

En este edén divino que esconde aquí la costa
el sol ya no penetra con rayo abrasador;
su luz, cayendo tibia, los árboles no agosta,
y en tu enramada espesa, se tiñe de verdor.

Aquí sólo se escuchan murmullos mil süaves,
el blando son que forman tus linfas al correr,
la planta cuando crece y el canto de las aves
y el aura que suspira, las ramas al mecer.

Osténtanse las flores que cuelgan de tu techo
en mil y mil guirnaldas para adornar tu sien
y el gigantesco loto que brota de tu lecho
·con frescos ramilletes inclínase también.

Se dobla en tus orillas, cimbrándose, el papayo,
el mango con sus pomas de oro y de carmín,
y en los ilamos saltan, gozoso el papagayo,
el ronco carpintero y el dulce colorín.

A veces tus cristales se apartan bulliciosos
de tus morenas ninfas jugando en derredor:
y amante les prodigas abrazos misteriosos
y lánguido recibes sus ósculos de amor.

Y cuando el sol se oculta detrás de los palmares,
y en tu salvaje templo comienza a oscurecer,
del ave te saludan los últimos cantares
que lleva de los vientos el vuelo postrimer.

La noche viene tibia; se cuelga ya brillando
la blanca luna en medio de un cielo de zafir,
y todo allá en los bosques se encoge y va callando,
y todo en tus riberas empieza ya a dormir.

Entonces en tu lecho de arena, aletargado,
cubriéndote las palmas con lúgubre capuz,
también te vas durmiendo, apenas alumbrado
del astro de la noche por la argentada luz.

Y así resbalas muelle; ni turban tu reposo
del remo de las barcas el tímido rumor,
ni el repentino brinco del pez que huye medroso
en busca de las peñas que esquiva el pescador.

Ni el silbo de los grillos que se alza en los esteros,
ni el ronco que a los aires los caracoles dan,
ni el *huaco* vigilante que en gritos lastimeros
inquieta entre los juncos el sueño del caimán.

En tanto los cocuyos en polvo refulgente
salpican los umbrosos hierbajes del huamil
y las oscuras malvas del algodón naciente
que crece de las cañas de máiz entre el carril.

Y en tanto en la cabaña la joven que se mece
en la ligera hamaca y en lánguido vaivén,
arrúllase cantando la *zamba* que entristece,
mezclando con las trovas el suspirar también.

Mas de repente al aire resuenan los bordones
del arpa de la costa con incitante son,
y agítanse y preludian la flor de las canciones:
la dulce *malagueña* que alegra el corazón.

Entonces de los barrios la turba placentera
en pos del arpa, el bosque comienza a recorrer,
y todo en breve es fiestas y danza en tu ribera,
y todo amor y cantos, y risas y placer.

Así transcurren breves y sin sentir las horas:
y de tus blandos sueños en medio del sopor
escuchas a tus hijas, morenas seductoras,
que entonan a la luna sus cántigas de amor.

Las aves en sus nidos de dicha se estremecen,
los floripondios se abren su esencia a derramar;
los céfiros despiertan y suspirar parecen;
tus aguas en el álveo se sienten palpitar.

¡Ay! ¿Quién en estas horas en que el insomnio ardiente
aviva los recuerdos del eclipsado bien,
no busca el blando seno de la querida ausente
para posar los labios y reclinar la sien?

Las palmas se entrelazan, la luz en sus caricias
destierra de tu lecho la triste oscuridad;
las flores a las auras inundan de delicias...
¡Y sólo el alma siente su triste soledad!

Adiós, callado río: tus verdes y risueñas
orillas no entristezcan las quejas del pesar;
que oírlas sólo deben las solitarias peñas
que azota con sus tumbos embravecido el mar.

Tú queda reflejando la luna en tus cristales,
que pasan en tus bordes tupidos a mecer
los verdes ahuejotes y azules carrizales,
que al sueño ya rendidos volviéronse a caer.

Tú corre blandamente bajo la fresca sombra
que el mangle con sus ramas espesas te formó;
y duerman tus remansos en la mullida alfombra
que alegre primavera de flores matizó.

Junio 2 de 1864

El Año Nuevo

¡Un año más! Con risa o con gemido,
el puerto, apenas, fatigado alcanza
peregrino el mortal, cuando se lanza
de nuevo al porvenir desconocido.

Quién lamenta en el viaje el bien perdido,
quién vislumbra un tesoro en lontananza;
el joven ve la dicha o la esperanza,
el viejo ve la tumba y el olvido.

Nauta es el hombre, el año mar oscuro
donde tal vez fatalidad traidora
la sirte oculte del dolor futuro.

Naufragio horrible o playa salvadora
nos aguarden, el piélago inseguro
hiende la nave con altiva prora.

◆

Manuel Acuña

(1849-1873)

Rosario de la Peña (¿1846?-1924) tuvo hacia 1870 un encanto fatal que obligó a enamorarse de ella a todos los asistentes a su salón literario: lo mismo a Acuña y Manuel M. Flores que Ramírez y Prieto, como años después José Martí y el adolescente Luis G. Urbina.

Acuña, que había nacido en Saltillo, Coahuila, y era estudiante de medicina, puso a sus pies los laureles recibidos en el estreno de su drama *El pasado*. Rosario no se conmovió, en parte porque aún guardaba luto por la muerte en duelo de su prometido; en parte porque Prieto le había contado acerca de los amores de Acuña con Laura Méndez y con una lavandera llamada Soledad o "Celi". Rechazado, Acuña confesó su intención suicida a Juan de Dios Peza. Al día siguiente Peza llegó a verlo a su habitación en la Escuela de Medicina y lo encontró muerto. En el aire flotaba el olor a almendras amargas propio del cianuro.

El cianuro fue también la tinta en que la posteridad leyó a Acuña y su "Nocturno". El suicidio lo envolvió en un mito de amor romántico que oscurece sus demás versos. A su vez, ella será siempre "Rosario la de Acuña", y en esta "posesión por pérdida" jamás podrá romper sus nupcias simbólicas con el muerto. Por eso guarda rencor al suicida: medio siglo después declara en una entrevista que lo detestaba y lo veía como "un ateo, un vicioso, un infiel".

A semejanza de *Don Juan Tenorio*, el "Nocturno" posee alguna misteriosa sustancia que lo inmuniza contra el desgaste y contra más de un siglo de parodias. Sin embargo, el talento de Acuña se advierte más claramente en los tercetos de "Ante un cadáver" y la serie "Hojas secas" que muestra hasta dónde hubiera podido llevarlo el descubrimiento de un poeta afín a su sensibilidad como Bécquer. José Luis Martínez editó en 1949 las *Obras* de Manuel Acuña.

A Laura (Méndez)

Yo te lo digo, Laura... quien encierra
valor para romper el yugo necio
de las preocupaciones de la tierra.

Quien sabe responder con el desprecio
a los que, amigos del anacronismo,
defienden el pasado a cualquier precio.

Quien sacudiendo todo despotismo
a ninguno somete su conciencia
y se basta al pensar consigo mismo.

Quien no busca más luz en la existencia
que la luz que desprende de su foco
el sol de la verdad y la experiencia.

Quien al amor de su entusiasmo siente
que algo como una luz desconocida
baja a imprimir un ósculo en su frente.

Quien tiene un corazón en donde anida
el genio a cuya voz se cubre en flores
la paramal tristeza de la vida;

y un ser al que combaten los dolores
y esa noble ambición que pertenece
al mundo de las almas superiores;

culpable es, y su lira no merece
si debiendo cantar, rompe su lira
y silencioso y mudo permanece.

Porque es una tristísima mentira
ver callado al zenzontle y apagado
el tibio sol que en nuestro cielo gira;

o ver el broche de la flor cerrado
cuando la blanca luz de la mañana
derrama sus caricias en el prado.

Que indigno es de la gloria soberana,
quien siendo libre para alzar el vuelo,
al ensayar el vuelo se amilana.

Y tú, que alientas ese noble anhelo,
¡mal harás si hasta el cielo no te elevas
para arrancar una corona al cielo!...

Álzate, pues, si en tu interior aún llevas
el germen de ese afán que pensar te hace
en nuevos goces y delicias nuevas.

Sueña, ya que soñar te satisface
y que es para tu pecho una alegría
cada ilusión que en tu cerebro nace.

Forja un mundo en tu ardiente fantasía,
ya que encuentras placer y te recreas
en vivir delirando noche y día.

Alcanza hasta la cima que deseas,
mas cuando bajes de esa cima al mundo
refiérenos al menos lo que veas.

Pues será un egoísmo sin segundo,
que quien sabe sentir como tú sientes
se envuelva en un silencio tan profundo.

Haz inclinar ante tu voz las frentes
y que resuene a tu canción unido
el general aplauso de las gentes.

Que tu nombre doquiera repetido,
resplandeciente en sus laureles sea
quien salve tu memoria del olvido;

y que la tierra en tus pupilas lea
la leyenda de una alma consagrada
al sacerdocio augusto de la idea.

Sí, Laura... que tus labios de inspirada
nos repitan la queja misteriosa
que te dice la alondra enamorada;

que tu lira tranquila y armoniosa
nos haga conocer lo que murmura
cuando entreabre sus pétalos la rosa;

que oigamos en tu acento la tristura
de la paloma que se oculta y canta
desde el fondo sin luz de la espesura;

o bien el grito que en su ardor levanta
el soldado del pueblo, que a la muerte
envuelto en su bandera se adelanta.

Sí, Laura... que tu espíritu despierte
para cumplir con su misión sublime,
y que hallemos en ti la mujer fuerte
que del oscurantismo se redime.

1872

Ante un cadáver

¡Y bien! aquí estás ya... sobre la plancha
donde el gran horizonte de la ciencia
la extensión de sus límites ensancha.

Aquí donde la rígida experiencia
viene a dictar las leyes superiores
a que está sometida la existencia.

Aquí donde derrama sus fulgores
ese astro a cuya luz desaparece
la distinción de esclavos y señores.

Aquí donde la fábula enmudece
y la voz de los hechos se levanta
y la superstición se desvanece.

Aquí donde la ciencia se adelanta
a leer la solución de ese problema
cuyo solo enunciado nos espanta.

Ella que tiene la razón por lema
y que en tus labios escuchar ansía
la augusta voz de la verdad suprema.

Aquí estás ya... tras de la lucha impía
en que romper al cabo conseguiste
la cárcel que al dolor te retenía.

La luz de tus pupilas ya no existe,
tu máquina vital descansa inerte
y a cumplir con su objeto se resiste.

¡Miseria y nada más!, dirán al verte
los que creen que el imperio de la vida
acaba donde empieza el de la muerte.

Y suponiendo tu misión cumplida
se acercarán a ti, y en su mirada
te mandarán la eterna despedida.

Pero, ¡no! Tu misión no está acabada
que ni es la nada el punto en que nacemos,
ni el punto en que morimos es la nada.

Círculo es la existencia, y mal hacemos
cuando al querer medirla le asignamos
la cuna y el sepulcro por extremos.

La madre es sólo el molde en que tomamos
nuestra forma, la forma pasajera
con que la ingrata vida atravesamos.

Pero ni es esa forma la primera
que nuestro ser reviste, ni tampoco
será su última forma cuando muera.

Tú sin aliento ya, dentro de poco
volverás a la tierra y a su seno
que es de la vida universal el foco.

Y al ascender de la raíz al grano
irás del vegetal a ser testigo
en el laboratorio soberano.

Tal vez para volver cambiado en trigo
al triste hogar donde la triste esposa,
sin encontrar un pan, sueña contigo.

En tanto que las grietas de tu fosa
verán alzarse de su fondo abierto
la larva convertida en mariposa,

que en los ensayos de su vuelo incierto
irá al lecho infeliz de tus amores
a llevarle tus ósculos de muerto.

Y en medio de esos cambios interiores
tu cráneo lleno de una nueva vida,
en vez de pensamientos dará flores,

en cuyo cáliz brillará escondida
la lágrima, tal vez, con que tu amada
acompañó el adiós de tu partida.

La tumba es el final de la jornada,
porque en la tumba es donde queda muerta
la llama en nuestro espíritu encerrada.

Pero en esa mansión a cuya puerta
se extingue nuestro aliento, hay otro aliento
que de nuevo a la vida nos despierta.

Allí acaban la fuerza y el talento,
allí acaban los goces y los males,
allí acaban la fe y el sentimiento.

Allí acaban los lazos terrenales,
y mezclados el sabio y el idiota
se hunden en la región de los iguales.

Pero allí donde el ánimo se agota
y perece la máquina, allí mismo
el ser que muere es otro ser que brota.

El poderoso y fecundante abismo
del antiguo organismo se apodera
y forma y hace de él otro organismo.

Abandona a la historia justiciera
un nombre, sin cuidarse, indiferente,
de que ese nombre se eternice o muera.

Él recoge la masa únicamente,
y cambiando las formas y el objeto
se encarga de que viva eternamente.

La tumba sólo guarda un esqueleto,
mas la vida en su bóveda mortuoria
prosigue alimentándose en secreto.

Que al fin de esta existencia transitoria
a la que tanto nuestro afán se adhiere,
la materia, inmortal como la gloria,
cambia de forma; pero nunca muere.

1872

Nocturno

A Rosario

I

¡Pues bien!, yo necesito decirte que te adoro,
decirte que te quiero con todo el corazón;
que es mucho lo que sufro, que es mucho lo que lloro,
que ya no puedo tanto, y al grito en que te imploro
te imploro y te hablo en nombre de mi última ilusión.

II

Yo quiero que tú sepas que ya hace muchos días
estoy enfermo y pálido de tanto no dormir;
que ya se han muerto todas las esperanzas mías,
que están mis noches negras, tan negras y sombrías,
que ya no sé ni dónde se alzaba el porvenir.

III

De noche, cuando pongo mis sienes en la almohada
y hacia otro mundo quiero mi espíritu volver,
camino mucho, mucho, y al fin de la jornada
las formas de mi madre se pierden en la nada
y tú de nuevo vuelves en mi alma a aparecer.

IV

Comprendo que tus besos jamás han de ser míos,
comprendo que en tus ojos no me he de ver jamás;
y te amo, y en mis locos y ardientes desvaríos
bendigo tus desdenes, adoro tus desvíos,
y en vez de amarte menos te quiero mucho más.

V

A veces pienso en darte mi eterna despedida,
borrarte en mis recuerdos y hundirte en mi pasión;
mas si es en vano todo y el alma no te olvida,
¿qué quieres tú que yo haga, pedazo de mi vida,
qué quieres tú que yo haga con este corazón?

VI

Y luego que ya estaba concluido tu santuario,
tu lámpara encendida, tu velo en el altar;
el sol de la mañana detrás del campanario,
chispeando las antorchas, humeando el incensario,
¡y abierta allá a lo lejos la puerta del hogar...!

VII

¡Qué hermoso hubiera sido vivir bajo aquel techo,
los dos unidos siempre y amándonos los dos;
tú siempre enamorada, yo siempre satisfecho,
los dos una sola alma, los dos un solo pecho,
y en medio de nosotros, mi madre como un dios!

VIII

¡Figúrate qué hermosas las horas de esa vida!
¡Qué dulce y bello el viaje por una tierra así!
Y yo soñaba en eso, mi santa prometida,
y al delirar en eso con la alma estremecida,
pensaba yo en ser bueno, por ti, no más por ti.

IX

¡Bien sabe Dios que ése era mi más hermoso sueño,
mi afán y mi esperanza, mi dicha y mi placer;
bien sabe Dios que en nada cifraba yo mi empeño,
sino en amarte mucho bajo el hogar risueño
que me envolvió en sus besos cuando me vio nacer!

X

Ésa era mi esperanza... mas ya que a sus fulgores
se opone el hondo abismo que existe entre los dos,
¡adiós por la vez última, amor de mis amores;
la luz de mis tinieblas, la esencia de mis flores;
mi lira de poeta, mi juventud, adiós!

1873

Hojas secas

I

Mañana que ya no puedan
encontrarse nuestros ojos,
y que vivamos ausentes,

muy lejos uno del otro,
que te hable de mí este libro
como de ti me habla todo.

II

Cada hoja es un recuerdo
    tan triste como tierno
de que hubo sobre ese árbol
    un cielo y un amor;
reunidas forman todas
    el canto del invierno,
la estrofa de las nieves
    y el himno del dolor.

III

Mañana a la misma hora
en que el sol te besó por vez primera,
sobre tu frente pura y hechicera
caerá otra vez el beso de la aurora;
pero ese beso que en aquel oriente
cayó sobre tu frente solo y frío,
mañana bajará dulce y ardiente,
porque el beso del sol sobre tu frente
bajará acompañado con el mío.

IV

En Dios le exiges a mi fe que crea,
y que le alce un altar dentro de mí.
¡Ah! ¡Si basta no más con que te vea
para que yo ame a Dios, creyendo en ti!

V

Si hay algún césped blando
    cubierto de rocío
en donde siempre se alce
    dormida alguna flor,
y en donde siempre puedas
    hallar, dulce bien mío,

violetas y jazmines
   muriéndose de amor;

yo quiero ser el césped
florido y matizado
donde se asienten, niña,
las huellas de tus pies;
yo quiero ser la brisa
tranquila de ese prado
para besar tus labios
y agonizar después.

Si hay algún pecho amante
   que de ternura lleno
se agite y se estremezca
   no más para el amor,
yo quiero ser, mi vida,
   yo quiero ser el seno
donde tu frente inclines
   para dormir mejor.

Yo quiero oír latiendo
tu pecho junto al mío,
yo quiero oír qué dicen
los dos en su latir,
y luego darte un beso
de ardiente desvarío,
y luego... arrodillarme
mirándote dormir.

VI

Las doce... ¡Adiós...! Es fuerza que me vaya
    y que te diga adiós
Tu lámpara está ya por extinguirse,
    y es necesario.
               —Aún no.
—Las sombras son traidoras, y no quiero
    que al asomar el sol,
se detengan sus rayos a la entrada
    de nuestro corazón...

—Y ¿qué importan las sombras cuando entre ellas
        queda velando Dios?
—¿Dios? ¿Y qué puede Dios entre las sombras
        al lado del amor?
—Cuando te duermas ¿me enviarás un beso?
            —¡Y mi alma!
                    —¡Adiós...!
                            —¡Adiós...!

                    VII

Lo que siente el árbol seco
por el pájaro que cruza
cuando plegando las alas
baja hasta sus ramas mustias,
y con sus cantos alegra
las horas de su amargura;
lo que siente por el día
la desolación nocturna
que en medio de sus pesares
y en medio de sus angustias,
ve asomar con la mañana
de sus esperanzas una;
lo que sienten los sepulcros
por la mano buena y pura
que solamente obligada
por la piedad que la impulsa,
riega de flores y de hojas
la blanca lápida muda,
eso es al amarte mi alma
lo que siente por la tuya,
que has bajado hasta mi invierno,
que has surgido entre mi angustia
y que has regado de flores
la soledad de mi tumba.

Mi hojarasca son mis creencias,
mis tinieblas son la duda,
mi esperanza es el cadáver,
y el mundo mi sepultura...
Y como de entre esas hojas
jamás retoña ninguna;

como la duda es el cielo
de una noche siempre oscura,
y como la fe es un muerto
que no resucita nunca,
yo no puedo darte un nido
donde recojas tus plumas,
ni puedo darte un espacio
donde enciendas tu luz pura,
ni hacer que mi alma de muerto
palpite unida a la tuya;
pero si gozar contigo
no ha de ser posible nunca,
cuando estés triste, y en la alma
sientas alguna amargura,
yo te ayudaré a que llores,
yo te ayudaré a que sufras,
y te prestaré mis lágrimas
cuando se acaben las tuyas.

VIII

1

Aun más que con los labios
hablamos con los ojos;
con los labios hablamos de la tierra,
con los ojos del cielo y de nosotros.

2

Cuando volví a mi casa
de tanta dicha loco,
fue cuando comprendí muy lejos de ella
que no hay cosa más triste que estar solo.

3

Radiante de ventura,
frenético de gozo,
cogí una pluma, le escribí a mi madre,
y al escribirle se lo dije todo.

4

Después, a la fatiga
   cediendo poco a poco,
me dormí y al dormirme sentí en sueños
que ella me daba un beso y mi madre otro.

5

  ¡Oh sueño, el de mi vida
    más santo y más hermoso!
¡Qué dulce has de haber sido cuando aun muerto
gozo con tu recuerdo de este modo!

IX

Cuando yo comprendí que te quería
con toda la lealtad del corazón,
fue aquella noche en que al abrirme tu alma
   miré hasta su interior.

Rotas estaban tus virgíneas alas
que ocultaba en sus pliegues un crespón
y un ángel enlutado cerca de ellas
   lloraba como yo.

Otro, tal vez, te hubiera aborrecido
delante de aquel cuadro aterrador;
pero yo no miré en aquel instante
   más que mi corazón;

y te quise, tal vez, por tus tinieblas,
y te adoré, tal vez, por tu dolor,
¡que es muy bello poder decir que la alma
   ha servido de sol...!

X

Las lágrimas del niño
   la madre las enjuga,
las lágrimas del hombre

las seca la mujer...
¡Qué tristes las que brotan
   y bajan por la arruga,
del hombre que está solo,
   del hijo que está ausente,
del ser abandonado
   que llora y que no siente
ni el beso de la cuna,
   ni el beso del placer!

XI

¡Cómo quieres que tan pronto
olvide el mal que me has hecho,
si cuando me toco el pecho
la herida me duele más!
Entre el perdón y el olvido
hay una distancia inmensa;
yo perdonaré la ofensa;
pero olvidarla... ¡jamás!

XII

"Te amo —dijiste— y jamás a otro hombre
le entregaré mi amor y mi albedrío",
y al quererme llamar buscaste un nombre,
y el nombre que dijiste no era el mío.

XIII

¡Ah, gloria! ¡De qué me sirve
tu laurel mágico y santo,
cuando ella no enjuga el llanto
que estoy vertiendo sobre él!

¡De qué me sirve el reflejo
de tu soñada corona,
cuando ella no me perdona
ni en nombre de ese laurel!

La que a la luz de sus ojos
despertó mi pensamiento,

la que al amor de su acento
encendió en mí la pasión;
muerta para el mundo entero
y aun para ella misma muerta,
solamente está despierta
dentro de mi corazón.

XIV

El cielo está muy negro, y como un velo
lo envuelve en su crespón la oscuridad;
con una sombra más sobre ese cielo
el rayo puede desatar su vuelo
y la nube cambiarse en tempestad.

XV

Oye, ven a ver las naves,
están vestidas de luto,
y en vez de las golondrinas
están graznando los búhos...
El órgano está callado,
el templo solo y oscuro,
sobre el altar... ¿Y la virgen
por qué tiene el rostro oculto?
¿Ves?... En aquellas paredes
están clavando un sepulcro,
y parece como que alguien
solloza allí, junto al muro.

¿Por qué me miras y tiemblas?
¿Por qué tienes tanto susto?
¿Tú sabes quién es el muerto?
¿Tú sabes quién fue el verdugo?

1873

◆

Manuel M. Flores

(1840-1885)

Manuel María Flores nació en San Andrés Chalchicomula, hoy Ciudad Serdán, Puebla. Amigo y compañero de Altamirano en el Colegio de Letrán, marchó con él a la guerra de la Reforma. Al parecer, combatió en los dos sitios de Puebla (1862 y 1863). Cayó prisionero de los franceses que lo encerraron en el castillo de Perote.

Al restaurarse la república fue diputado, dio clases de literatura y editó *El Librepensador*. A diferencia de muchos otros poetas eróticos, Flores vivió lo que escribía y dejó constancia en sus memorias de amor: *Rosas caídas*. Contrajo la sífilis y el mal lo dejó ciego e impidió su matrimonio con Rosario de la Peña.

Flores fue un verdadero poeta y, contra las apariencias (desorden, confianza en la inspiración, vida bohemia), se empeñó en aprender y perfeccionar su oficio. Prueba de ello son sus magníficas versiones, de las que cuando menos se da aquí un ejemplo. Sin llegar a la osadía que cincuenta años después mostrará Efrén Rebolledo, Flores toca el límite de lo que en su tiempo se consideraba permisible y habla del amor físico sin los disfraces pastoriles que se vieron forzados a utilizar los poetas anteriores,

Ha sido tan popular como Acuña, Peza, Plaza. Sin embargo, los críticos lo han respetado más que a sus contemporáneos. La obra de Manuel M. Flores consta en realidad de un solo libro, *Pasionarias* (1882), que a comienzos del siglo suscitó el entusiasmo de Tablada. Es de esperarse que el centenario de su muerte nos permita leer al fin una edición moderna de su obra. Lo ha estudiado Margarita Quijano Terán: *Manuel M. Flores: su vida y su obra* (1964), prólogo a *Rosas caídas* (1953).

Bajo las palmas

Morena por el sol de mediodía
que en llama de oro fúlgido la baña,
es la agreste beldad del alma mía,
la rosa tropical de la montaña.

Dióle la selva su belleza ardiente,
dióle la palma su gallardo talle;
en su pasión hay algo del torrente
que se despeña desbordado al valle.

Sus miradas son luz, noche sus ojos,
la pasión en su rostro centellea,
y late el beso entre sus labios rojos
cuando desmaya su pupila hebrea.

Me tiembla el corazón cuando la nombro,
cuando sueño con ella, me embeleso,
y en cada flor con que su senda alfombro
pusiera un alma como pongo un beso.

Allá en la soledad, entre las flores,
nos amamos sin fin al cielo abierto,
y tienen nuestros férvidos amores
la inmensidad soberbia del desierto.

Ella, la regia, la beldad altiva
soñadora de castos embelesos,
se doblega cual tierna sensitiva
al aura ardiente de mis locos besos.

Y tiene el bosque voluptuosa sombra,
profundos y selvosos laberintos.
Y grutas perfumadas, con alfombra
de eneldos y tapices de jacintos.

Y palmas de soberbios abanicos
mecidos por los vientos sonorosos,
aves salvajes de canoros picos
y lejanos torrentes caudalosos.

Los naranjos en flor que nos guarecen
perfuman el ambiente, y en su alfombra
un tálamo los musgos nos ofrecen
de las gallardas palmas a la sombra.

Por pabellón tenemos la techumbre
del azul de los cielos soberano,
y por antorcha de Himeneo[40] la lumbre
del espléndido sol americano.

---

[40] *Himeneo*: los griegos personificaron el matrimonio en la figura de Himeneo, un joven cubierto por un velo que lleva en la mano la antorcha nupcial.

Y se oyen tronadores los torrentes
y las aves salvajes en concierto,
en tanto celebramos indolentes
nuestros libres amores del desierto.

Los labios de los dos, con fuego impresos,
se dicen el secreto de las almas;
después... desmayan lánguidos los besos...
y a la sombra quedamos de las palmas.

Francesca[41]

(DANTE)

—La tierra en donde vi la luz primera
es vecina del golfo en que suspende
el Po, ya fatigado, su carrera.

Amor, que sin sentir, el alma prende,
a éste prendó del don, que arrebatado
me fue de modo que aun aquí me ofende.

Amor, que obliga a amar al que es amado,
juntónos a los dos con red tan fuerte
que para siempre ya nos ha ligado.

Amor hiriónos con terrible suerte;
y está Caín de entonces esperando
aquí al perverso que nos dio la muerte.—

Palabras tan dolientes escuchando
incliné sobre el pecho la cabeza.
—¿Y en qué —dijo el poeta— estás pensando?—

Y respondí, movido de tristeza:
—¡Ay de mí! Cuánto bello pensamiento,
cuánto sueño de amor y de terneza

---

[41] *Francesca*: Flores parafrasea el Canto V del *Inferno*, versos 97 al 138.

los condujeron al fatal momento!—
Y vuelto a ellos —¡Oh, Francesca! —dije—,
al corazón me llega tu lamento;

y de tal modo tu dolor me aflige,
que las lágrimas bañan mi semblante.
Pero tu triste voz a mí dirige,

y dime de qué modo, en cuál instante,
cuando tan dulcemente suspirabais,
y en el fondo del alma, vacilante,

tímido aún vuestro deseo guardabais.
Dime de qué manera inesperada
os reveló el Amor que os adorabais.—

Ella me respondió: —¡Desventurada!
¡No hay pena más aguda, más impía,
que recordar la dicha ya pasada

en medio de la bárbara agonía
de un presente dolor!... Y esa tortura
la conoce muy bien el que te guía.

Mas ya que tu piedad saber procura
el cómo aquel amor rasgó su velo,
llorando te diré mi desventura.

Leíamos con quietud y grato anhelo
de Lancelote el libro cierto día,
solos los dos y sin ningún recelo.

Leíamos... y en tanto sucedía
que dulces las miradas se encontraban
y el color del rostro se perdía.

Un solo punto nos venció. Pintaban
cómo, de la ventura en el exceso,
en los labios amados apagaban

los labios del amante, con un beso,
la dulce risa que a gozar provoca.
Y entonces éste, que a mi lado preso

para siempre estará, con ansia loca
hizo en su frenesí lo que leía...
temblando de pasión besó mi boca...

Y no leímos más en aquel día.

La noche

A Juan B. Hijar y Haro

L'âme du poète, âme d'ombre et d'amour,
C'est une fleur des nuits qui s'épanouit aux étoiles[42]
　　　　　　　　　　　　　　VICTOR HUGO

¡Salve, noche sagrada! Cuando tiendes
desde el éter profundo
bordada con el oro de los astros
tu lóbrega cortina sobre el mundo;
cuando, vertiendo la urna de la sombra,
con el blando rocío de los beleños
vas derramando en la Creación dormida
las negras flores de los vagos sueños,
el fúnebre silencio, y la honda calma
que a los misterios del no ser convida,
entonces, como flor de las tinieblas,
para vivir en ti, se abre mi alma.

Hermosa eres, ¡oh noche!,
hermosa cuando límpida, serena,
rivalizando con el mismo día,
rueda tu luna llena,
joya de Dios, en la región vacía;
hermosa cuando opaca,
esa luna, ya triste, se reclina
en la argentada nube
que apenas, melancólica, ilumina,
tan apacible en su divina calma

---

[42] *L'âme*: "El alma del poeta, de sombra y amor, es una flor nocturna que se extiende hasta las estrellas".

que, viéndola, los ojos se humedecen
y, sin saber por qué, suspira el alma.

Hermosa cuando negra
como el seno del caos, la eterna sombra,
insondable y desierta,
chispea de estrellas, que alumbrar parecen
pálidos cirios, a la tierra muerta.
¡Y más hermosa aún, cuando agitando
su densa cabellera de tinieblas
trenzadas con el rayo, la tormenta
borra los astros y fulgura y brama,
y azotando los cielos con la llama
del relámpago lívido, revienta!...

Entonces, sólo entonces, al aliento
del huracán que ruge embravecido,
al rasgar la centella el firmamento,
al estallar el trueno, es cuando siento
latir mi corazón, latir henchido
de salvaje embriaguez... Quieren mis ojos
su mirada cruzar fiera y sombría
con la mirada eléctrica del rayo,
fatídica también... Mi pecho ansía
aspirar en tu atmósfera de fuego
tu aliento, tempestad... ¡Y que se pierda
la ardiente voz de mi agitado seno
en la explosión magnífica del trueno!

¡Quiero sentir que mi cabello azota
la ráfaga glacial; quiero en mi frente
un beso de huracán, y que la lluvia
venga a mezclar sus gotas con la gota
en que tal vez mi párpado reviente!

Noche de tempestad, noche sombría,
¿acaso tú no eres
la imagen de lo que es el alma mía?
Tempestad de dolores y placeres,
inmenso corazón en agonía...

También así, como en sereno cielo
de blanca luz y fúlgidas estrellas,

miré pasar en delicioso vuelo,
como esas nubes que argentó la luna,
fantásticas y bellas
mis quimeras de amor y de fortuna.
Y así también, de pronto, la tiniebla
mis astros apagó, rasgó la nube
cárdeno rayo en explosión violenta,
y en mi alma desataron
el dolor y la duda su tormenta.

¿Quién como yo sintió? ¿Quién de rodillas
cayó temblando de pasión ante *Ella*?
¿Quién sintiendo correr por sus mejillas
el llanto del amor, en ese llanto
mojó los besos que dejó en su huella?
¿Quién como yo, mirando realizada
la ansiada dicha que alcanzó el empeño,
al irla a disfrutar vio disiparse
en la sombra, en la nada,
la mentira de un sueño?
¿Quién de la vida al seductor banquete
llegó jamás con juventud más loca?
La copa del festín ¿quién más acerba
apartó de su boca?

¿Quién como yo ha sentido
para tanto dolor el seno estrecho,
y de tanto sollozo comprimido
dolerle el corazón dentro del pecho?
¿Quién a despecho de su orgullo de hombre
ha sentido, cual yo, del alma rota
brotar la acerba gota
de un escondido padecer sin nombre?
¿Quién soñador maldito,
al quemar, como yo, sus dioses vanos,
por sofocar del corazón el grito
se apretó el corazón con ambas manos?
¿Quién como yo, mintiendo indiferencia
y hasta risas y calma,
atraviesa, tan sólo, la existencia
con una tempestad dentro del alma?

¿Quién busca, como yo, tus muertas horas
¡oh, noche! y tus estrellas,
fingiendo que son ellas
las lágrimas de luz con que tú lloras?
¿Quién ama como yo tu sombra muda,
tu paz de muerte, y el silencio grave,
a quien la voz de los misterios diste,
y tus suspiros que las auras llevan,
y tu mirada de luceros triste?

Mi alma es la flor, la flor de las tinieblas,
el cáliz del amor y los dolores,
y se abre, ¡oh noche!, en tu regazo frío,
y espera, así como las otras flores,
tu bienhechor rocío.

Hijo yo del dolor, tu negra calma
es el mejor abrigo,
para ver en la sombra, sin testigo,
una noche en el cielo, otra en el alma.

◆

Antonio Plaza

(1832-1882)

Nacido en Apaseo, Guanajuato, Plaza estudió en el Seminario Conciliar de la
capital junto a Manuel Romero Rubio, Juan José Baz, Justino Fernández y otros
futuros colaboradores de Juárez, Lerdo y Díaz. Combatió en la guerra de la Re-
forma y contra la intervención francesa. Participó en el sitio de Querétaro y
una herida lo dejó inválido de un pie. Se retiró con el grado de teniente-co-
ronel. Escribió en periódicos militantes. Vivió y murió en la miseria. En 1870
reunió sus poemas en *Álbum del corazón*, prologado por Manuel Payno.

"Poeta maldito" en el sentido de su conducta asocial, Plaza lo es también por
su exclusión del recinto en que simbólicamente se conserva la poesía mexica-
na. Críticos y antólogos lo han juzgado impresentable. En la llamada "literatu-
ra de cordel" Plaza ha sido sobre todo el poeta de las cantinas.

En vida se enorgulleció de ser un escritor en estado salvaje; pero un soneto
como "Nada" prueba que esta actitud era una pose literaria. La poesía de Plaza

escenifica el drama de su desdicha y su ruptura con la sociedad. Es representativo de esta posición su homenaje a la prostituta, a quien ofrece su solidaridad de víctima. Leído en su contexto, Antonio Plaza resulta un poeta mucho más interesante de lo que suponemos y bien merece un estudio actual. Su inclusión en este libro intenta al menos rescatarlo del limbo en que se le ha mantenido durante un siglo.

Abrojos

I

Siempre desgraciado fui;
desde mi pequeña cuna,
a la incansable fortuna
de juguete le serví;
la noche en que yo nací
tronaba la tempestad,
y alaridos de ansiedad
la gente aturdida alzaba;
porque el cólera sembraba
el terror y la orfandad.

II

¡La niñez! —edad que vela
el ángel de las sonrisas,
y entre flores, juego y brisas
sin sentir el tiempo vuela—.
Esa edad amarga estela
dejó sobre mar de llanto;
porque sufrí tanto, tanto,
en aquella edad de armiño,
que en mis recuerdos de niño
comienza mi desencanto.

III

Vino después otra edad,
y pasiones irritantes
se alzaron, como bramantes
olas, en la tempestad.

Me desbordé en la maldad,
cual se desborda el torrente,
y entre crápula indecente,
y en indecentes amores,
sequé del alma las flores,
cubrí de sombra la frente.

IV

En mi tormento prolijo,
al cielo a veces acudo;
pero ¡ay! el cielo está mudo
para el hombre a quien maldijo.
En vano, en vano me aflijo
por la esperanza extinguida,
y aunque mi ya envejecida
frente de pesar se abrasa,
no vuelve la edad que pasa,
ni vuelve la fe perdida.

V

Tiene luto el corazón
como de noche el desierto,
y, como toque de muerto,
tristes mis cantares son.
Es fúnebre panteón
la fatigada memoria,
donde en ánfora mortuoria
vino el tiempo a recoger
las imágenes que ayer
fueron el sol de mi gloria.

VI

Nutre incisivo sarcasmo
mi sonrisa de amargura,
y es el pecho sepultura
donde yace el entusiasmo.
Presa de horrible marasmo
desfallece el alma impía;
y en fatal melancolía,

y en estúpido quietismo,
parece que en mi ser mismo
hay un germen de agonía.

VII

Inclino con desaliento,
entre brumas de tristeza,
la encanecida cabeza
que rasa el remordimiento.
Y hostigado hasta el tormento,
de la mundana balumba,
grito, con voz que retumba
cual rayo que lumbre vierte:
¡Ábreme tus brazos, muerte!
¡Trágate mi cuerpo, tumba!

A una ramera

I

Mujer preciosa para el bien nacida,
mujer preciosa por mi mal hallada,
perla del solio del Señor caída
y en albañal inmundo sepultada;
cándida rosa en el Edén crecida
y por manos infames deshojada;
cisne de cuello alabastrino y blando
en indecente bacanal cantando.

II

Objeto vil de mi pasión sublime,
ramera infame a quien el alma adora.
¿Por qué ese Dios ha colocado, dime,
el candor en tu faz engañadora?
¿Por qué el reflejo de su gloria imprime
en tu dulce mirar? ¿Por qué atesora
hechizos mil en tu redondo seno,
si hay en tu corazón lodo y veneno?

III

Copa de bendición de llanto llena,
do el crimen su ponzoña ha derramado;
ángel que el cielo abandonó sin pena,
y en brazos del demonio se ha entregado;
mujer más pura que la luz serena,
más negra que la sombra del pecado,
oye y perdona si al cantarte lloro;
porque, ángel o demonio, yo te adoro.

IV

Por la senda del mundo yo vagaba
indiferente en medio de los seres;
de la virtud y el vicio me burlaba;
me reí del amor de las mujeres,
que amar a una mujer nunca pensaba;
y hastiado de pesares y placeres
siempre vivió con el amor en guerra
mi ya gastado corazón de tierra.

V

Pero te vi... te vi... ¡Maldita hora
en que te vi, mujer! Dejaste herida
a mi alma que te adora, como adora
el alma que de llanto está nutrida.
Horrible sufrimiento me devora,
que hiciste la desgracia de mi vida.
Mas dolor tan inmenso, tan profundo,
no lo cambio, mujer, por todo un mundo.

VI

¿Eres demonio que arrojó el infierno
para abrirme una herida mal cerrada?
¿Eres un ángel que mandó el Eterno
a velar mi existencia infortunada?
¿Este amor tan ardiente, tan interno,
me enaltece, mujer o me degrada?
No lo sé... no lo sé... yo pierdo el juicio.
¿Eres el vicio tú?... ¡Adoro el vicio!

VII

¡Ámame tú también! Seré tu esclavo,
tu pobre perro que doquier te siga.
Seré feliz si con mi sangre lavo
tu huella, aunque al seguirte me persiga
ridículo y deshonra; al cabo, al cabo,
nada me importa lo que el mundo diga.
Nada me importa tu manchada historia
si a través de tus ojos veo la gloria.

VIII

Yo mendigo, mujer, y tú ramera,
descalzos por el mundo marcharemos.
Que el mundo nos desprecie cuanto quiera,
en nuestro amor un mundo encontraremos.
Y si horrible miseria nos espera,
ni de un rey por el otro la daremos;
que cubiertos de andrajos asquerosos,
dos corazones latirán dichosos.

IX

Un calvario maldito hallé en la vida
en el que mis creencias expiraron,
y al abrirme los hombres una herida,
de odio profundo el alma me llenaron.
Por eso el alma de rencor henchida
odia lo que ellos aman, lo que amaron,
y a ti sola, mujer, a ti yo entrego
todo ese amor que a los mortales niego.

X

Porque nací, mujer, para adorarte
y la vida sin ti me es fastidiosa,
que mi único placer es contemplarte,
aunque tú halles mi pasión odiosa.
Yo, nunca, nunca, dejaré de amarte.
Ojalá que tuviera alguna cosa
más que la vida y el honor más cara,
y por ti sin violencia la inmolara.

XI

Sólo tengo una madre, ¡me ama tanto!
Sus pechos mi niñez alimentaron,
y mi sed apagó su tierno llanto,
y sus vigilias hombre me formaron.
A ese ángel para mí tan santo,
última fe de creencias que pasaron,
a ese ángel de bondad, ¡quién lo creyera!,
olvido por tu amor... ¡loca ramera!

XII

Sé que tu amor no me dará placeres,
sé que burlas mis grandes sacrificios.
Eres tú la más vil de las mujeres;
conozco tu maldad, tus artificios.
Pero te amo, mujer, te amo como eres;
amo tu perversión, amo tus vicios.
Y aunque maldigo el fuego en que me inflamo,
mientras más vil te encuentro, más te amo.

XIII

Quiero besar tu planta a cada instante,
morir contigo de placer beodo;
porque es tuya mi mente delirante,
y tuyo es mi corazón de lodo.
Yo que soy en amores inconstante,
hoy me siento por ti capaz de todo.
Por ti será mi corazón do imperas,
virtuoso, criminal, lo que tú quieras.

XIV

Yo me siento con fuerza muy sobrada,
y hasta un niño me vence sin empeño.
¿Soy águila que duerme encadenada,
o vil gusano que titán me sueño?
Yo no sé si soy mucho, o si soy nada;
si soy átomo grande o dios pequeño;
pero gusano o dios, débil o fuerte,
sólo sé que soy tuyo hasta la muerte.

XV

No me importa lo que eres, lo que has sido,
porque en vez de razón para juzgarte,
yo sólo tengo de ternura henchido
gigante corazón para adorarte.
Seré tu redención, seré tu olvido,
y de ese fango vil vendré a sacarte.
Que si los vicios en tu ser se imprimen
mi pasión es más grande que tu crimen.

XVI

Es tu amor nada más lo que ambiciono,
con tu imagen soñando me desvelo;
de tu voz con el eco me emociono,
y por darte la dicha que yo anhelo
si fuera rey, te regalara un trono;
si fuera Dios, te regalara un cielo.
Y si Dios de ese Dios tan grande fuera,
me arrojara a tus plantas ¡vil ramera!

Nada

Nada es quien fue nada.
PIRRÓN

Nadaba entre la nada. Sin empeño
a la vida, que es nada, de improviso
vine a soñar que soy; porque Dios quiso
entre la nada levantar un sueño.

Dios, que es El Todo y de la nada es dueño,
me hace un mundo soñar, porque es preciso;
Él, siendo Dios, de nada un paraíso
formó, nadando en eternal ensueño.

¿Qué importa que en la nada confundida
vuelva a nadar, al fin, esta soñada
vil existencia que la nada olvida,

nada fatal de la que fue sacada?...
¿Qué tiene esta ilusión que llaman vida?
—Nada en su origen.— ¿Y en su extremo? —¡Nada!

◆

Juan de Dios Peza

(1852-1910)

Peza nació en la Ciudad de México, hijo de una familia conservadora. Su padre fue ministro de la Guerra en el llamado imperio. Pero él, como discípulo de Ramírez y Altamirano, figuró entre los jóvenes poetas liberales. A la vez hispanófilo y nacionalista, se empeñó en versificar castizamente y hacer poemas con escenarios locales. Diplomático, dio a conocer en Madrid a nuestros poetas con su antología *La lira mexicana* y escribió para nosotros sus *Recuerdos de España*.

Periodista de prosa suelta y clara que todavía es gratamente legible (*De la gaveta íntima, Benito Juárez*), comediógrafo y fundador de la primera sociedad de autores mexicanos, fue sobre todo poeta muy admirado en los países de habla española y llegó a ser traducido incluso al japonés. Su esposa lo abandonó y esta tragedia paradójicamente convirtió a Peza en el "cantor del hogar". En vida fue castigado por su inmensa popularidad, aunque el célebre ataque de "Brummel" (Manuel Puga y Acal) en *Poetas mexicanos contemporáneos* (1888) no alude a su libro más famoso, *Cantos del hogar* (1884).

Las ediciones modernas de sus obras que ha hecho Porfirio Martínez Peñaloza para Sepan Cuantos permiten revisar las ideas que se han vuelto rutinarias en torno a Peza. A menudo se encuentran en sus libros poemas admirables como "En las ruinas de Mitla"; y siempre su versificación muestra una abundancia de recursos y una facilidad que, si bien lo ponen al margen de lo que por ahora consideramos poesía, lo hacen digno del respeto que Le Corbusier reclamaba para todo trabajo bien hecho.

Históricamente la importancia de Peza es crucial: su prosaísmo, su empleo del habla cotidiana, su voluntad de escribir más con el léxico de los narradores que con el vocabulario de los poetas, limpiaron la lengua poética del peso muerto que arrastraba el romanticismo y prepararon, sin saberlo y tal vez sin quererlo, el advenimiento de los modernistas.

Fusiles y muñecas
Cuadro realista

Juan y Margot, dos ángeles hermanos
que embellecen mi hogar con sus cariños,
se entretienen con juegos tan humanos
que parecen personas desde niños.

Mientras Juan, de tres años, es soldado
y monta en una caña endeble y hueca,
besa Margot con labios de granado
los labios de cartón de su muñeca.

Lucen los dos sus inocentes galas,
y alegres sueñan en tan dulces lazos:
él, que cruza sereno entre las balas;
ella, que arrulla un niño entre sus brazos.

Puesto al hombro el fusil de hoja de lata,
el kepis de papel sobre la frente,
alienta al niño en su inocencia grata
el orgullo viril de ser valiente.

Quizá piensa, en sus juegos infantiles,
que en este mundo que su afán recrea,
son como el suyo todos los fusiles
con que la torpe humanidad pelea.

Que pesan poco, que sin odios lucen,
que es igual el más débil al más fuerte,
y que, si se disparan, no producen
humo, fragor, consternación y muerte.

¡Oh misteriosa condición humana!
siempre lo opuesto buscas en la tierra:
ya delira Margot por ser anciana,
y Juan, que vive en paz, ama la guerra.

Mirándoles jugar me aflijo y callo:
¿cuál será sobre el mundo su fortuna?
Sueña el niño con armas y caballo,
la niña con velar junto a la cuna.

El uno corre de entusiasmo ciego,
la niña arrulla a su muñeca inerme,
y mientras grita el uno: fuego, fuego,
la otra musita triste: duerme, duerme.

A mi lado ante juegos tan extraños
Concha, la primogénita, me mira:
¡es toda una persona de seis años
que charla, que comenta y que suspira!

¿Por qué inclina su lánguida cabeza
mientras deshoja inquieta algunas flores?
¿Será la que ha heredado mi tristeza?
¿Será la que comprende mis dolores?

Cuando me rindo del dolor al peso,
cuando la negra duda me avasalla,
se me cuelga del cuello, me da un beso,
se le saltan las lágrimas y calla.

Suelta sus trenzas claras y sedosas,
y oprimiendo mi mano entre sus manos,
parece que medita en muchas cosas
al mirar cómo juegan sus hermanos.

Margot, que canta en madre transformada,
y arrulla a un hijo que jamás se queja,
ni tiene que llorar desengañada,
ni el hijo crece, ni se vuelve vieja.

Y este guerrero audaz de tres abriles
que ya se finge apuesto caballero,
no logra en sus campañas infantiles
manchar con sangre y lágrimas su acero.

¡Inocencia! ¡Niñez! ¡Dichosos nombres!
Amo tus goces, busco tus cariños;
¡cómo han de ser los sueños de los hombres,
más dulces que los sueños de los niños!

¡Oh mis hijos! No quiera la fortuna
turbar jamás vuestra inocente calma,

no dejéis esa espada ni esa cuna:
¡Cuando son de verdad, matan el alma!

En mi barrio

Sobre la rota ventana antigua
con tosco alféizar, con puerta exigua,
que hacia la oscura calleja da,
pasmando al vulgo como estantigua[43]
tallada en piedra, la santa está.

Borró la lluvia los mil colores
que hubo en su manto y en su dosel;
y recordando tiempos mejores,
guarda amarillas y secas flores
de las verbenas del tiempo aquel.

El polvo cubre sus aureolas,
las telarañas visten su faz,
nadie a sus plantas riega amapolas,
y ve la santa las calles solas,
la casa triste, la gente en paz.

Por muchos años allí prendido,
único adorno del tosco altar,
flota un guiñapo descolorido,
piadosa ofrenda que no ha caído
de las desgracias al hondo mar.

A arrebatarlo nadie se atreve,
símbolo antiguo de gran piedad,
mira del tiempo la marcha breve;
y cuando el aire lo empuja y mueve
dice a los años: *pasad, pasad.*

¡Pobre guiñapo que el aire enreda!
¡Qué amarga y muda lección me da!
La vida pasa y el mundo rueda,

---

[43] *Estantigua*: fantasma; de "hueste antigua", el antiguo enemigo: el diablo.

y siempre hay algo que se nos queda
de tanto y tanto que se nos va.

Tras esa virgen de oscura piedra
que a nadie inspira santo fervor,
todo el pasado surge y me arredra;
escombros míos, yo soy la yedra;
¡nidos desiertos, yo fui el amor!

Altas paredes desportilladas
cuyos sillares sin musgo vi,
¡cuántas memorias tenéis guardadas!
Níveas cortinas, jaulas doradas,
tiestos azules... ¡no estáis aquí!

En mi azarosa vida revuelta
fui de esta casa dueño y señor,
¿dó está la ninfa de crencha suelta,
de grandes ojos, blanca y esbelta,
que fue mi encanto, mi fe, mi amor?

¡Oh mundo ingrato, cuántos reveses
en ti he sufrido! La tempestad
todos mis campos dejó sin mieses...
La niña duerme bajo cipreses,
su sueño arrulla la eternidad.

¡Todo ha pasado! ¡Todo ha caído!
Sólo en mi pecho queda la fe,
como el guiñapo descolorido
que a la escultura flota prendido....
¡Todo se ha muerto! ¡Todo se fue!

Pero ¡qué amarga, profunda huella
llevo en mi pecho!... ¡Cuán triste estoy!...
La fe radiante como una estrella,
la casa alegre, la niña bella,
el perro amigo... ¿Dónde están hoy?

¡Oh calle sola, vetusta casa!
¡angostas puertas de aquel balcón!
Si todo muere, si todo pasa

¿por qué esta fiebre que el pecho abrasa
no ha consumido mi corazón?

Ya no hay macetas llenas de flores
que convirtieran en un pensil
azotehuelas y corredores...
Ya no se escuchan frases de amores,
ni hay golondrinas del mes de abril.

Frente a la casa la cruz cristiana
del mismo templo donde rezó,
las mismas misas de la mañana,
la misma torre con la campana
que entre mis brazos la despertó.

Vetusta casa, mansión desierta,
mírame solo volviendo a ti...
Arrodillado beso tu puerta
creyendo loco que aquella muerta
adentro espera pensando en mí.

En las ruinas de Mitla

Le temps n'outrage que l'homme.[44]

Maravillas de otra edad;
prodigios de lo pasado;
páginas que no ha estudiado
la indolente humanidad,
¿por qué vuestra majestad
causa entusiasmo y pavor?
Porque de tanto esplendor
y de tantas muertas galas,
están batiendo las alas
los siglos en derredor.

---

[44] *Le temps...*: "El tiempo no ultraja sino al hombre". Peza no aclara de quién tomó esta línea, que podría ser de Victor Hugo.

Muda historia de granito
que erguida en pie te mantienes,
¿qué nos escondes? ¿Qué tienes
por otras razas escrito?
Cada inmenso monolito,
del arte eximio trabajo,
¿quién lo labró? ¿Quién lo trajo
a do nadie lo derriba?
Lo saben, Dios allí arriba;
la soledad aquí abajo.

Cada obelisco de pie
me dice en muda arrogancia:
tú eres dudas e ignorancia,
yo soy el arte y la fe.
Semejan de lo que fue
los muros viejos guardianes...
¡qué sacrificios! ¡qué afanes
revela lo que contemplo!
Labrado está cada templo
no por hombres, por titanes.

En nuestros tiempos ¿qué son
los ritos, usos y leyes,
de sacerdotes y reyes
que aquí hicieron oración?
Una hermosa tradición
cuya antigüedad arredra;
ruinas que viste la yedra
y que adorna el jaramago:
¡la epopeya del estrago
escrita en versos de piedra!

Del palacio la grandeza;
del templo la pompa extraña,
la azul y abrupta montaña
convertida en fortaleza;
todo respira tristeza,
olvido, luto, orfandad;
¡aun del sol la claridad
se torna opaca y medrosa
en la puerta misteriosa
de la negra eternidad!

Despojo de lo ignorado,
busca un trono la hoja seca
en la mutilada greca
del frontón desportillado.
Al penate derribado
la ortiga encubre y escuda;
ya socavó mano ruda
la perdurable muralla...
Viajero: medita y calla...
¡Lo insondable nos saluda!

Sabio audaz, no inquieras nada,
que no sabrás más que yo;
aquí una raza vivió
heroica y civilizada;
extinta y degenerada,
sin renombre y sin poder,
de su misterioso ser
aquí el esplendor se esconde
y aquí sólo Dios responde
y Dios no ha de responder.

◆

José Rosas Moreno

(1838-1883)

Nació en Lagos, Jalisco; fue alumno del Colegio de San Gregorio, periodista liberal y diputado. Se le considera el autor de las mejores fábulas mexicanas (1872) y el primer especialista en literatura para niños y niñas que hubo en este país. Rosas Moreno fundó periódicos como *La Edad Infantil*, *La Educación*, *Los Chiquitines*, escribió teatro, historias de México en verso y volúmenes de lectura como *Un libro para mis hijos* (1881). Estrenó también *Sor Juana Inés de la Cruz* (1876), en una época de olvido y menosprecio para la gran figura de las letras novohispanas.

Los mejores poemas de Rosas Moreno se publicaron póstumamente en *Ramo de violetas* (1891), con prólogo de Altamirano. "La vuelta a la aldea" es uno de los últimos textos plenamente románticos e indica algo de lo mucho que suscitó la lectura de Bécquer en los poetas mexicanos. Gracias a estas páginas Rosas Moreno figura siempre, y merecidamente, en las antologías de nuestro siglo XIX.

La vuelta a la aldea

Ya el sol oculta su radiosa frente;
melancólico brilla en occidente
　　　su tímido esplendor;
ya en las selvas la noche inquieta vaga
y entre las brisas lánguido se apaga
el último cantar del ruiseñor.

¡Cuánto gozo escuchando embelesado
ese tímido acento apasionado
　　　que en mi niñez oí!
Al ver de lejos la arboleda umbrosa
¡cuán recuerdo, en la tarde silenciosa,
　　　la dicha que perdí!

Aquí al son de las aguas bullidoras,
de mi dulce niñez las dulces horas
　　　dichoso vi pasar,
y aquí mil veces, al morir el día
vine amante después de mi alegría
dulces sueños de amor a recordar.

Ese sauce, esa fuente, esa enramada,
de una efímera gloria ya eclipsada
　　　mudos testigos son:
cada árbol, cada flor, guarda una historia
de amor y de placer, cuya memoria
entristece y halaga el corazón.

Aquí está la montaña, allí está el río;
a mi vista se extiende el bosque umbrío
　　　donde mi dicha fue.
¡Cuántas veces aquí con mis pesares
vine a exhalar de amor tristes cantares!
　　　¡Cuánto de amor lloré!

Acá la calle solitaria; en ella
de mi paso en los céspedes la huella
　　　el tiempo ya borró.
Allá la casa donde entrar solía
de mi padre en la dulce compañía.
¡Y hoy entro en su recinto sólo yo!

Desde esa fuente, por la vez primera,
una hermosa mañana, la ribera
         a Laura vi cruzar,
y de aquella arboleda en la espesura,
una tarde de mayo, con ternura
una pálida flor me dio al pasar.

Todo era entonces para mi risueño;
mas la dicha en la vida es sólo un sueño,
         y un sueño fue mi amor.
Cual eclipsa una nube al rey del día,
la desgracia eclipsó la dicha mía
         en su primer fulgor.

Desatóse estruendoso el torbellino,
al fin airado me arrojó el destino
         de mi natal ciudad.
Así cuando es feliz entre sus flores
¡ay! del nido en que canta sus amores
arroja al ruiseñor la tempestad.

Errante y sin amor siempre he vivido;
siempre errante en las sombras del olvido...
         ¡Cuán desgraciado soy!
Mas la suerte conmigo es hoy piadosa;
ha escuchado mi queja, cariñosa,
         y aquí otra vez estoy.

No sé, ni espero, ni ambiciono nada;
triste suspira el alma destrozada
         sus ilusiones ya:
mañana alumbrará la selva umbría
la luz del nuevo sol, y la alegría
¡jamás al corazón alumbrará!

Cual hoy, la tarde en que partí doliente,
triste el sol derramaba en occidente
         su moribunda luz:
suspiraba la brisa en la laguna
y alumbraban los rayos de la luna
         la solitaria cruz.

Tranquilo el río reflejaba al cielo,
y una nube pasaba en blando vuelo
          cual pasa la ilusión;
cantaba el labrador en su cabaña,
y el eco repetía en la montaña
la misteriosa voz de la oración.

Aquí está la montaña, allí está el río...
Mas ¿dónde está mi fe? ¿Dónde, Dios mío,
          dónde mi amor está?
Volvieron al vergel brisas y flores,
volvieron otra vez los ruiseñores...
          Mi amor no volverá.

¿De qué me sirven, en mi amargo duelo,
de los bosques los lirios, y del cielo
          el mágico arrebol;
el rumor de los céfiros süaves
y el armonioso canto de las aves,
si ha muerto ya de mi esperanza el sol?

Del arroyo en las márgenes umbrías
no miro ahora, como en otros días,
          a Laura sonreír.
¡Ay! En vano la busco, en vano lloro;
ardiente en vano su piedad imploro:
          ¡jamás ha de venir!

◆

José Peón Contreras

(1843-1907)

A semejanza de Carpio, Peón Contreras tiene un doble sitio: en las letras y en
la historia médica nacional. Fue el alienista más célebre de su tiempo y dirigió
el manicomio de San Hipólito. Nuestro mejor dramaturgo romántico, nació
en Mérida y se benefició de la tradición cultural peninsular y de la presencia en
Yucatán del autor teatral español Antonio García Gutiérrez. Rodríguez Galván,

Sierra O'Reilly y Pesado habían descubierto los temas coloniales como incentivo dramático. Peón Contreras los empleó diestramente, sin excluir los asuntos prehispánicos ni los problemas contemporáneos, en los que siguió la escuela madrileña de José Echegaray.

El autor de *La hija del rey* y muchos otros dramas y comedias en verso y prosa fue llamado "restaurador del teatro en la patria de Alarcón y Gorostiza". Escribió también novelas como *Veleidosa,* que se ha reeditado en la serie La Matraca (1984), *Romances históricos y dramáticos* y poemas becquerianos como la serie "Ecos" (en *Obras poéticas,* 1889) de la que se recogen tres ejemplos en esta compilación.

Ecos
[Fragmentos]

II

Tal vez no existes: acaso
eres la imagen de un sueño,
que deleitó mis sentidos,
y embargó mi pensamiento.
Mas ha de ser realidad
aquel hermoso embeleso,
pues como te vi, dormido,
te estoy mirando despierto,
tal me parece que escucho
a todas horas tu acento;
que se refleja en mis ojos
la luz de tus ojos negros;
que en la palidez marmórea
de tu semblante hechicero,
sus alas de oro y de nieve
posa mi espíritu inquieto;
que cerca del pecho mío
siento el latir de tu pecho;
¡que me quemas con tus labios,
que me abrasas con tu aliento!
Y te palpo y no te toco,
y te busco y no te encuentro;
¡y me enloquece tu sombra,
y me embriaga tu recuerdo!
Y así, sin saber lo que eres,

harto sé que eres mi dueño,
que te llevas mis dolores
en las lágrimas que vierto;
que flotando en el espacio
como una visión te veo.
¡Entre tu alma y mi alma,
entre la tierra y el cielo!

X

Cuando recuerdo tu mirada lánguida,
          tu dulce sonreír;
cuando me acuerdo de tu frente pálida,
          de tu talle gentil;
cuando suspiro por las horas rápidas
          que huyeron junto a ti;
el llanto surca mis mejillas áridas
          y me siento feliz...
¡Ay!, cuando no me quede ni una lágrima
          ¿qué será de mí?

XXXII

Imagínate un sol de invierno, apenas
su luz filtrando en la morena bruma;
debajo del follaje más sombrío,
como un espejo, un lago sin espuma.

Al pie de unos bambúes casi negros
un humilde portal que se derrumba
al peso de los años, al azote
del pesado aquilón y de la lluvia.

Sobre el brocal de un pozo y a la sombra
de un pilastrón cubierto de verdura,
una triste paloma, triste y sola,
oculta el pico entre la blanca pluma.

Allá a lo lejos, junto al sauce añoso,
una desmoronada sepultura,
sin cruz, sin epitafio, ni siquiera
un lozana flor, ni una flor mustia.

Imagínate, en fin, allá entre abrojos
la lira que cantaba tu hermosura,
cubierta con el polvo del olvido,
¡pedazos hecha, destrozada y muda!

¡Y ya podrás acaso imaginarte
cómo serán mis sueños de ventura,
cuando siento el dolor que siento ahora,
cuando siento estas ansias y estas dudas!

◆

Josefa Murillo

(1860-1898)

Vivió y murió en Tlacotalpan, Veracruz, confinada en la casa paterna como Emily Dickinson (1830-1886). Sintió la misma necesidad de estudiar que tuvo sor Juana y envió al presidente Juárez una solicitud de ayuda que interceptaron sus padres. Al morir su prometido Josefa Murillo guardó su correspondencia para que fuera enterrada con ella. En la biblioteca familiar leyó mucha poesía y aprendió francés y zapoteca. Publicó poemas y epigramas en los periódicos de Sotavento, una región en que los versos forman parte de la cultura popular. La frecuentaron otros tlacotalpeños como Cayetano Rodríguez Beltrán y los pintores Alberto Fuster y Salvador Ferrando.

Asmática desde niña, murió a los 28 años. Los intelectuales capitalinos le rindieron homenaje. Justo Sierra la llamó "pura y triste precursora de las misioneras del mañana", porque "el poeta del porvenir es la mujer". Antonio de la Peña y Reyes integró con sor Juana, Laura Méndez de Cuenca y Josefa Murillo "la trinidad gloriosa de nuestras poetisas". Leonardo Pasquel reunió sus poemas en *Josefa Murillo, la Alondra de Sotavento* (1971).

Contraste

Sobre los troncos de las encinas
paran un punto las golondrinas
y alegres notas al viento dan:
¿Por qué así cantan? ¿Qué gozo tienen?
Es porque saben de dónde vienen
y adónde van.

En este viaje que llaman vida,
cansado el pecho y el alma herida,
tristes cantares al viento doy:
¿Por qué así sufro? ¿Qué penas tengo?
Es porque ignoro de dónde vengo
　　　y adónde voy.

Adiós y siempre adiós

A José M. Zayas

¡Adiós y siempre adiós! Desde la cuna
cuántos seres amamos que nos dejan.
Los genios y los ángeles se alejan
asidos a los rayos de la luna.

Luego nos arrebata la fortuna
corazones que al nuestro se asemejan
y ojos que en nuestros ojos se reflejan
cual astros en la pálida laguna.

Hay en todo una eterna despedida:
el celaje se va, la ola rüeda;
huye el ave y marchítase la rosa.

En medio de un adiós cruza la vida
y un último cariño, si nos queda,
nos dice "adiós" a orillas de la fosa.

Definiciones

Amor, dijo la rosa, es un perfume.
Amor es un murmullo, dijo el agua.
Amor es un suspiro, dijo el céfiro.
Amor, dijo la luz, es una llama.

¡Oh, cuánto habéis mentido!:
Amor es una lágrima.

◆

Agustín F. Cuenca

(1850-1884)

Cuenca nació en la capital, estudió en el Seminario Conciliar y en la Escuela de jurisprudencia y luego dedicó su vida al periodismo combativo. Un texto suyo provocó el duelo entre Irineo Paz y Santiago Sierra en que perdió la vida el segundo. Estrenó una obra teatral, *La cadena de hierro*, y publicó una biografía de la cantante Ángela Peralta. Fue amigo de Acuña, Peza y Sierra y se casó con Laura Méndez. Murió a los 34 años sin haber reunido su poesía.

La única compilación realizada hasta la fecha son los *Poemas selectos* que Manuel Toussaint publicó en 1919. Francisco Monterde lo estudió en una monografía: *Agustín F. Cuenca. El prosista. El poeta de transición*. Monterde ve algunas líneas gongorinas, insólitas para su tiempo, en el romanticismo de Cuenca y lo sitúa en un punto intermedio entre Acuña y Flores, Díaz Mirón y Gutiérrez Nájera. Ciertamente Nájera aprendió mucho de Cuenca y basó "La Duquesa Job" en una traducción de Musset que él había hecho. De algún modo Nájera comienza donde termina Cuenca, que debe considerarse entre los precursores mexicanos del modernismo.

A orillas del Atoyac

A una onda

Pasa como mis sueños delirantes,
fugaz como mis dichas engañosas,
esmaltando los mimbres elegantes,
besando las acacias olorosas.

Llorando pasa cual mi vida triste,
hija del sol que en las perpetuas nieves
de reflejos y lágrimas hiciste
tu manto azul y tus encajes leves.

Pasa bajo las palmas cimbradoras
que sombra dan a tus revueltos giros,
onda de las espumas brilladoras
que ruedas desgranándote en zafiros.

Pasa y lleva a regiones apartadas
tus ritmos y tus luces refulgentes,

esquife de las rosas deshojadas,
camarín de las náyades turgentes.

A mí me deja contemplando a solas
lejos del patrio hogar y de los míos,
cómo al fuego del trópico arrebolas
la pompa de tus regios atavíos.

Cómo voluble tu furor aquietas,
cómo el cielo purísimo retratas,
cómo el iris se quiebra en tus facetas,
y radiante y azul, pérfida matas.

Cómo creciendo tu rumor sonoro
te rompes ciega en el peñón salvaje
y avientas tus moléculas de oro
entre las esmeraldas del ramaje.

Y calla el son de tu lamento triste,
y apresurando tu correr violento
de púrpura otra vez el sol te viste
y tus espumas encarruja el viento.

Y suspiras y cantas y recreas
flores y palmas, y tu ritmo ensaya,
el dulce epitalamio antes que seas
salobre tumbo en la marina playa.

¡Oh! cuál reflejas el vivir mundano:
como tú tiene luz, amor, canciones;
tiene cauce de flores y va ufano
rumbo a la tempestad de las pasiones.

Ni retrocede a los pasados días,
ni para nunca a recobrar aliento,
ni vira en las vorágines sombrías
el timón de su eterno movimiento.

Desgarra como tú su vestidura
del camino en los ásperos breñales;
tiene el ímpetu audaz de tu bravura
y la fragilidad de tus cristales.

Pasa y me lleva en la ribera agreste
a solas viendo en mi quietud sombría
cómo lleva tu clámide celeste
luces que tiene la esperanza mía.

Cómo las ilusiones que me faltan
son, si vislumbro su fulgor escaso,
como las flores que tu seno esmaltan
sin aromar el cristalino vaso.

¡Pasa y corre fugaz, embravecida
a otro valle, a otros montes, a otros ríos,
irónica parodia de mi vida,
brillante imagen de los sueños míos!...

¡Cuántas nácares nubes, cuántas flores
al sol dibuja tu radiante velo,
esclava de los vientos bramadores
que vas al mar y subirás al cielo!

Cuánto refleja tu cristal hirviente
que preso corre y entre guijos huye,
la volcánica vida que a mi frente
la sangre agolpa y por la arteria fluye.

Cuánto las rocas tu furor golpea,
cuánto bate mi sien con fuerza vana
la onda refulgente de la idea
que busca el mar de la palabra humana.

Libre siguiendo tu fatal camino
cuánto mi libertad vas remedando,
pues caída en el cauce del destino,
sin poderlo torcer, lo va cruzando.

Ser misterioso que del llanto naces
y con lágrimas sólo te engalanas,
mis dichas son como tu luz, fugaces,
mis quejas son como tu pompa, vanas.

El sol se va, y al declinar el vuelo,
de su fausto imperial haciendo alarde,

con amatistas sujetó en el cielo
los velos transparentes de la tarde.

Onda clara, onda azul, onda turgente
que de este valle tu rumor alejas,
y te lanzas al mar, indiferente,
e indiferente a mi dolor me dejas.

Lejos ya de estas ramblas arenosas
otro cielo refleje tus cambiantes,
otras aves te adulen y otras rosas
beban en tu salpique de diamantes.

¡Adiós! Yo quedo en mi dolor pensando
que eres fugaz como la vida triste,
pues viéndote venir, fuiste pasando,
y viéndote pasar, despareciste.

Árbol de mi vida

Al cumplir 33 años

Vuélvome a ti para buscar tus flores,
y oír el son de tu ramaje umbrío,
y beber en tus hojas el rocío
que beben tus alados ruiseñores.

Arrúllenme tus lánguidos rumores
y tu sombra protéjame, árbol mío,
tronco robusto que hallará el estío
plantado en la heredad de mis mayores.

Árbol pomposo de mi errante vida,
vuélvome a ti cuando al pasar los años
los dones busco de la edad cumplida;

mas, ¡ay!, que en triste y silencioso yermo,
te hieren sin piedad los desengaños
y al polvo inclinas tu ramaje enfermo.

Laura Méndez de Cuenca

(1853-1928)

Novia de Acuña, esposa y viuda de Cuenca, única discípula del "Nigroman-te" en sus versos, Laura Méndez nació en Amecameca, cerca de donde vino al mundo sor Juana, y vivió los mismos años de Díaz Mirón. Su poesía, entera-mente desconocida, nada tiene en común con lo que entonces se esperaba de las mujeres. "Nieblas" es un prueba de su excelencia.

Persona de insaciable curiosidad intelectual que aún en 1925 asistía como oyente a las clases que daban en la Facultad de Altos Estudios los jóvenes poe-tas como Salvador Novo, Laura Méndez fue una de las primeras y más activas feministas mexicanas.

Enseñó en la Escuela de Artes y Oficios para Mujeres y dirigió en Toluca la Normal para Profesoras. Representante mexicana en muchos congresos in-ternacionales de educación, colaboró en los periódicos revolucionarios, pu-blicó un libro para niñas, *Vacaciones*, y un *Tratado de economía doméstica*. No hay noticia de que haya reunido sus poemas, sí de una "novela de costumbres mexicanas", *El Espejo de Amarilis*, y un libro de cuentos, *Simplezas*, que ha rea-parecido en La Matraca (1984). Ojalá esta nueva edición inicie el redescubri-miento de Laura Méndez.

Nieblas

En el alma la queja comprimida
y henchidos corazón y pensamiento
del congojoso tedio de la vida,

así te espero, humano sufrimiento:
¡Ay! ¡ni cedes, ni menguas ni te paras!
¡Alerta siempre y sin cesar hambriento!

Pues ni en flaqueza femenil reparas,
no vaciles, que altiva y arrogante
despreciaré los golpes que preparas.

Yo firme y tú tenaz, sigue adelante.
No temas, no, que el suplicante lloro
surcos de fuego deje en mi semblante.

Ni gracia pido ni piedad imploro:
ahogo a solas del dolor los gritos,
como a solas mis lágrimas devoro.

Sé que de la pasión los apetitos
al espíritu austero y sosegado
conturban con anhelos infinitos;

que nada es la razón si a nuestro lado
surge con insistencia incontrastable
la tentadora imagen del pecado.

Nada es la voluntad inquebrantable,
pues se aprisiona la grandeza humana
entre carne corrupta y deleznable.

Por imposible perfección se afana
el hombre iluso; y de bregar cansado,
al borde del abismo se amilana.

Deja su fe en las ruinas del pasado,
y por la duda el corazón herido,
busca la puerta del sepulcro ansiado.

Mas antes de caer en el olvido
va apurando la hiel de un dolor nuevo
sin probar un placer desconocido.

Como brota del árbol el renuevo
en las tibias mañanas tropicales
al dulce beso del amante Febo,

así las esperanzas a raudales
germinan en el alma soñadora
al llegar de la vida a los umbrales.

Viene la juventud como la aurora,
con su cortejo de galanas flores
que el viento mece y que la luz colora.

Y cual turba de pájaros cantores,
los sueños en confusa algarabía
despliegan su plumaje de colores.

En concurso la suelta fantasía
con el inquieto afán de lo ignorado
forja el amor que el ánimo extasía.

Ya se asoma, ya llega, ya ha pasado;
ya consumió las castas inocencias,
ya evaporó el perfume delicado.

Ya ni se inquieta el alma por ausencias,
ni en los labios enjutos y ateridos
palpitan amorosas confidencias.

Ya no se agita el pecho por latidos
del corazón: y al organismo activa
la congoja febril de los sentidos.

¡Oh ilusión! mariposa fugitiva
que surges a la luz de una mirada,
más cariñosa cuanto más furtiva.

Pronto tiendes tu vuelo a la ignorada
región en que el espíritu confuso
el vértigo presiente de la nada.

Siempre el misterio a la razón se opuso:
el audaz pensamiento el freno tasca
y exánime sucumbe el hombre iluso.

Por fin, del mundo en la áspera borrasca
sólo quedan del árbol de la vida
agrio tronco y escuálida hojarasca.

Voluble amor, desecha la guarida
en que arrulló promesas de ternura,
y busca en otro corazón cabida.

¿Qué deja el hombre al fin? Tedio, amargura,
recuerdos de una sombra pasajera,
quién sabe si de pena o de ventura.

Tal vez necesidad de una quimera,
tal vez necesidad de una esperanza,
del dulce alivio de una fe cualquiera.

Mientras tanto en incierta lontananza
el indeciso término del viaje
¡ay! la razón a comprender no alcanza.

¿Y esto es vivir?... En el revuelto oleaje
del mundo, yo no sé ni en lo que creo.
Ven, ¡oh dolor! Mi espíritu salvaje
te espera, como al buitre, Prometeo.

•

Joaquín Arcadio Pagaza

(1839-1918)

Nació en Valle de Bravo, Estado de México. Se ordenó sacerdote en 1862. Fue párroco en Taxco, Cuernavaca y Tenango, secretario de la Mitra, rector del Seminario y obispo de Veracruz desde 1895 hasta su muerte. Entre los miembros de la Arcadia empleó el pseudónimo pastoril de "Clearco Meonio".

Admirable traductor de Horacio, Virgilio y el primer libro de *Rusticatio mexicana*, publicó en 1887 su libro central, *Murmurios de la selva*. En el año de *Azul* coincidió con la renovación modernista. Algunos grupos de sonetos como los "Sitios poéticos" de Valle de Bravo y Veracruz perfeccionan la visión del paisaje y determinan el camino poético de su amigo Othón.

Menéndez y Pelayo lo juzgó "uno de los más acrisolados versificadores clásicos y que hoy honran las letras castellanas". Con el obispo Montes de Oca, Pagaza continuó brillantemente una tradición clásica iniciada en los primeros años de la colonia que ha llegado hasta nuestros días gracias a los trabajos que realizan en la UNAM Rubén Bonifaz Nuño y su círculo. En *Selva y mármoles* (1940) Gabriel Méndez Plancarte seleccionó poemas de Pagaza. Porfirio Martínez Peñaloza publicó otra *Antología poética* en 1969.

Al caer la tarde

Van en tropel cruzando los bermejos
celajes el espacio; la campaña
pueblan las sombras; y los riscos baña
tardo el sol con los últimos reflejos.

En medio, Lauro, a los copudos tejos
que sombríos coronan la montaña;
descansa Filis, cuya la cabaña
fue que en ruinas vislumbras no muy lejos.

Aquella claridad que surge ahora
ciñendo el mar, de céfiros ladrones
la hueste que perfumes atesora,

y este plañir tenaz de los alciones,
¡cuánto agradaban, cuánto a mi pastora!...
... ¡Apiádate de mí!... ¡No me abandones!...

El cerro

Con regia veste de sedosa grama
y coronado en árboles bermejos
se empina el cerro por mirar de lejos
el magnífico y amplio panorama.

Escucha mudo que entre peñas brama
albo el río partiéndose en cadejos;
y vele retratar en sus espejos
del áureo sol la omnipotente flama.

Templado albergue y límpidos raudales
brinda a la grey; liberta de enemiga
cruda escarcha a hortalizas y frutales;

y con su manto, providente abriga
y defiende a los tiernos cereales
encorvados al peso de la espiga.

Otumba

Al asomar encima la pendiente
boscosa y de los céfiros morada,
una ladera mírase agobiada
por el trigo en sazón y por un puente.

Allí para cada ave hay una fuente;
para cada raudal una cascada;
y para cada salto una arbolada
sombrosa vega, blonda y floreciente.

En cada arbusto se vislumbra un nido,
un corimbo de flores, una poma,
o un cándido panal de miel henchido.

Suda cada árbol odorante goma;
y en cada risco pardo y carcomido
arrulla lastimera una paloma.

El río

¡Salve, deidad agreste, claro río
de mi suelo natal lustre y decoro,
que resbalas magnífico y sonoro
entre brumas y gélido rocío!

Es el blanco nenúfar tu atavío;
tus cuernos de coral, tu barba de oro,
los jilguerillos tu preciado oro,
tu espléndida mansión el bosque umbrío.

Hiedra y labrusca se encaraman blondas
y enlazan por cubrirte en los calores
con campanillas y rizadas frondas;

te dan fragancia las palustres flores;
y al zambullirse, tus cerúleas ondas
ensortijan los cisnes nadadores.

La oración de la tarde

Tiende la tarde el silencioso manto
de albos vapores y húmedas neblinas,
y los valles y lagos y colinas
mudos deponen su divino encanto.

Las estrellas en solio de amaranto
al horizonte yérguense vecinas,
salpicando de gotas cristalinas
las negras hojas del dormido acanto.

De un árbol a otro en verberar se afana
nocturna el ave con pesado vuelo
las auras leves y la sombra vana;

y presa el alma de pavor y duelo,
al místico rumor de la campana
se encoge, y treme, y se remonta al cielo.

Oda XXX de Horacio

Exegi monumentum aere perennius...

Acabé un monumento
más perenne que el bronce y más alzado
que las regias pirámides[45]; no el viento,
ni mordaz lluvia excavarán su asiento,
ni el curso arrasador del tiempo alado.

¡No moriré del todo!
Del funéreo ataúd, la parte noble
de mi ser huye por extraño modo;
y he de ver alargarse el período
de mi vida, ceñido en lauro y roble.

Seré, mientras airosa
cobije al mundo del romano solio
la bandera temida y gloriosa,
y mientras con la virgen silenciosa[46]
el pontífice ascienda al Capitolio.

(De la 45 a la 52: notas de Gabriel Méndez Plancarte.)
[45] *Las regias pirámides*: se refiere a las de Egipto, consideradas desde la antigüedad como una de las maravillas del mundo.
[46] *La virgen silenciosa*: la vestal, que en las grandes solemnidades acompañaba al pontífice al Capitolio.

Me veré ennoblecido
donde resbala túmido el Ofanto[47]
con temeroso y asordante ruido,
y donde riega el Dauno[48] empobrecido
agrestes pueblos sin verdor ni encanto,

por haber el primero[49]
—aunque de humilde y mísero linaje—
vertido fiel con amoroso esmero
versos eolios[50] al latín austero
dándoles rico y áulico ropaje.

Melpómene,[51] tu gloria
por mis afanes, gózate, hoy empieza;
viva conserve el mundo tu memoria;
y ciñe, en prenda de ínclita victoria,
con el délfico lauro[52] mi cabeza.

◆

Ignacio Montes de Oca y Obregón

(1840-1921)

Nacido en Guanajuato, Montes de Oca estudió en Inglaterra. En Roma se ordenó sacerdote y fue recibido en la Arcadia con el pseudónimo de "Ipandro Acaico". Su formación en letras clásicas y modernas no tuvo paralelo en nuestro siglo XIX. Fue capellán de Maximiliano, obispo de Tamaulipas, Linares y San Luis Potosí, diócesis que ocupó durante 36 años. Gracias a la fortuna familiar

---

[47] *El Ofanto*: río de la Apulia, cerca de Venusa, aldea natal del poeta.
[48] *Donde riega el Dauno*: nuestro traductor sufrió aquí un error, tornando por un río a Dauno. Fue éste un aventurero, hijo de Filumno y Dánae, que, habiendo huido de su país, llegó a Apulia, donde fundó un reino que de su nombre se llamó Daunia.
[49] *Por haber el primero...* "Horacio hizo en Roma con el metro griego lo que Boscán y Garcilaso entre nosotros con el italiano."
[50] *Versos eolios*: es decir, las formas métricas y estróficas griegas.
[51] *Melpómene*: una de las nueve Musas.
[52] *El délfico lauro*: el laurel de Apolo, a quien se llamaba Délfico por su célebre santuario de Delfos.

vivió con esplendor renacentista. Su prestigio fue tan grande en todo el ámbito de la lengua que la Academia Española le encargó el elogio de Cervantes en las solemnidades que celebraron el tercer centenario del *Quijote* (1905).

Montes de Oca es uno de los grandes traductores de la poesía griega y latina, según el consejo de fray Luis de que al pasar al castellano las composiciones en otras lenguas parezcan "como nacidas en él y naturales". *Bucólicos griegos*, antología reimpresa en 1984 por Carlos Montemayor, fue una lectura clave para el adolescente Rubén Darío.

Aparte de ocho volúmenes de *Obras pastorales y oratorias*, su trabajo personal está en *Ocios poéticos* (1877) y en los libros que publicó en la ancianidad y en plena Revolución mexicana: *A orillas de los ríos, Cien sonetos, Otros cien sonetos, Nuevo centenar de sonetos, Sonetos jubilares*. Por su cercanía a Othón, Díaz Mirón y otros modernistas "Ipandro Acaico" dio una base clásica a la renovación del otro fin de siglo. La poesía de Montes de Oca es desconocida para el público actual. La última antología, *Clásicos en México*, la editó en 1948 Joaquín Antonio Peñaloza.

Miramar en 1876

Sepulcro de doradas ilusiones,
terror de las modernas monarquías,
ostentas hoy, cual en mejores días,
tus muros y almenados torreones.

Corona azteca vanidoso pones
en pórticos y vastas galerías,
y de México al águila confías
tu regia alcoba y mágicos salones.

¿Mas dó el Príncipe está que ser y fama
te diera, y nombre de fatal dulzura?
¿Dó la que fue tu luz, augusta dama?

Encubre a aquél sangrienta sepultura,
y a la infeliz Princesa, en lenta llama
quemando va terrífica locura.

San Ignacio Mártir

A padecer en Roma, como reo
de alta traición, me llevan diez sayones
de índole más feroz que los leones
que me reserva el rojo Coliseo.

¡Romanos! Acceded a mi deseo:
no ablanden vuestras tiernas oraciones
ni bestias, ni imperiales corazones,
ni me arranquéis de mártir el trofeo.

Yo estaba entre los niños inocentes
que de Jesús acarició la mano,
a despecho de Apóstoles renuentes.

De Cristo ahora soy maduro grano
que de las fieras molerán los dientes
y cocerán los hornos de Trajano.

Al sol

¡Oh sol! Yo amé tu luz, yo amé tu fuego.
Acarició en los trópicos mi frente
tu roja lumbre, para mí clemente,
y bienestar me dio, paz y sosiego.

Hoy tus favores a pedir me niego,
mi helado tronco tu calor no siente,
tu rayo ofusca mi ojo deficiente...
¡Inicuo sol, me estás dejando ciego!

¿Acaso te ofendí, porque tus galas
y tu fulgor troqué por el estudio
al brillo de la lámpara de Palas?

¿O porque de la luna enamorado,
a sus destellos pálidos preludio
los cánticos que tú me has inspirado?

Ipandro Acaico

Triste, mendigo, ciego cual Homero,
Ipandro a su montaña se retira,
sin más tesoro que su vieja lira,
ni báculo mejor que el de romero.

Los altos juicios del Señor venero,
y al que me despojó vuelvo sin ira
de mi mantel pidiéndole una tira,
y un grano del que ha sido mi granero.

¿A qué mirar con fútiles enojos
a quien no puede hacer ni bien ni daño,
sentado entre sus áridos rastrojos,

y sólo quiere en su octagésimo año,
antes que acaben de cegar sus ojos
morir apacentando su rebaño?

Pulvis es

Polvo eres, como dice la Escritura,
y al polvo tornarás tarde o temprano;
mas no te asuste, férvido cristiano,
bajar a la temida sepultura.

No todo polvo es fétida basura.
Polvo de mármol hay, blanco y lozano;
polvo de plata y de oro soberano,
y polvo de diamante que fulgura.

El arte lo comprime y consolida
forjando, ya gigante monolito,
ya fina joya, con primor bruñida.

A polvo santo, el misterioso rito
del bautismo te eleva. Eterna vida
te aguarda en la región de lo infinito.

Nave incendiada
Paráfrasis de Leónidas de Tarento[53]

Fui gran bajel. A los robustos pinos
de Calabria debí mi nacimiento.
Meció mi cuna el golfo de Tarento;
sacáronme a la mar nautas divinos.

Los númenes rigieron mis destinos
y el piélago crucé veces sin cuento,
sin que las olas y el contrario viento
me hundieran en sus recios remolinos.

Mas, ¡ay!, volví a limpiar casco y carena,
y la piedad con que me vio de Atlante
el mar, no tuvo mi materna arena.

Una chispa de Lípari[54] volante
mi puente, con mi mástil y mi entena[55]
a cenizas redujo en un instante.

◆

Enrique Fernández Granados

(1866-1920)

El erotismo y el elogio del vino forman una parte esencial de la poesía clásica; los obispos Pagaza y Montes de Oca no pudieron ocuparse de ella. Fernández Granados, o "Fernangrana", como firmaba, se especializó en este campo. Sus tres breves libros, *Mirtos* (1889), *Margaritas* (1891), *Odas, madrigales y sonetos*

---

[53] *Leónidas de Tarento* (siglo III a. C.): Uno de los mejores poetas elegíacos de la Antología griega. En su mayor parte sus epigramas se refieren a la vida de los pobres. Influyó en poetas romanos como Propercio.

[54] *Lípari*: La principal de las islas a las que da su nombre, llamadas también islas Eolias por ser la residencia mitológica de Eolo, dios del viento. Están situadas en el Mar Tirreno, al norte de Sicilia.

[55] *Entena*: Palo encorvado; asegura la vela triangular, llamada latina, que emplean las embarcaciones ligeras.

(1918), con prólogos, respectivamente, de Altamirano, Gutiérrez Nájera e "Ipandro Acaico", lo hacen uno de esos irremplazables poetas menores sin los cuales habría una oquedad en el conjunto de nuestra lírica.

"Fernangrana" nació y murió en la capital. Formó parte del Liceo Mexicano y colaboró en *Revista de Revistas*. Profesor de literatura en la Preparatoria, secretario de la Academia Mexicana, tradujo a los poetas italianos, sobre todo a Leopardi y Carducci. No hay ninguna posibilidad actual de leer sus obras fuera de las bibliotecas especializadas y las breves muestras que dan las antologías.

De Lidia

Gimes, y en vano a la cerrada puerta
llamas de Cloe, que al divino fuego
de amor nunca ha cedido.
Duerme, y no la despierta
ni el más vehemente ruego,
ni el más hondo gemido.

Vete: cual Cloe fría
está la noche; y en la niebla bruna,
ya su disco de plata
tiende a ocultar la luna.

Huye de Cloe dándola al olvido,
y busca otra deidad menos ingrata...

¡Ay!, yo también herido
fui como tú: también de Cloe el daño
lloré; pero va un año
que de Lidia me tiene el talle airoso;
siervo de Lidia soy y soy dichoso.

Fácil Lidia me ama,
fácil al ruego y al amor se inflama;
¡y es, en las frías noches, más ardiente
Lidia, que el oro en el crisol candente!

A Lidia

No, tu amor no es Amor, te has engañado.
Tiene el tuyo, es verdad, forma divina;
es casi el dios: su boca purpurina
guarda la miel del Hibla. El delicado
color y aroma y la frescura tiene
de las rosas de Pafos, y sostiene
el arco vencedor. De su albo cuello
pende el carcaj, que encubre,
ondulante y sutil, su áureo cabello...
No, no, Lidia, no esperes que me prenda;
no, tu amor no es Amor, no tiene venda...

◆

Justo Sierra

(1848-1912)

Nació en Campeche y fue hijo del novelista Justo Sierra O'Reilly. Se dio a conocer a los veinte años con "Playera" y las "Conversaciones del domingo" publicadas en *El Monitor Republicano*. Fue uno de los editores de *La Libertad*, el periódico de los jóvenes positivistas. Su periodismo literario y político es el mejor que hubo en México entre Altamirano y Gutiérrez Nájera. Se le menciona entre los principales "científicos", pero a diferencia de los demás, no se enriqueció en los puestos públicos.

Historiador (*Evolución política del pueblo mexicano; Juárez, su obra y su tiempo*), escritor de viajes (*En tierra yankee; En la Europa latina*), logró en su prólogo a las *Poesías* de Nájera el texto más notable de la crítica literaria mexicana en el siglo XIX. Profesor de literatura y magistrado, fue a partir de 1905 ministro de Instrucción Pública. Organizó las fiestas del Centenario y en 1910 fundó la Universidad Nacional. Triunfante la Revolución, Madero lo nombró ministro plenipotenciario en España. Murió en Madrid (1912).

Las *Obras* de Sierra dieron material para quince volúmenes publicados en 1948 bajo la dirección de Agustín Yáñez y reimpresos entre 1977 y 1980. La poesía, compilada por José Luis Martínez, ocupa un espacio menor. En vida sólo dio a la imprenta dos cuadernos (*Discursos y poesías, Al autor de los "Murmurios de la selva"*), pero su actividad poética es muy importante.

Si no fue "iniciador del modernismo en México", como escribió en 1937 su primera compiladora Dorothy Margaret Kress, resulta indiscutiblemente gran precursor entre nosotros, el maestro de la generación modernista y el primer mexicano que tuvo conciencia y voluntad de ser parnasiano. Tradujo magistralmente al José María Heredia francés, el autor de *Los trofeos*; exploró las posibilidades del verso alejandrino y vio la poesía no como desahogo personal sino como la más exigente de las artes: "forma de la vida / a que da ser la vida de la forma".

Playera

Baje a la playa la dulce niña,
perlas hermosas le buscaré;
deje que el agua durmiendo ciña
con sus cristales su blanco pie.

Venga la niña risueña y pura,
el mar su encanto reflejará,
y mientras llega la noche oscura,
cosas de amores le contará.

Cuando en Levante despunte el día
verá las nubes de blanco tul,
como los cisnes de la bahía,
rizar serenas el cielo azul.

Enlazaremos a las palmeras
la suave hamaca y en su vaivén
las horas tristes irán ligeras,
y sueños de oro vendrán también.

Y si la luna sobre las olas
tiende de planta bello cendal,
oirá la niña mis barcarolas
al son del remo que hiende el mar.

Mientras la noche prende en sus velos
broches de perlas y de rubí,
y exhalaciones cruzan los cielos,
¡lágrimas de oro sobre el zafir!

El mar velado con tenue bruma
te dará su hálito arrullador,
que bien merece besos de espuma
la concha-nácar, nido de amor.

Ya la marea, niña, comienza;
ven que ya sopla tibio terral,
ven y careyes tendrá tu trenza,
y tu albo cuello rojo coral.

La dulce niña bajó temblando,
bañó en el agua su blanco pie;
después, cuando ella se fue llorando,
dentro las olas perlas hallé.

Funeral bucólico

Incipe Menalios Mecum Mea Tibia Versus.
VIRGILIO, Égloga VIII[56]

I

Su esfera de cristal la luna apaga
en la pálida niebla de la aurora
y la brisa del mar fresca y sonora
entre los pinos de la costa vaga.

Aquí murió de amor en hora aciaga
Mirtilo, y bala su rebaño; llora
la primavera y le tributa Flora
rústico incienso cuyo olor embriaga.

Allí la pira está; doliente y grave
danza emprenden en torno los pastores
coronados de cipo y de verbena;

[56] *Incipe...*: "Empieza conmigo, flauta mía, versos Menalios". Verso 21 de la Égloga octava, traducción de Rubén Bonifaz Nuño. Este poema es una continuación de "La boda pastoril" escrito por Luis G. Ortiz (1832-94), a quien se atribuye la introducción de la crónica en México.

la selva plañe con murmurio suave
y yace, de Mirtilo entre las flores,
oliendo a miel aún la dulce avena.

II

Mas llegan los pastores en bandadas
al reír la mañana en el Oriente;
mezclan su voz al cántico doliente
y se abren las violas perfumadas.

Ya se tornan guirnaldas animadas
las danzas; ya las mueve ritmo ardiente
al que hacen coro en la vecina fuente
faunos lascivos y risueñas driadas.

Vibra Febo su dardo de diamante;
el baile raudo gira; el seno opreso
de las pastoras rompe en delirante

grito de amor que llena el aire enceso.
Mirtilo, el boquirrubio, en ese instante
vuelto habría a la vida con un beso.

III

Únese a los sollozos convulsivos
de los abiertos labios el sonoro
choque, y recogen el caliente lloro
las rojas bocas en los ojos vivos.

¡Homenaje a Mirtilo! ¿Cómo esquivos
podrían ser sus manes a ese coro?
Al soplo del amor y en barca de oro
su alma huía los cármenes nativos.

Las tazas nuevas en que hierve pura
la leche vierten del redondo seno
a torrentes su nítida blancura.

Sobre el fúnebre altar de aromas lleno
el fuego borda al fin la pira oscura
y asciende el sol en el zafir sereno.

IV

Crece la hoguera, muerde con enojo
las ramas cuya esencia bebe el viento
y el baile muere al exhalar su aliento
la última llama en el postrer abrojo.

En un vaso de arcilla negro y rojo,
recogen las cenizas al momento
los pastores y en tosco monumento
guardan píos el mísero despojo.

Duerme Mirtilo; la floresta umbría
que en tu sepulcro abandonado vierte
su inefable y serena poesía,

no olvidará tu dolorosa suerte:
ni de tu amor la efímera elegía,
ni tus bodas eternas con la muerte.

Tres cruces

A Fernando Duret

I. LEÓNIDAS[57]

Murieron, su deber quedó cumplido;
mas del paso del bárbaro monarca
guardaron las Termópilas la marca
clavando en una cruz al gran vencido.

Cadáver que bien pronto ha repartido
a jirones el viento en la comarca
y en cuyo pecho roto por la Parca
el águila del Etna hace su nido.

---

[57] *Leónidas*: en 480 a.C., Leónidas, rey de Esparta, y sus soldados murieron heroicamente
defendiendo el paso de las Termópilas contra los persas.

La sangre de Leónidas que gotea
en la urna de bronce de la historia,
a todo pueblo en lucha por su idea

ungirá con el crisma de la gloria,
como a Esparta en el día de Platea
al compás del peán de la victoria.

II. ESPARTACO[58]

De los buitres festín los gladiadores
y harto de sangre el legionario, al frente
de las enseñas tórnase impaciente
a Roma, Craso, en pos de sus lictores.

De la matanza envuelto en los vapores
yace Espartaco de la cruz pendiente;
y es su can de combate solamente
testigo de sus últimos dolores.

Sobre aquella pasión callada y tierna
lenta cae la noche hora tras hora;
cuando la sombra por el mar se interna

y el lampo matinal las cimas dora,
la cruz se yergue oscura, pero eterna
en el vago apoteosis de la aurora.

III. JESÚS

En la cruz del helénico guerrero
la Patria, santo amor, nos ilumina;
la libertad albea matutina
del tracio esclavo en el suplicio fiero.

---

[58] *Espartaco*: Hacia el año 70 a. C., el gladiador tracio Espartaco encabezó una gran rebelión de esclavos y se adueñó del sur de Italia. Craso y Pompeyo los reprimieron y crucificaron a seis mil insurrectos. En homenaje a este gran precursor Rosa Luxemburgo y Karl Liebknecht llamaron Partido Espartaquista al grupo radical del movimiento socialista alemán que en 1918 se transformó en el PC de ese país. A su vez José Revueltas y otros mexicanos fundaron en 1959 la Liga Espartaco.

Uno hay mayor: del Gólgota el madero;
porque en el ser de paz que allí se inclina
el alma en sus anhelos se adivina
que está crucificado el hombre enterc.

De estas tres hostias de una gran creencia,
sólo Jesús resucitó y alcanza
culto en la cruz, señal de su existencia.

Es que nos ha dejado su enseñanza,
un mundo de dolor en la conciencia
y en el cielo una sombra de esperanza.

José Martí

No ocultará por siempre a nuestra vista
tu cuerpo sacro el arenal nativo,
¡ay! sin que mi lamento fugitivo
diga el dolor que al corazón contrista.

De una Patria empeñado en la conquista,
por tu heroico ideal moriste altivo...
¡Quién pudiera volvernos redivivo
al gran poeta, al soberano artista!

En la lira de América pondremos
tu cadáver, así lo llevaremos
en nuestros propios hombros a la historia.

En la paz de tu noche funeraria
acaso, como lámpara de gloria,
brille un día tu estrella solitaria.

Mayo, 1895

◆

Salvador Díaz Mirón

(1853-1928)

Nacido en Veracruz el mismo año que Martí, con él, Gutiérrez Nájera, Julián del Casal y José Asunción Silva, Díaz Mirón es uno de los iniciadores del modernismo, el único de ellos que alcanzó el siglo veinte. En su primera etapa llegó a ser el poeta mexicano más famoso en el mundo hispánico. Con *Lascas* (1901) y sus escasos trabajos finales dio una versión irrepetible y excéntrica de los elementos románticos, parnasianos, simbolistas, naturalistas y aun neoclásicos e impresionistas que, sucesiva o simultáneamente, participaron en la formación de este gran movimiento literario.

No le bastó ser poeta, quiso convertirse también en una personalidad como lord Byron y Victor Hugo. En vez de lograrlo pasó a la historia por sus duelos; uno le costó la inmovilidad del brazo izquierdo; otro, varios años de cárcel en que cambió de ideas políticas y poéticas.

El joven Díaz Mirón que desafió al gobernador militar de Veracruz y censuró en la Cámara a los gobernantes corruptos fue más tarde el diputado que pidió se extendiera a seis años cada periodo presidencial de Porfirio Díaz y dirigió *El Imparcial* durante la usurpación de Victoriano Huerta. Volvió del exilio para vivir aislado en su orgullo y morir después de ejecutar un último hecho de violencia.

Pero el desastre de la persona fue el triunfo del poeta: Díaz Mirón conquistó muchos territorios a lo indecible y exploró las posibilidades poéticas del horror y la fealdad. Es uno de nuestros poetas más estudiados y sin embargo cada generación descubre una manera diferente de leerlo. Sus *Poesías completas,* editadas por Antonio Castro Leal, figuran en la colección de Escritores Mexicanos de Porrúa. Hay una edición facsimilar de *Lascas*, con prólogo de Luis Miguel Aguilar (1979); y una *Antología* (1979) hecha por Francisco Monterde y reimpresa en Lecturas Mexicanas (1984) con el título de *La giganta y otros poemas*.

Cleopatra

La vi tendida de espaldas
entre púrpura revuelta...
Estaba toda desnuda
aspirando humo de esencias
en largo tubo, escarchado
de diamantes y de perlas.

Sobre la siniestra mano
apoyada la cabeza;
y cual el ojo de un tigre
un ópalo daba en ella
vislumbres de sangre y fuego
al oro de su ancha trenza.

Tenía un pie sobre el otro
y los dos como azucenas,
y cerca de los tobillos
argollas de finas piedras,
y en el vientre un denso triángulo
de rizada y rubia seda.

En un brazo se torcía
como cinta de centella,
un áspid de filigrana
salpicado de turquesas,
con dos carbunclos por ojos
y un dardo de oro en la lengua.

Tibias estaban sus carnes,
y sus altos pechos eran
cual blanca leche vertida
dentro de dos copas griegas,
convertida en alabastro,
sólida ya, pero aún trémula.

¡Ah!... hubiera yo dado entonces
todos mis lauros de Atenas
por entrar en esa alcoba
coronado de violetas,
dejando con los eunucos
mis coturnos a la puerta.

La nube

¿Qué te acongoja mientras que sube
del horizonte del mar la nube,
        negro capuz?
¡Tendrán por ella frescura el cielo,

pureza el aire, verdor el suelo,
    matiz la luz!

No tiembles. Deja que el viento amague
y el trueno asorde y el rayo estrague
    campo y ciudad;
tales rigores no han de ser vanos...
¡Los pueblos hacen con rojas manos
    la Libertad!

Música de Schubert

Crin que al aire te vuela, rizada y bruna,
parece a mis ahogos humo en fogata;
y del arpa desprendes la serenata
divinamente triste, como la luna.

Y del celo ardoroso despides una
fragancia de resina; y él te dilata
ojo que resplandece con luz de plata,
como en la sombra el vidrio de la laguna.

Mas tu marido llega, con su fortuna,
nos dice dos lisonjas, va por su bata,
y al dormido chicuelo besa en la cuna.

Y mientras que te tiñes en escarlata,
crin que al aire te vuela, rizada y bruna,
parece a mis ahogos humo en fogata.

Música fúnebre

Mi corazón percibe, sueña y presume.
Y como envuelta en oro tejido en gasa,
la tristeza de Verdi suspira y pasa
en la cadencia fina como un perfume.

Y frío de alta zona hiela y entume;
y luz de sol poniente colora y rasa,
y fe de gloria empírea pugna y fracasa,
como en ensayos torpes un ala implume.

El sublime concierto llena la casa;
y en medio de la sorda y estulta masa,
mi corazón percibe, sueña y presume.

Y como envuelta en oro tejido en gasa,
la tristeza de Verdi suspira y pasa
en la cadencia fina como un perfume.

Diciembre de 1899

Ejemplo

En la rama el expuesto cadáver se pudría,
como un horrible fruto colgante junto al tallo,
rindiendo testimonio de inverosímil fallo
y con ritmo de péndola oscilando en la vía.

La desnudez impúdica, la lengua que salía,
y alto mechón en forma de una cresta de gallo,
dábanle aspecto bufo; y al pie de mi caballo
un grupo de arrapiezos holgábase y reía.

Y el fúnebre despojo, con la cabeza gacha,
escandaloso y túmido en el verde patíbulo,
desparramaba hedores en brisa como racha,

mecido con solemnes compases de turíbulo.
Y el sol iba en ascenso por un azul sin tacha,
y el campo era figura de una canción de Tíbulo.

El fantasma

Blancas y finas y en el manto apenas
visibles, y con aire de azucenas,
las manos —que no rompen mis cadenas.

Azules y con oro enarenados,
como las noches limpias de nublados,
los ojos —que contemplan mis pecados.

Como albo pecho de paloma el cuello,
y como crin de sol barba y cabello,
y como plata el pie descalzo y bello.

Dulce y triste la faz; la veste zarca...
Así, del mal sobre la inmensa charca,
Jesús vino a mi unción, como a la barca.

Y abrillantó a mi espíritu la cumbre
con fugàz cuanto rica certidumbre,
como con tintas de refleja lumbre.

Y suele retornar y me reintegra
la fe que salva y la ilusión que alegra;
y un relámpago enciende mi alma negra.

Cárcel de Veracruz, 14 de diciembre de 1893

Engarce

El misterio nocturno era divino.
Eudora estaba como nunca bella,
y tenía en los ojos la centella,
la luz de un gozo conquistado al vino.

De alto balcón apostrofóme a tino,
y rostro al cielo departí con ella
tierno y audaz, como con una estrella...
¡Oh qué timbre de voz trémulo y fino!

¡Y aquel fruto vedado e indiscreto
se puso el manto, se quitó el decoro,
y fue conmigo a responder a un reto!

¡Aventura feliz! La rememoro
con inútil afán; y en un soneto
monto un suspiro como perla en oro.

Veracruz, julio de 1900

A ella

Semejas esculpida en el más fino
hielo de cumbre sonrojado al beso
del sol, y tienes ánimo travieso,
y eres embriagadora como el vino.

Y mientes: no imitaste al peregrino
que cruza un monte de penoso acceso
y párase a escuchar con embeleso
un pájaro que canta en el camino.

Obrando tú como rapaz avieso,
correspondiste con la trampa el trino,
por ver mi pluma y torturarme preso.

No así el viandante que se vuelve a un pino
y párase a escuchar con embeleso
un pájaro que canta en el camino.

Xalapa, el 27 de mayo de 1901

La giganta

I

Es un monstruo que me turba. Ojo glauco y enemigo,
como el vidrio de una rada con hondura que, por poca,
amenaza los bajeles con las uñas de la roca.
La nariz resulta grácil y aseméjase a un gran higo.

La guedeja blonda y cruda y sujeta, como el trigo
en el haz. Fresca y brillante y rojísima la boca,
en su trazo enorme y burdo y en su risa eterna y loca.
Una barba con hoyuelo, como vientre con ombligo.

Tetas vastas, como frutos del más pródigo papayo;
pero enérgicas y altivas en su mole y en su peso,
aunque inquietas, como gozques escondidos en el sayo.

En la mano, linda en forma, vello rubio y ralo y tieso,
cuyos ápices fulguran como chispas, en el rayo
matinal, que les aplica fuego móvil con un beso.

II

¡Cuáles piernas! Dos columnas de capricho, bien labradas,
que de púas amarillas resplandecen espinosas,
en un pórfido que finge la vergüenza de las rosas,
por estar desnudo a trechos ante lúbricas miradas.

Albos pies, que con eximias apariencias azuladas
tienen corte fino y puro. ¡Merecieran dignas cosas!
¡En la Hélade soberbia las envidias de las diosas,
o a los templos de Afrodita engreír mesas y gradas!

¡Qué primores! Me seducen; y al encéfalo prendidos,
me los llevo en una imagen, con la luz que los proyecta,
y el designio de guardarlos de accidentes y de olvidos.

Y con métrica hipertrofia, no al azar del gusto electa,
marco y fijo en un apunte la impresión de mis sentidos,
a presencia de la torre mujeril que los afecta.

Idilio

A tres leguas de un puerto bullente
que a desbordes y grescas anima,
y al que a un tiempo la gloria y el clima
adornan de palmas la frente,
hay un agrio breñal, y en la cima
de un alcor un casucho acubado,
que de lejos diviso a menudo,
y rindiéndose apoya un costado
en el tronco de un mango copudo.

Distante, la choza resulta montera
con borla y al sesgo sobre una mollera.

El sitio es ingrato, por fétido y hosco.
El cardón, el nopal y la ortiga
prosperan; y el aire trasciende a boñiga,

a marisco y a cieno; y el mosco
pulula y hostiga.

La flora es enérgica para
que indemne y pujante soporte
la furia del soplo del Norte,
que de octubre a febrero no es rara,
y la pródiga lumbre febea,
que de marzo a septiembre caldea.

El Oriente se inflama y colora,
como un ópalo inmenso en un lampo,
y difunde sus tintes de aurora
por piélago y campo.
Y en la magia que irisa y corusca,
una perla de plata se ofusca.

Un prestigio rebelde a la letra,
un misterio inviolable al idioma,
un encanto circula y penetra
y en el alma es edénico aroma.
Con el juego cromático gira,
en los pocos instantes que dura;
y hasta el pecho infernado respira
un olor de inocencia y ventura.
¡Al través de la trágica Historia,
un efluvio de antigua bonanza
viene al hombre, como una memoria,
y acaso como una esperanza!

El ponto es de azogue y apenas palpita.
Un pesado alcatraz ejercita
su instinto de caza en la fresca.
Grave y lento, discurre al soslayo,
escudriña con calma grotesca,
se derrumba cual muerto de un rayo,
sumérgese y pesca.

Y al trotar de un rocín flaco y mocho,
un moreno, que ciñe moruna,
transita cantando cadente tontuna
de baile jarocho.

Monótono y acre gangueo,
que un pájaro acalla, soltando un gorjeo.

¡Cuanto es mudo y selecto en la hora,
'en el vasto esplendor matutino,
halla voz en el ave canora,
vibra y suena en el chorro del trino!

Y como un monolito pagano,
un buey gris en un yermo altozano
mira fijo, pasmado y absorto,
la pompa del orto.

Y a la puerta del viejo bohío
que oblicuando su ruina en la loma
se recuesta en el árbol sombrío,
una rústica grácil asoma,
como una paloma.

¡Infantil por edad y estatura,
sorprende ostentando sazón prematura:
elásticos bultos de tetas opimas;
y a juzgar por la equívoca traza,
no semeja sino una rapaza
que reserva en el seno dos limas!

Blondo y grifo e inculto el cabello,
y los labios turgentes y rojos,
y de tórtola el garbo del cuello,
y el azul del zafiro en los ojos.
Dientes albos, parejos, enanos,
que apagado coral prende y liga,
que recuerdan, en curvas de granos,
el maíz cuando tierno en la espiga.
La nariz es impura, y atesta
una carne sensual e impetuosa;
y en la faz, a rigores expuesta,
la nieve da en ámbar, la púrpura en rosa,
y el júbilo es gracia sin velo
y en cada carrillo produce un hoyuelo.

La payita se llama Sidonia.
Llegó a México en una barriga:

en el vientre de infecta mendiga
que, del fango sacada en Bolonia,
formó parte de cierta colonia
y acabó de miseria y fatiga.

La huérfana ignara y creyente
busca sólo en los cielos el rastro;
y de noche imagina que siente
besos ¡ay! en los hilos de un astro.
¿Qué ilusión es tan dulce y hermosa?
Dios le ha dicho: "¡Sé plácida y bella;
y en el duelo que marque una fosa
pon la fe que contemple una estrella!"
¿Quién no cede al consuelo que olvida?
La piedad es un santo remedio;
y después, el ardor de la vida
urge y clama en la pena y el tedio
y al tumulto y al goce convida.
De la zafia el pesar se distrae,
—desplome de polvo y ascenso de nube—.
¡Del tizón la ceniza que cae
y el humo que sube!

La madre reposa con sueño de piedra.
La muchacha medra.

Y por siembras y apriscos divaga
con su padre, que duda de serlo;
y el infame la injuria y estraga
y la triste se obstina en quererlo.
Llena está de pasión y de bruma,
tiene ley en un torpe atavismo,
y es al cierzo del mal una pluma...
¡Oh pobreza! ¡Oh incuria! ¡Oh abismo!

*

Vestida con sucios jirones de paño,
descalza y un lirio en la greña,
la pastora gentil y risueña
camina detrás del rebaño.

Radioso y jovial firmamento.
Zarcos fondos, con blancos celajes
como espumas y nieves al viento
esparcidas en copos y encajes.

Y en excelsa y magnífica fiesta,
y cual mácula errante y funesta,
un vil zopilote resbala
tendida e inmóvil el ala.

El Sol meridiano fulgura,
suspenso en el Toro;
y el paisaje, con varia verdura,
parece artificio de talla y pintura,
según está quieto en el oro.

El fausto del orbe sublime
rutila en urgente sosiego;
y un derribo de paz y de fuego
baja y cunde y escuece y oprime.

Ni céfiro blando que aliente, que rase,
que corra, que pase.

Entre dunas aurinas que otean,
tapetes de grama serpean,
cortados a trechos por brozas hostiles,
que muestran espinas y ocultan reptiles.
Y en hojas y tallos un brillo de aceite
simula un afeite.

La luz torna las aguas espejos;
y en el mar sin arrugas ni ruidos
reverbera con tales reflejos,
que ciega, causando vahidos.

El ambiente sofoca y escalda;
y encendida y sudando, la chica
se despega y sacude la falda,
y así se abanica.

Los guiñapos revuelan en ondas...
La grey pace y trisca y holgándose tarda...

Y al amparo de umbráticas frondas
la palurda se acoge y resguarda.

Y un borrego con gran cornamenta
y pardos mechones de lana mugrienta,
y una oveja con bucles de armiño
—la mejor en figura y aliño—,
se copulan con ansia que tienta.

La zagala se turba y empina...
y alocada en la fiebre del celo,
lanza un grito de gusto y de anhelo...
¡Un cambujo patán se avecina!

Y en la excelsa y magnífica fiesta,
y cual mácula errante y funesta,
un vil zopilote resbala,
tendida e inmóvil el ala.

Al chorro del estanque...
(Melancolías y cóleras)

Al chorro del estanque abrí la llave,
pero a la pena y al furor no pude
ceñir palabra consecuente y grave.
Pretendo que la forma ceda y mude,
y ella en mi propio gusto se precave,
y en el encanto y en el brillo acude.

Afeites usa y enjoyada viene...
¡Sólo a esplender y a seducir aspira,
como en la noche y en el mar Selene!
Es coqueta en el duelo y en la ira
del supremo rubor... ¡No en vano tiene
curvas y nervios de mujer la lira!

¿Qué mucho, pues? A encono y a quebranto
dejo el primor que les prendí por fuera;
y en la congoja y en la saña el canto
resulte gracia irónica y artera:
el iris en el glóbulo del llanto
y la seda en la piel de la pantera.

En el álbum de Eduardo Sánchez Fuentes[59]

Siento en la brisa y la bruma
la esencia de la oxiacanta,
y tu voz que se levanta,
¡oh, cisne de negra pluma!

Perfume de canción se suma,
y a favor de mezcla tanta
sueño el perfume que canta
y la canción que perfuma.

El suspiro de la planta
responde al de la garganta,
como a bullir de agua espuma...

Y a favor de mezcla tanta,
sueño el perfume que canta
y la canción que perfuma.

Dentro de una esmeralda

Junto al plátano sueltas, en congoja
de doncella insegura, el broche al sayo.
La fuente ríe, y en el borde gayo
atisbo el tumbo de la veste floja.

Y allá, por cima de tus crenchas, hoja
que de vidrio parece al sol de mayo,
torna verde la luz del vivo rayo,
y en una gema colosal te aloja.

[59] *Eduardo Sánchez de Fuentes* (1874-1944), el compositor cubano que a los 16 años escribió la famosa habanera "Tú". Hizo óperas como *Yumurí*, *El náufrago* y *La dolorosa* y aunque (según Alejo Carpentier: *La música en Cuba*, 1946) manifestó "repugnancia... a admitir la presencia de ritmos negroides en la música cubana", es autor de un libro sobre la *Influencia de los ritmos africanos en nuestro cancionero*. El soneto de Díaz Mirón corresponde pues a su exilio cubano. Se trata de una de sus últimas composiciones y es errónea la fecha aproximada *"circa* 1910" que damos en la *Antología del modernismo*, a menos que Sánchez de Fuentes haya hecho por esa época un viaje a Veracruz.

Recatos en la virgen son escudos;
y echas en tus encantos, por desnudos,
cauto y rico llover de resplandores.

Despeñas rizos desatando nudos,
y melena sin par cubre primores
y acaricia con puntas pies cual flores.

La mujer de nieve[60]

Tu largo ventisquero forma o trasunta
blanca mujer tendida como difunta,
y muestra en vivas manchas crudo arrebol.
Y el cadáver ficticio me desconcierta
porque se me figura la Patria muerta,
que con pintas de sangre se pudre al sol.

¡Oh signo de los tiempos graves y espurios!;
¡oh enorme catafalco lleno de augurios,
que presagian castigos e imponen fe!
¡Tu mole no descubre sino estas marcas:
escombros y cenizas y rubras charcas,
y, vecino, un coloso que avanza el pie!

◆

Manuel Gutiérrez Nájera

(1859-1895)

Gutiérrez Nájera nació y murió en la Ciudad de México. Sus únicos viajes fueron a Querétaro y a Veracruz. No tiene más biografía que su trabajo disperso a lo largo de 22 años en casi todas las publicaciones de su época. Empezó a escribir a los 13 años; a los 15 ya era periodista profesional en *La Iberia*, *La Voz de México*, *El Federalista* y *El Porvenir*. Dentro del periodismo hizo de todo:

---

[60] *La mujer de nieve*: se da como fuente de este poema *El Dictamen de Veracruz*, primero de enero de 1922. Por su tema parece probable que fuera escrito y publicado en *El Imparcial* en 1914 cuando el desembarco de los *marines*.

crónicas frívolas, sucesos del día, crítica literaria y teatral, cuadros de costumbres, textos políticos, gacetillas, páginas de humor, que en su conjunto forman una gran crónica de la vida capitalina entre 1876 y 1896.

En la prosa que Martí y Nájera comenzaron a publicar en los periódicos mexicanos anteriores a 1880 se ha visto el comienzo del modernismo. Para los modernistas fueron decisivos los cuentos de Gutiérrez Nájera, sus poemas, su actividad como editor, al lado de Carlos Díaz Dufoo, de la *Revista Azul*.

Después de "La duquesa Job" (1884), el primer poema hispanoamericano en que frívolamente aparece lo que entonces era el mundo moderno, la poesía de Nájera expresó una desesperanza cada vez más honda que contrasta con la alegría aparente de sus crónicas. Tuvo la certeza de que su inmensa labor periodística le impedía escribir lo que realmente le interesaba. No pudo imaginarse que ahora apreciaríamos aún más que sus poemas la excelente "literatura de urgencia" con que iluminó los periódicos mexicanos del sombrío porfiriato. Francisco González Guerrero editó en dos volúmenes las *Poesías completas* de Gutiérrez Nájera (1954). La UNAM ha publicado tres tomos de sus obras en prosa, de acuerdo con la guía que dejó E. K. Mapesy que identifica prácticamente todos los textos que firmó con sus innumerables pseudónimos, entre los que destaca "El Duque Job".

La duquesa Job[61]

A Manuel Puga y Acal

En dulce charla de sobremesa,
mientras devoro fresa tras fresa
y abajo ronca tu perro Bob,
te haré el retrato de la duquesa
que adora a veces el duque Job.

No es la condesa que Villasana[62]
caricatura, ni la poblana
de enagua roja, que Prieto[63] amó;
no es la criadita de pies nudosos,

---

[61] *La duquesa Job*: según Julio Jiménez Rueda (*El México de Gutiérrez Nájera*, 1957) la protagonista idealizada de este poema es Marie, una joven que trabajaba en el almacén de Madame Anciaux.

[62] *Villasana*: José María Villasana (1848-1904), el gran caricaturista de *El Ahuizote* y dibujante de cuadros de costumbres en *El Mundo Ilustrado*.

[63] *Prieto*: Guillermo Prieto.

ni la que sueña con los gomosos
y con los gallos de Micoló.[64]

Mi duquesita, la que me adora,
no tiene humos de gran señora:
es la griseta de Paul de Kock.[65]
No baila Boston, y desconoce
de las carreras el alto goce,
y los placeres del *five o'clock*.

Pero ni el sueño de algún poeta,
ni los querubes que vio Jacob,
fueron tan bellos cual la coqueta
de ojitos verdes, rubia griseta,
que adora a veces el duque Job.

Si pisa alfombras, no es en su casa;
si por Plateros alegre pasa
y la saluda Madam Marnat,[66]
no es, sin disputa, porque la vista;
sí porque a casa de otra modista
desde temprano rápida va.

No tiene alhajas mi duquesita,
pero es tan guapa, y es tan bonita,
y tiene un cuerpo tan *v'lan*, tan *pschutt*;[67]
de tal manera trasciende a Francia
que no la igualan en elegancia
ni las clientes de Héléne Kossut.[68]

---

[64] *Micoló*: peluquero francés que atendía a los "gomosos", los jóvenes elegantes de 1880, en un local adornado con pinturas de gallos.

[65] *Paul de Kock*: (1794-1871) novelista francés que con sus novelas populares creó el mito de la *grisette*, término que un diccionario español de la época tradujo: "Modistilla coqueta y amiga de los galanteos".

[66] *Madame Marnat*: dueña de una tienda de ropa en Plateros que vendía vestidos confeccionados en casa por las grisetas.

[67] *Tan v'lan, tan pschutt*: piropos onomatopéyicos franceses.

[68] *Héléne Kossut*: modista francesa que vestía a las damas de la naciente aristocracia porfiriana.

Desde las puertas de la Sorpresa[69]
hasta la esquina del Jockey Club,[70]
no hay española, yanqui o francesa,
ni más bonita, ni más traviesa
que la duquesa del duque Job.

¡Cómo resuena su taconeo
en las baldosas! ¡Con qué meneo
luce su talle de tentación!
Con qué airecito de aristocracia
mira a los hombres, y con qué gracia
frunce los labios —¡Mimí Pinsón![71]

Si alguien la alcanza, si la requiebra,
ella, ligera como una cebra,
sigue camino del almacén;
pero ¡ay del tuno si alarga el brazo!
¡Nadie le salva del sombrillazo
que le descarga sobre la sien!

¡No hay en el mundo mujer más linda!
¡Pie de andaluza, boca de guinda,
esprit rociado de Veuve Clicquot;
talle de avispa, cutis de ala,
ojos traviesos de colegiala
como los ojos de Louise Théo![72]

Ágil, nerviosa, blanca, delgada,
media de seda bien restirada,
gola de encaje, corsé de ¡crac!
Nariz pequeña, garbosa, cuca,
y palpitantes sobre la nuca
rizos tan rubios como el cognac.

---

[69] *La Sorpresa*: tienda de ropa lujosa en la esquina surponiente de las actuales calles de Madero y Gante.
[70] *Jockey Club*: Manuel Romero Rubio, suegro de Porfirio Díaz, acababa de fundar el Jockey Club en el Palacio de los Azulejos, la casa de los condes de Orizaba en que hoy está el restaurante Sanborns.
[71] *Mimí Pinsón*: personaje del cuento de Musset "Mimi Pinson, profil de grisette".
[72] *Louise Théo*: cantante de ópera ligera que vino a México con una compañía francesa en 1882.

Sus ojos verdes bailan el tango;
¡nada hay más bello que el arremango
provocativo de su nariz!
Por ser tan joven y tan bonita,
cual mi sedosa, blanca gatita,
diera sus pajes la emperatriz.

¡Ah, tú no has visto cuando se peina,
sobre sus hombros de rosa reina
caer los rizos en profusión!
¡Tú no has oído qué alegre canta,
mientras sus brazos y su garganta
de fresca espuma cubre el jabón!

¡Y los domingos!... ¡Con qué alegría
oye en su lecho bullir el día
y hasta las nueve quieta se está!
¡Cuál se acurruca la perezosa,
bajo la colcha color de rosa,
mientras a misa la criada va!

La breve cofia de blanco encaje
cubre sus rizos, el limpio traje
aguarda encima del canapé;
altas, lustrosas y pequeñitas,
sus puntas muestran las dos botitas,
abandonadas del catre al pie.

Después, ligera, del lecho brinca.
¡Oh quién la viera cuando se hinca
blanca y esbelta sobre el colchón!
¿Qué valen junto de tanta gracia
las niñas ricas, la aristocracia,
ni mis amigas de cotillón?[73]

Toco; se viste; me abre; almorzamos;
con apetito los dos tomamos

---

[73] *Cotillón*: como fin de fiesta en las reuniones de sociedad se bailaba la danza llamada "co-
tillón", por regla general en compás de vals.

un par de huevos y un buen bistec,
media botella de rico vino,
y en coche juntos, vamos camino
del pintoresco Chapultepec.

Desde las puertas de la Sorpresa
hasta la esquina del Jockey Club,
¡no hay española, yanqui o francesa,
ni más bonita ni más traviesa
que la duquesa del duque Job!

Non omnis moriar[74]

¡No moriré del todo, amiga mía!
De mi ondulante espíritu disperso,
algo en la urna diáfana del verso
piadosa guardará la poesía.

¡No moriré del todo! Cuando herido
caiga a los golpes del dolor humano,
ligera tú, del campo entenebrido
levantarás al moribundo hermano.

Tal vez entonces por la boca inerme
que muda aspira la infinita calma,
oigas la voz de todo lo que duerme
¡con los ojos abiertos en mi alma!

Hondos recuerdos de fugaces días,
ternezas tristes que suspiran solas;
pálidas, enfermizas alegrías
sollozando al compás de las vïolas...

Todo lo que medroso oculta el hombre
se escapará, vibrante, del poeta,
en aúreo ritmo de oración secreta
que invoque en cada cláusula tu nombre.

---

[74] *Non omnis moriar*: "No moriré del todo": Horacio, *Odas*, libro III, 30. Ver en este mismo
libro la paráfrasis hecha por Joaquín Arcadio Pagaza.

Y acaso adviertas que de modo extraño
suenan mis versos en tu oído atento,
y en el cristal, que con mi soplo empaño,
mires aparecer mi pensamiento.

Al ver entonces lo que yo soñaba,
dirás de mi errabunda poesía:
era triste, vulgar lo que cantaba...
¡mas qué canción tan bella la que oía!

Y porque alzo en tu recuerdo notas
del coro universal, vívido y almo;
y porque brillan lágrimas ignotas
en el amargo cáliz de mi salmo;

porque existe la Santa Poesía
y en ella irradias tú, mientras disperso
átomo de mi ser esconda el verso,
¡no moriré del todo, amiga mía!

Para entonces

Quiero morir cuando decline el día,
en alta mar y con la cara al cielo;
donde parezca sueño la agonía,
y el alma, un ave que remonta el vuelo.

No escuchar en los últimos instantes,
ya con el cielo y con el mar a solas,
más voces ni plegarias sollozantes
que el majestuoso tumbo de las olas.

Morir cuando la luz, triste, retira
sus aúreas redes de la onda verde,
y ser como ese sol que lento expira:
algo muy luminoso que se pierde.

Morir, y joven: antes que destruya
el tiempo aleve la gentil corona;
cuando la vida dice aún: soy tuya,
¡aunque sepamos bien que nos traiciona!

To be

¡Inmenso abismo es el dolor humano!
¿Quien vio jamás su tenebroso fondo?
Aplicad el oído a la abra oscura
de los pasados tiempos...
       ¡Dentro cae
lágrima eterna!
       A las inermes bocas
que en otra edad movió la vida nuestra
acercaos curiosos...
       ¡Un gemido
sale temblando de los blancos huesos!
La vida es el dolor. Y es vida oscura,
pero vida también, la del sepulcro.
La materia disyecta se disuelve;
el espíritu eterno, la sustancia,
no cesa de sufrir. En vano fuera
esgrimir el acero del suicida,
el suicidio es inútil. ¡Cambia el modo,
el ser indestructible continúa!
¡En ti somos, Dolor, en ti vivimos!
¡La suprema ambición de cuanto existe
es perderse en la nada, aniquilarse,
dormir sin sueños!...
       ¡Y la vida sigue
tras las heladas lindes de la tumba!
No hay muerte. En vano la llamáis a voces,
¡almas sin esperanza! Proveedora
de seres que padezcan, la implacable
a otro mundo nos lleva. ¡No hay descanso!
Queremos reposar un solo instante
y una voz en la sombra dice: ¡Anda!
Sí: ¡la vida es el mal! Pero la vida
no concluye jamás. El Dios que crea,
es un esclavo de otro dios terrible
que se llama Dolor. Y no se harta
el inmortal Saturno. ¡Y el espacio,
el vivero de soles, lo infinito,
son la cárcel inmensa, sin salida,
de almas que sufren y morir no pueden!

¡Oh, Saturno inflexible, al fin acaba!
Devora lo creado y rumia luego,
ya que inmortales somos, nuestras vidas.
¡Somos tuyos, Dolor, tuyos por siempre!
Mas perdona a los seres que no existen
sino en tu mente que estimula el hambre...
¡Perdón, oh Dios, perdón para la nada!
Sáciate ya. ¡Que la matriz eterna,
engendradora del linaje humano,
se torne estéril... que la vida pare...!
¡Y ruede el mundo cual planeta muerto
por los mares sin olas del vacío!

En un cromo

Niña de la blanca enagua
que miras correr el agua
y deshojas una flor,
más rápido que esas ondas,
niña de las trenzas blondas,
pasa cantando el amor.

Ya me dirás, si eres franca,
niña de la enagua blanca,
que la dicha es el amor;
mas yo haré que te convenzas,
niña de las rubias trenzas,
de que olvidar es mejor.

A un triste

¿Por qué de amor la barca voladora
con ágil mano detener no quieres,
y esquivo menosprecias los placeres
de Venus, la impasible vencedora?

A no volver los años juveniles
huyen como saetas disparadas
por mano de invisible Sagitario;
triste vejez, como ladrón nocturno,

sorpréndenos sin guarda ni defensa,
y con la extremidad de su arma inmensa,
la copa del placer vuelca Saturno.

¡Aprovecha el minuto y el instante!
Hoy te ofrece rendida la hermosura
de sus hechizos el gentil tesoro,
y llamándote ufana en la espesura,
suelta Pomona sus cabellos de oro.

En la popa del barco empavesado
que navega veloz rumbo a Citeres,
de los amigos el clamor te nombra,
mientras, tendidas en la egipcia alfombra,
sus crótalos agitan las mujeres.

¡Deja por fin la solitaria playa
y, coronado de fragantes rosas,
descansa en la barquilla de las diosas!
¿Qué importa lo fugaz de los amores?
¡También expiran jóvenes las rosas!

◆

Manuel José Othón

(1858-1906)

Como Díaz Mirón, Othón (nacido y muerto en San Luis Potosí) se mantuvo lejos de la capital. Antes que someterse a la esclavitud periodística o burocrática, prefirió ser juez, agente del ministerio público o notario en ciudades, pueblos y aldeas del norte. Escribió cuentos y dramas, aunque su actividad fundamental desde la adolescencia fue la poesía.

La suya resultó producto de una larga paciencia y un continuo aprendizaje. Su empeño era ser un poeta neoclásico y exterior como sus amigos los obispos Montes de Oca y Pagaza y, más que inspirarse en otros poetas, leer en lo que místicos y ocultistas llamaron el Libro de la Naturaleza. Trató de no expresar nada que no hubiera visto. Al publicar en 1902 *Poemas rústicos* Othón repudió cuanto había escrito entre 1875 y 1890. Sus versos de juventud son, en efecto, iguales a otros miles que se hicieron en los países de nuestra lengua, uniformidad mortal de la que nos salvó el modernismo. Othón lo rechazó y, sin embargo, en su gran poema —que él llamó "En el desierto" y ahora conocemos por el subtítulo "Idilio salvaje"— es un modernista involuntario. Toda su obra anterior y toda la tradición neoclásica parecen los preparativos del "Idilio" que los justifica y se pone a gran distancia de las escenas pastoriles. Escrito hacia 1905, el "Idilio salvaje" es el mejor poema del siglo XIX mexicano que termina con la caída de Porfirio Díaz.

Joaquín Antonio Peñaloza publicó en 1975 la edición definitiva de las *Poesías completas. Cuentos de espanto y novelas rústicas* (La Matraca, 1984) obliga a reconsiderar la importancia de Othón en la narrativa mexicana y la interdependencia entre sus poemas y sus ficciones, ya observada por Luis Noyola Vázquez.

Frondas y glebas

A Clearco Meonio

I

ORILLAS DEL PAPALOAPAN

Adivino los fértiles parajes
que baña el río, y la pomposa vega
que con su linfa palpitante riega,
desmenuzado en trémulos encajes,

la basílica inmensa de follajes
que empeña la calina veraniega
y la furiosa inundación anega
en túmidos e hirvientes oleajes.

Cerca de allí cual fatigado nauta
que cruza sin cesar el océano,
reposo tu alma halló, serena y cauta.

Allí te ven mis ojos, soberano
pastor, firme en tu báculo, y la flauta
que fue de Pan, en tu sagrada mano.

II

UNA ESTEPA DEL NAZAS

¡Ni un verdecido alcor, ni una pradera!
Tan sólo miro, de mi vista enfrente,
la llanura sin fin, seca y ardiente,
donde jamás reinó la primavera.

Rueda el río monótono en la austera
cuenca, sin un cantil, ni una rompiente,
y, al ras del horizonte, el sol poniente
cual la boca de un horno, reverbera.

Y en esta gama gris que no abrillanta
ningún color, aquí, do el aire azota
con ígneo soplo la reseca planta,

sólo, al romper su cárcel la bellota
en el pajizo algodonal levanta
de su cándido airón la blanca nota.

Himno de los bosques

I

En este sosegado apartamiento,
lejos de cortesanas ambiciones,
libre curso dejando al pensamiento
quiero escuchar suspiros y canciones.
¡El himno de los bosques! Lo acompaña
con su apacible susurrar el viento,
el coro de las aves con su acento,
con su rumor eterno la montaña.
El torrente caudal se precipita
a la honda sima, con furor azota
las piedras de su lecho, y la infinita
estrofa ardiente de los antros brota.
¡Del gigante salterio en cada nota
el salmo inmenso del amor palpita!

II

Huyendo por la selva presurosos
se pierden de la noche los rumores;
los mochuelos ocúltanse medrosos
en las ruinas, y exhalan los alcores
sus primeros alientos deleitosos.
Abandona mis párpados el sueño,
la llanura despierta alborozada:
con su semblante pálido y risueño
la vino a despertar la madrugada.

Del oriente los blancos resplandores
a aparecer comienzan; la cañada
suspira vagamente, el sauce llora
cabe la fresca orilla del riachuelo,
y la alondra gentil levanta al cielo
un preludio del himno de la aurora.
La bandada de pájaros canora
sus trinos une al murmurar del río;
gime el follaje temblador, colora
la luz el monte, las campiñas dora,
y a lo lejos blanquea el caserío.

Y va creciendo el resplandor y crece
el concierto a la vez. Ya los rumores
y los rayos de luz hinchan el viento,
hacen temblar el éter, y parece
que en explosión de notas y colores
va a inundar a la tierra el firmamento.

III

Allá, tras las montañas orientales,
surge de pronto el sol como una roja
llamarada de incendios colosales,
y sobre los abruptos peñascales,
ríos de lava incandescente arroja.
Entonces, de los flancos de la sierra
bañada en luz, del robledal oscuro,
del espantoso acantilado muro
que el paso estrecho a la hondonada cierra;

de los profundos valles, de los lagos
azules y lejanos que se mecen
blandamente del aura a los halagos,
y de los matorrales que estremecen
los vientos; de las flores, de los nidos,.
de todo lo que tiembla o lo que canta,
una voz poderosa se levanta
de arpegios y sollozos y gemidos.

Mugen los bueyes que a los pastos llevan
silbando los vaqueros, mansamente
y perezosos van, y los abrevan
en el remanso de la azul corriente.
Y mientras de las cabras el ganado
remonta, despuntando los gramales,
torpes en el andar, los recentales
se quejan blanda y amorosamente
con un tierno balido entrecortado.
Abajo, entre la malla de raíces
que el tronco de las ceibas ha formado,
grita el papán y se oye en el sembrado
cuchichiar a las tímidas perdices.
Mezcla aquí sus rüidos y sus sones
todo lo que voz tiene: la corteza
que hincha la savia ya, crepitaciones,
su rumor misterioso la maleza
y el clarín de la selva sus canciones.
Y a lo lejos, muy lejos, cuando el viento,
que los maizales apacible orea,
sopla del septentrión, se oye el acento
y algazara que, locas de contento,
forman las campanitas de la aldea...
¡Es que también se alegra y alboroza
el viejo campanario! La mañana
con húmedas caricias lo remoza;
sostiene con amor la cruz cristiana
sobre su humilde cúpula; su velo,
para cubrirlo, tienden las neblinas,
como cendales que le presta el cielo
y en torno de la cruz las golondrinas
cantan, girando en caprichoso vuelo.

IV

Oigo pasar, bajo las frescas chacas,
que del sol templan los ardientes rayos,
en bandadas, los verdes guacamayos,
dispersas y en desorden las urracas.
Va creciendo el calor. Comienza el viento
las alas a plegar. Entre las frondas,
lanzando triste y gemidor acento,
la solitaria tórtola aletea.
Suspenden los saúces su lamento,
calla la voz de las cañadas hondas
y un vago y postrer hálito menea,
rozando apenas, las espigas blondas.

Entonces otros múltiples rumores
como un enjambre llegan a mi oído:
el chupamirto vibra entre las flores,
sobre el gélido estanque adormecido
zumba el escarabajo de colores,
en tanto la libélula, que rasa
la clara superficie de las ondas,
desflora los cristales tembladores
con sus alas finísimas de gasa.
El limpio manantial gorgoritea
bajo el peñasco gris que le sombrea,
corre sobre las guijas murmurando,
lame las piedras, los juncales baña
y en el lago se hunde; la espadaña
se estremece a la orilla susurrando
y la garza morena se pasea,
al son del agua cariñoso y blando.

V

Ya sus calientes hálitos la siesta
echa sobre los campos. Agostada
se duerme la amapola en la floresta
y, muerta, la campánula morada
se desarraiga de la roca enhiesta;
pero en la honda selva estremecida
no deja aún de palpitar la vida:

toda rítmica voz la manifiesta.
No ha callado una nota ni un rüido:
en el espacio rojo y encendido
se oye a los cuervos crascitar, veloces
la atmósfera cruzando, y la montaña
devuelve el eco de sus roncas voces.
Las palomas zurean en el nido;
entre las hojas de la verde caña
se escucha el agudísimo zumbido
del insecto apresado por la araña;
las ramas secas quiébranse al ligero
salto de las ardillas, su chasquido
a unirse va con el golpeo bronco
del pintado y nervioso carpintero,
que está en el árbol taladrando el tronco;
y las ondas armónicas desgarra,
con desacorde son, el chirrïante
metálico estridor de la cigarra.
Corre por la hojarasca crepitante
la lagartija gris; zumba la mosca
luciendo al aire el tornasol brillante
y, agitando su crótalo sonante,
bajo el breñal la víbora se enrosca.

El intenso calor ha resecado
la savia de los árboles; cayendo
algunas hojas van, al abrasado
aliento de la tierra evaporado,
se revienta la crústula crujiendo.
En tanto yo, cabe la margen pura,
del bosque por los sones arrullado,
cedo al sueño embriagante que me enerva
y hallo reposo y plácida frescura
sobre la alfombra de tupida hierba.

VI

Trepando audaz por la empinada cuesta
y rompiendo los ásperos ramajes,
llego hasta el dorso de la abrupta cresta
donde forman un himno, a toda orquesta,
los gritos de los pájaros salvajes.

Con los temblores del pinar sombrío
mezcla su canto el viento, la hondonada
su salmodia, su alegre carcajada
las cataratas del lejano río.
Brota la fuente en escondida gruta
con plácido rumor y, acompasada,
por la trémula brisa acariciada,
la selva agita su melena hirsuta.
Ésta es la calma de los bosques: mueve
blandamente la tarde silenciosa
la azul y blanda y ondulante y leve
gasa que encubre su mirar de diosa.

Mas ya Aquilón sus furias apareja
y su pulmón la tempestad inflama.
Ronco alarido y angustiosa queja
por sus gargantas de granito deja
la montaña escapar; maldice, clama,
el bosque ruge y el torrente brama
y, de las altas cimas despeñado,
por el espasmo trágico rompido,
rueda el vertiginoso acantilado
donde han hecho las águilas el nido
y su salvaje amor depositado;
y al mirarle por tierra destrüido,
expresión de su cólera sombría,
aterrador y lúgubre graznido
unen a la tremenda sinfonía.

Bajo hasta la llanura. Hinchado el río
arrastra, en pos, peñascos y troncones
que con las ondas encrespadas luchan.
En las entrañas del abismo frío
que parecen hervir, palpitaciones
de una monstruosa víscera se escuchan.
Retorcidas raíces, al empuje
feroz, rompen su cárcel de terrones.
Se desgaja el espléndido follaje
del viejo tronco que al rajarse cruje;
el huracán golpea los peñones,
su última racha entre las grietas zumba
y es su postrer rugido de coraje

el trueno que, alejándose, retumba
sobre el desierto y lóbrego paisaje...

VII

Augusta ya la noche se avecina,
envuelta en sombras. El fragor lejano
del viento aún estremece la colina
y las espigas del trigal inclina,
que han dispersado por la tierra el grano.
Siento bajo mis pies trepidaciones
del peñascal; entre su quiebra oscura,
revuelto el manantial, ya no murmura,
salta, garrulador, a borbotones.
Son las últimas notas del concierto
de un día tropical. En el abierto
espacio del poniente, un rayo de oro
vacila y tiembla. El valle está desierto
y se envuelve en cendales amarillos
que van palideciendo. Ya el sonoro
acento de la noche se levanta.
Ya empiezan melancólicos los grillos
a preludiar en el solemne coro...
¡Ya es otra voz inmensa la que canta!
Es el supremo instante. Los rüidos
y las quejas, los cantos y rumores
escapados del fondo de los nidos,
de las fuentes, los árboles, las flores;
el sonrosado idilio de la aurora,
de estrofas cremesinas que el sol dora,
la égloga de la verde pastoría,
la oda de oro que al mediar el día
de púrpura esplendente se colora,
de la tarde la pálida elegía
y la balada azul, la precursora
de la noche tristísima y sombría...
Todo ese inmenso y continuado arpegio,
estrofas de una lira soberana
y versos de un divino florilegio,
cual bandada de pájaros canora,
acude a guarecerse en la campana
de la rústica iglesia que, lejana,
se ve, sobre las lomas, descollando.

Y en el instante místico en que al cielo
el *Angelus* se eleva, condensando
todas las armonías de la tierra,
el himno de los bosques alza el vuelo
sobre lago, colinas, valle y sierra;
y al par de la expresión que en su agonía
la tarde eleva a la divina altura,
del universo el corazón murmura
esta inmensa oración: ¡Salve, María!

En el desierto. Idilio salvaje

A Alfonso Toro[75]

A fuerza de pensar en tus historias
y sentir con tu propio sentimiento,
han venido a agolparse al pensamiento
rancios recuerdos de perdidas glorias.

Y evocando tristísimas memorias,
porque siempre lo ido es triste, siento
amalgamar el oro de tu cuento
de mi viejo román con las escorias.

¿He interpretado tu pasión? Lo ignoro,
que me apropio al narrar, algunas veces,
el goce extraño y el ajeno lloro.

Sólo sé que, si tú los encareces
con tu ardiente pincel, serán de oro
mis versos, y esplendor sus lobregueces.

I

¿Por qué a mi helada soledad viniste
cubierta con el último celaje

---

[75] *Alfonso Toro* (1873-1952), historiador e íntimo amigo de Othón quien, para no ofender a su esposa, trató de disimular la experiencia que da tema al "Idilio" atribuyéndola en el primer soneto a una confesión de Toro, autor de entre muchos otros libros de *Un crimen de Hernán Cortes* (1922), *Compendio de historia de México* (1926) y *La familia Carvajal* (1944).

de un crepúsculo gris?... Mira el paisaje,
árido y triste, inmensamente triste.

Si vienes del dolor y en él nutriste
tu corazón, bien vengas al salvaje
desierto, donde apenas un miraje
de lo que fue mi juventud existe.

Mas si acaso no vienes de tan lejos
y en tu alma aún del placer quedan los dejos,
puedes tornar a tu revuelto mundo.

Si no, ven a lavar tu ciprio manto
en el mar amarguísimo y profundo
de un triste amor o de un inmenso llanto.

II

Mira el paisaje: inmensidad abajo,
inmensidad, inmensidad arriba;
en el hondo perfil, la sierra altiva
al pie minada por horrendo tajo.

Bloques gigantes que arrancó de cuajo
el terremoto de la roca viva;
y en aquella sabana pensativa
y adusta, ni una senda, ni un atajo.

Asoladora atmósfera candente
do se incrustan las águilas serenas,
como clavos que se hunden lentamente.

Silencio, lobreguez, pavor tremendos
que viene sólo a interrumpir apenas
el galope triunfal de los berrendos.

III

En la estepa maldita, bajo el peso
de sibilante grisa que asesina,
irgues tu talla escultural y fina
como un relieve en el confín impreso.

El viento entre los médanos opreso
canta como una música divina,
y finge, bajo la húmeda neblina,
un infinito y solitario beso.

Vibran en el crepúsculo tus ojos,
un dardo negro de pasión y enojos
que en mi carne y mi espíritu se clava;

y destacada contra el sol muriente,
como un airón, flotando inmensamente,
tu bruna cabellera de india brava.

IV

La llanada amarguísima y salobre,
enjuta cuenca de océano muerto,
en la gris lontananza, como puerto,
el peñascal, desamparado y pobre.

Unta la tarde en mi semblante yerto
aterradora lobreguez, y sobre
tu piel, tostada por el sol, el cobre
y el sepia de las rocas del desierto.

Y en el regazo donde sombra eterna,
del peñascal bajo la enorme arruga,
es para nuestro amor nido y caverna,

las lianas de tu cuerpo retorcidas
en el torso viril que te subyuga
con una gran palpitación de vidas.

V

¡Qué enferma y dolorida lontananza!
¡Qué inexorable y hosca la llanura!
Flota en todo el paisaje tal pavura
como si fuera un campo de matanza.

Y la sombra que avanza, avanza, avanza,
parece, con su trágica envoltura,
el alma ingente, plena de amargura,
de los que han de morir sin esperanza.

Y allí estamos nosotros, oprimidos
por la angustia de todas las pasiones,
bajo el peso de todos los olvidos.

En un cielo de plomo el sol ya muerto,
y en nuestros desgarrados corazones
¡el desierto, el desierto... y el desierto!

VI

¡Es mi adiós!... Allá vas, bruna y austera,
por las planicies que el bochorno escalda,
al verberar tu ardiente cabellera,
como una maldición, sobre tu espalda.

En mis desolaciones ¿qué me espera?...
—ya apenas veo tu arrastrante falda—
una deshojazón de primavera
y una eterna nostalgia de esmeralda.

El terremoto humano ha destrüido
mi corazón, y todo en él expira.
¡Mal hayan el recuerdo y el olvido!

Aún te columbro y ya olvidé tu frente:
sólo, ¡ay!, tu espalda miro, cual se mira
lo que huye y se aleja eternamente.

VII

ENVÍO

En tus aras quemé mi último incienso
y deshojé mis postrimeras rosas.
Do se alzaban los templos de mis diosas
ya sólo queda el arenal inmenso.

Quise entrar en tu alma, y ¡qué descenso!
¡Qué andar por entre ruinas y entre fosas!
¡A fuerza de pensar en tales cosas
me duele el pensamiento cuando pienso!

¡Pasó!... ¿Qué resta ya de tanto y tanto
deliquio? En ti ni la moral dolencia,
ni el dejo impuro, ni el sabor del llanto.

Y en mí, ¡qué hondo y tremendo cataclismo!
¡Qué sombra y qué pavor en la conciencia
y qué horrible disgusto de mí mismo!

1904

Elegía

A la memoria del maestro
Rafael Ángel de la Peña[76]

De mis oscuras soledades vengo
y tornaré a mis tristes soledades
a brega altiva, tras camino luengo;

que me allego tan sólo a las ciudades
con vacilante planta y errabunda,
del tiempo antiguo a refrescar saudades.

Yo soy la voz que canta en la profunda
soledad de los montes ignorada,
que el sol calcina y el turbión inunda.

Ignoro de mi rústica morada
qué tiene, que viniendo de mí mismo,
vengo de la región más apartada;

y endulzo el amargor de mi ostracismo
en miel de los helénicos panales
y en la sangrienta flor del cristianismo.

---

[76] *Rafael Ángel de la Peña* (1837-1906) fue secretario de la Academia, profesor de la preparatoria y autor de una *Gramática teórica y práctica de la lengua castellana*, libro de texto por muchos años, un *Apéndice a la sintaxis latina* y un estudio *Sobre los elementos constantes y variables del lenguaje castellano*.

Surten de allá tan lejos los raudales
de un río, en cuya límpida corriente
inundásteis las testas inmortales.

Al labio virginal de aquella fuente,
vuestras palmas, al viento, de callada,
susurran blanda y amorosamente;

y el susurrar semeja y la cascada,
al caer sobre el oro de la arena,
diálogos de Teresa y de Granada.

Diálogos en la noche más serena
del tiempo, interminable y luminosa,
de augusta paz y de misterios llena,

en que el genio beatífico reposa
a la luz de los campos siderales,
de azul teñidos, y de nieve, y rosa;

trono para cubrir los pedestales
que el cincel de los siglos ha labrado
al alma de los muertos inmortales...

De otros, que fueron ya, se encuentra al lado,
ardiendo en fe y en caridad y ciencia
y al bien y a la verdad aparejado,

como cuando cruzó por la existencia,
en su envoltura terrenal, que ahora
trasciende aún, cual ánfora de esencia,

el varón de cabeza pensadora
y penetrante ingenio soberano
que el paso de los tiempos avalora.

Empuñó libro y lábaro su mano;
creyente, sabio, artista. Fue en la vida
esteta heleno y gladiador cristiano.

En su alba cabellera florecida
fulguraban los últimos reflejos
con que acompaña el sol su despedida,

y vienen de muy lejos, de muy lejos,
las cimas a alumbrar donde perdura
el triste glauco de los bosques viejos.

Se destaca su pálida figura
sobre el marco social enrojecido,
como un jirón de agonizante albura,

y de ardiente aureola circüido,
en puridad le revelaba el verbo
sus profundos misterios al oído.

Siempre dominador y nunca siervo
del lenguaje, probó pacientemente
los dulces goces del trabajo acerbo.

Fue el varón fortunado de alta frente,
nunca sentado en la manchada silla
de pecadora y fementida gente;

que crece en altivez cuando se humilla,
incrustando, con ánimo sereno,
la frente en Dios y en tierra la rodilla,

y desprecia el relámpago y el trueno
con la inefable dicha de ser sabio
y el orgullo sagrado de ser bueno...

Ante él calló la envidia y el agravio,
y en la mundana y dolorosa guerra
no queja alguna murmuró su labio;

y al fin en el amor los ojos cierra;
pues ¿dónde hay más amor que el de la muerte
ni más materno amor que el de la tierra?...

Duerme y sueña, señor: tu cuerpo inerte,
cuando del sueño augusto en que reposa
a la inmortal resurrección despierte,

verá que se irgue, al lado de su fosa,
de héroes, santos y reyes gestadores
la no muerta falange luminosa.

Coronistas, poetas y doctores
departirán contigo en la divina
fabla, de que sois únicos señores...

¡Oh romance inmortal! Sangre latina
tus venas abrasó con fuego ardiente
que trasfundió en la historia y la ilumina,

y nunca morirá, mientras aliente
un cerebro que piense en lo que vuela
y un corazón que sufre en lo que siente.

¡Cuánto envidio a los muertos cuya estela
marca en los mares el camino luengo
que dejara su nave de áurea vela!

Y con esas envidias que yo tengo,
abandono el rumor de las ciudades.
De mis desiertas soledades vengo
y torno a mis oscuras soledades.

México, D. F., 24 de octubre de 1906

◆

Francisco A. de Icaza

(1863-1925)

Francisco Asís de Icaza nació en la Ciudad de México. A los 23 años se trasladó
a Madrid como secretario de la legación encabezada por Riva Palacio. Como Alfonso Reyes, Martín Luis Guzmán y María Enriqueta, Icaza se formó en España.
   Su independencia de criterio se manifestó en 1894 con un *Examen de críticos* en que expresa sus discrepancias con Menéndez y Pelayo, Emilia Pardo Bazán y Juan Valera. Luego hizo muchos trabajos de erudición cervantina y libros
como *Lope de Vega, sus amores y sus odios*; *Sucesos reales que parecen imaginarios
de Gutierre de Cetina, Juan de la Cueva y Mateo Alemán*. Durante ocho años fue
representante de México en Alemania. Aprovechó su conocimiento del idioma
para difundir en México esa literatura que permanecía casi desconocida para
nosotros, a pesar de los esfuerzos de Altamirano.

Como en el teatro de Alarcón, en la poesía de Icaza no abundan las referencias al país natal. Sus tres libros: *Efímeras* (1892), *Lejanas* (1889) y *La canción del camino* (1905), compilados en *Cancionero de la vida honda y la emoción fugitiva* (1922), pertenecen más al modernismo español que al hispanoamericano. No obstante, Federico de Onís le encuentra semejanzas con Gutiérrez Nájera y González Martínez por su tristeza resignada y su sabiduría de estirpe clásica. Más allá de estas discusiones, Icaza es un poeta excelente; su españolidad añade otra dimensión a nuestra poesía en vez de apartarlo de ella. En 1980 aparecieron las *Obras* de Icaza en dos volúmenes, edición y estudio preliminar de Rafael Castillo.

Preludio

También el alma tiene lejanías;
hay en la gradación de lo pasado
una línea en que penas y alegrías
tocan en el confín de lo soñado:
también el alma tiene lejanías.

En esos horizontes del olvido
la sujeción de la memoria pierdo
y no sé dónde empieza lo fingido
y acaba lo real de mi recuerdo
en esos horizontes del olvido.

La azul diafanidad de la distancia
en el cuadro los términos reparte;
aquí mi juventud, allá mi infancia
y entre las dos, la pátina del arte...
La azul diafanidad de la distancia.

Ese tono del tiempo, que completa
lo que en el lienzo deja la pintura,
hace rugoso el cutis del asceta,
y a la tez de la virgen da frescura
ese tono del tiempo que completa.

Pulimento y matiz del mármol terso
es en la vieja estatua, y melodía
en la cadencia rítmica del verso,
donde adquiere la antigua poesía
pulimento y matiz del mármol terso.

Color de las borrosas lontananzas
es del alma en los vagos horizontes,
donde envuelve recuerdos y esperanzas
en el azul de los lejanos montes,
color de las borrosas lontananzas.

Paisaje de sol

Azul cobalto el cielo, gris la llanura,
de un blanco tan intenso la carretera
que hiere la retina con la blancura
de la plata bruñida que reverbera.

Allá lejos, muy lejos, una palmera,
tras unas tapias rojas, a grande altura,
como el airón flotante de una cimera,
levanta su penacho de fronda oscura.

Llego al lejano huerto; bajo la parra
que da sombra a la escena que me imagino
resuenan los acordes de la guitarra;

rompe el aire una copla que ensalza el vino;
y al monótono canto de la cigarra
avanzo triste y solo por el camino.

La arteria rota

Como corre la sangre de la herida,
dejé correr en vano
el curso inútil de mi estéril vida.

Hoy, que exangüe me siento, a cada gota
quisiera lo imposible: por mi mano
ligar la arteria rota;

vivir de nuevo modo la existencia,
y no del que condeno
cuando a solas pregunto a mi conciencia:
¿fui sabio, he sido artista, he sido bueno?

El canto del libro

Desperté de mis sueños al dolor de la vida,
y hallé de mi pasado todo el derrumbamiento,
y vi mis viejos libros como el arma el suicida
a quien quiso el acaso detener en su intento.

Parte de mi existencia a la suya va unida.
Los miro con amor y con remordimiento;
cambié mi vida propia por la suya fingida
para vivir los siglos con sólo el pensamiento.

Encarné la leyenda. Como en el aúreo cuento
al regresar de paso por la senda florida
el ave de la gloria me detuvo un momento...

Y como el santo asceta al volver al convento,
hallé muertos los míos y la celda vacía,
porque la voz del ave era un encantamiento.

Ahasvero[77]

Toma el bordón, peregrino;
como ayer, a la alborada,
hoy con la noche mediada
has de emprender el camino.

---

[77] *Ahasvero*: el judío errante. En el París de la Edad Media o, según otras versiones, en Constantinopla surgió la leyenda de un hombre inmortal, condenado a vagar por el mundo hasta el fin de los tiempos. En el XVII se le identificó como judío. Para algunos es un símbolo de la diáspora o dispersión del pueblo hebreo, para otros hay un fondo de antisemitismo en la leyenda. Existen innumerables variantes nacionales acerca del judío errante. Las creencias más difundidas aseguran que se trata del zapatero de Jerusalén que cuando Jesús marchaba hacia el Calvario le impidió reposar frente a su casa; o bien del alguacil que abofeteó a Cristo por su respuesta al sumo sacerdote (San Juan 18:22).

Ahasuerus se llamaba el bufón en las piezas religiosas judías representadas durante el medievo. Es la forma hebrea del nombre de Xerxes o Jerjes, padre de Darío y rey de los medos que aparece en el Libro de Ester. El personaje del judío errante tiene una larga trayectoria literaria que va de Shelley y Sue a "El inmortal" de Borges, pasando por *Así hablaba Zaratustra*.

Ya de las aves el trino
no alegrará tu jornada;
está la noche cerrada,
negro y callado el camino.

Si por la senda ignorada
al azar de tu destino
has de caminar sin tino,

ni busques ni esperes nada...
hunde tu sombra cansada
en la sombra del camino.

En la noche

Los árboles negros,
la vereda blanca,
un pedazo de luna rojiza
con rastros de sangre manchando las aguas.

Los dos, cabizbajos,
prosiguen la marcha
con el mismo paso, en la misma línea,
y siempre en silencio y siempre a distancia.

Pero en la revuelta
de la encrucijada,
frente a la taberna, algunos borrachos
dan voces y cantan.

Ella se le acerca,
sin hablar palabra
se aferra a su brazo,
y en medio del grupo, que los mira, pasan.

Después, como antes,
cae el brazo flojo y la mano lacia,
y aquellas dos sombras, un instante juntas,
de nuevo se apartan.

Y así entre la noche
prosiguen su marcha
con el mismo ritmo, en la misma línea,
y siempre en silencio y siempre a distancia.

Las horas

¿Para qué contar las horas
de la vida que se fue,
de lo por venir que ignoras?
¡Para qué contar las horas!
¡Para qué!

¿Cabe en la justa medida
aquel instante de amor
que perdura y no se olvida?
¿Cabe en la justa medida
del dolor?

¿Vivimos del propio modo
en las sombras del dormir
y desligados de todo
que soñando, único modo
de vivir?

Al que enfermo desespera,
¿qué importa el cierzo invernal,
el soplo de primavera,
al que enfermo desespera
de su mal?

¿Para qué contar las horas?
No volverá lo que fue,
y lo que ha de ser ignoras.
¡Para qué contar las horas!
¡Para qué!...

◆

María Enriqueta

(1872-1968)

En sus libros *Rosas de la infancia* (1914-1953) varias generaciones mexicanas aprendieron a leer y tuvieron su iniciación en la literatura. Nació en Coatepec, Veracruz. Se tituló de pianista en el Conservatorio y publicó sus primeros textos en la *Revista Azul*.

Casada con el historiador Carlos Pereyra, vivió en Madrid de 1916 a 1948. Escribió novelas (*El secreto, Jirón del mundo*), tradujo a Sainte-Beuve y el *Diario* de Amiel y publicó libros de poemas entre los que destacan *Rumores de mi huerto* (1908) y *Rincones románticos* (1921).

Fue la primera escritora profesional que hubo en México y la única poetisa del modernismo antes de que apareciera Delmira Agustini. Según Pedro Henríquez Ureña, María Enriqueta destruyó la creencia porfiriana de que la mujer no tenía papel posible en la cultura. "Su inspiración de tragedia honda y contenida es cosa sin precedentes en México y, por ahora (1922), sin secuela ni influjo." María Enriqueta sobrevivió a su generación y se mantuvo muy pobremente hasta sus últimos años colaborando en *El Universal*.

Renunciación

Sacó la red el pescador, henchida,
y en tanto que feliz del mar se aleja,
en voz más dulce que la miel de abeja
el Señor a seguirlo le convida.

—"Quien por buscarme su heredad olvida
será en mi hatillo preferida oveja",
dice, y el pescador las redes deja
y vase tras Jesús con alma y vida.

Yo que ni redes ni heredades tengo,
que no sé de riquezas ni de honores,
que ignoro los orgullos de abolengo,

yo dejo, por seguirte, mis amores.
Eran mi bien, Señor... A ti ya vengo
más pobre que los fieles pescadores.

Vana invitación

—Hallarás en el bosque mansa fuente
que, al apagar tu sed, copie tu frente.

Dijo, y le repondí: —No tengo antojos
de ver más fuente que tus dulces ojos;

sacian ellos mi sed; son un espejo
donde recojo luz y el alma dejo...

—Escucharás entonces los latidos
del gran bosque en los troncos retorcidos;

o el rumor de la brisa vagarosa
que huye y vuela cual tarda mariposa...

—Bástame oír tu voz; tiene su acento
gritos de mar y susurrar de viento.

—Hay allí flores, como el sol, doradas,
y otras níveas cual puras alboradas.

—En tu mejilla rosa está el poniente
y la blanca alborada está en tu frente.

—Hay allí noches profundas y tranquilas...
—Estas noches están en tus pupilas.

—Hay sombra en la maleza enmarañada...
—Hay sombra en tu cabeza alborotada...

—Lo que se siente allí, no lo has sentido.
—A tu lado el amor he presentido.

—¡Ven! Ese bosque misterioso y quieto
va a decirte al oído su secreto...

—¡Es en vano el afán con que me llamas!
¡Si tú ya me dijiste que me amas!...

—Hay un árbol inmenso, majestuoso,
de altísimo follaje rumoroso;

en él, como serpiente, está enredada
una gigante yedra enamorada...

—Tú eres ese árbol majestuoso y fuerte;
¡deja que en ti me apoye hasta la muerte!...

Paisaje

Por la polvosa calzada
va la carreta pesada
gimiendo con gran dolor.
Es tarde fría de enero,
y los bueyes van temblando...
Mas de amor
van hablando
la boyera y el boyero.

Yo voy sola por la orilla
donde la hoja difunta
que el viento en montones junta,
pone una nota amarilla...
Mientras tanto, en el sendero
bien unidos van la yunta,
la boyera y el boyero.

Acompañante no pido,
que alma huraña siempre he sido.
En mi desdicha secreta,
en mi dolor escondido,
bien me acompaña el gemido
de la cansada carreta...

◆

Luis G. Urbina

(1864-1934)

Huérfano, crecido en la mayor pobreza, autodidacto, Urbina se convirtió a la muerte de su maestro Gutiérrez Nájera en el mejor cronista literario de este país y en un excelente crítico, el primero entre nosotros que en su prólogo a la *Antología del Centenario* (1910) y en sus ensayos sobre *La vida literaria de México* (1917) relacionó la literatura con las circunstancias sociales y políticas en que se produce.

Con Tablada y Nervo, fue autor de las primeras notas cinematográficas mexicanas. Una mínima parte de su prosa se ha recopilado (*Cuentos vividos y crónicas soñadas, Ecos teatrales*) y es tan importante como su poesía. Fue secretario de Justo Sierra y, como editorialista de *El Imparcial,* tuvo que exiliarse a la caída de Huerta. Vivió y murió en Madrid pero siguió colaborando en la prensa nacional hasta 1930.

Entre la euforia europeizante y aristocratizante del porfiriato, Urbina convirtió en motivo de orgullo su clase y su ascendencia indígena. Se ha dicho que es "el más mexicano de los poetas mexicanos", porque nadie representa como Urbina la melancolía, el tono menor y el ambiente crepuscular que Henríquez Ureña, basado en un apunte de Riva Palacio, señaló como características de nuestra poesía. Naturalmente, la lírica mexicana presenta muchos otros rasgos (Carlos Pellicer la definió con un título de Díaz Mirón: "Melancolías y cóleras"). Pero en esa línea nacida en el romanticismo y disuelta en el modernismo, Urbina es el más diestro y más intenso. Antonio Castro Leal publicó en dos volúmenes sus *Poesías completas* (1964). Jaime G. Velázquez prepara una nueva selección de su prosa y sus versos.

Así fue...

Lo sentí: no fue una
separación sino un desgarramiento:
quedó atónita el alma, y sin alguna
luz, se durmió en la sombra el pensamiento.

Así fue: como un gran golpe de viento
en la serenidad del aire. Ufano,
en la noche tremenda,
llevaba yo en la mano
una antorcha con que alumbrar la senda,
y que de pronto se apagó: la oscura

asechanza del mal y del destino,
extinguió así la llama y mi locura.

Vi un árbol a la orilla del camino
y me senté a llorar mi desventura.
Así fue, caminante,
que me contemplas con mirada absorta
y curioso semblante.

Yo estoy cansado, sigue tú adelante;
mi pena es muy vulgar y no te importa.
Amé, sufrí, gocé, sentí el divino
soplo de la ilusión y la locura;
tuve una antorcha, la apagó el destino,
y me senté a llorar mi desventura
a la sombra de un árbol del camino.

El poema del lago

A Jesús E. Valenzuela

I

A UN ÁRBOL DEL CAMINO

¿Qué dice tu nervioso gesto de *Selva oscura*,
árbol vetusto y seco sin una verde rama?
Con cicatriz de hachazos y quemazón de llama,
como un espectro tiendes tu sombra en la llanura.

¿Qué dice, viejo inmóvil, tu fiera crispatura?
¡Tremendo y misterioso debe de ser tu drama!
Parece que te encoges, y al cielo que te infama
quieres lanzar tu grito de inmensa desventura.

Es trágico el profundo silencio de las cosas;
lo inanimado sufre dolencias pavorosas,
ignotos infortunios que no tienen consuelo;

porque la vida es toda crueldad, y es inconsciente,
porque es la tierra a todo dolor indiferente,
y es impasible y muda la inmensidad del cielo.

II

PAISAJE MATINAL

¡Qué soledad augusta! ¡Qué silencio tranquilo!
El lago, quieto, monorrítmicamente canta,
y sobre el sauce, cuyas frondas me dan asilo,
un pájaro su débil cancioncita levanta.

En las perladas linfas, como una red de hilo
de cristal blanco, tiende, la luz que se abrillanta
con las ondulaciones, su claridad. Y un filo
de sol, oculto en una nube que se adelanta,

rompe, sereno y frágil, las aguas a lo lejos.
En las violetas cumbres, tapices de reflejos
desgarran, al capricho, sus ocres bordaduras,

y una remota barca, despliega, puro y leve,
en el azul del aire, su triángulo de nieve,
que brilla bajo el hondo zafir de las alturas.

III

TARDE SERENA

Es un gran vidrio glauco, y es terso y transparente,
y copia, espejeante, la playa florecida,
con un matiz tan rico, tan claro, tan valiente,
que el agua da, a colores y a formas, nueva vida.

La sierra, al esfumino, se borra de allá enfrente,
como una nube incierta que al cielo va prendida,
y, voluptuosa y fresca, columpia la corriente
un haz de lirios muertos bajo la luz dormida.

El lago soñoliento no canta *sotto voce*;
no tiembla. Vive en una tranquilidad que asombra.
Presto vendrá el crepúsculo con su oriental derroche;

el lago, limpio y terso, como una verde alfombra,
espera a que lo agiten las alas de la noche,
o, en tempestad, lo encrespen las manos de las sombras.

IV

Primer intermedio romántico

A UNA AMIGA LEJANA

Es diáfano el crepúsculo. Parece
de joyante cristal. Abre en el cielo
su ágata luminosa, y es un velo
en que el azul de lago desfallece.

En ámbares cloróticos decrece
la luz del sol y ya en el terciopelo
de la penumbra, como flor de hielo,
una pálida estrella se estremece.

Mientras las aves lentamente giran,
la sombra avanza que los oros merma,
y entre la cual las púrpuras expiran.

Yo dejo que mi espíritu se aduerma,
y me pongo a sonar en que me miran
tus ojos tristes de esmeralda enferma.

V

DÍA NUBLADO

El viento arruga y mueve pesadamente el lago
que se levanta en olas de oscura refulgencia.
El horizonte extiende su azul brumoso y vago,
lo mismo que las aguas su gris opalescencia.

Hay una nube inmóvil, con el perfil de un mago
medieval, en la cumbre de la montaña. Herencia
de la noche lluviosa, cual iracundo amago,
la nube mancha un cielo de suave transparencia.

Una mañana fría de opaco claroscuro.
El sol que las montañas pálidamente dora,
deja en el aire un tinte blanco, glacial y duro;

y un árbol viejo, en medio de la calma infinita,
al borde de la margen, sobre el agua sonora,
parece un triste anciano que en su dolor medita.

VI

MEDIO DÍA

El agua está cual nunca de linda y de coqueta;
no hay rayo que no juegue, no hay ola que no salte;
de lejos, tiene rubios perfiles su silueta,
y azul es en la playa, con limpidez de esmalte.

Vestida está de fiesta: no hay joya que le falte;
las barcas, a su paso, le dejan una inquieta
cinta de plata virgen, para que así resalte
la luz en el radioso brocado de violeta.

Cerca, en el promontorio de musgos y basaltos,
un gran plumón de nubes se tiende y busca asilo:
al fondo, van las cumbres, en los celajes altos,

rompiendo el horizonte con su cortante filo,
y en el confín, que esplende, se funden los cobaltos
del cielo y las montañas, en un zafir tranquilo.

VII

EL BAÑO DEL CENTAURO

Chasquea el agua y salta el cristal hecho astillas,
y él se hunde; y sólo flotan el potro encabritado,
la escultural cabeza de crines amarillas
y el torso del jinete, moreno y musculado.

Remuévense las ondas mordiendo las orillas,
con estremecimiento convulso y agitado,
y el animal y el hombre comienzan un airado
combate, en actitudes heroicas y sencillas.

Una risueña ninfa de carne roja y dura,
cabello lacio y rostro primitivo, se baña;
las aguas, como un cíngulo, le ciñen la cintura;

y ella ve sin pudores... y le palpita el seno
con el afán de darse, voluptuosa y huraña,
a las rudas caricias del centauro moreno.

VIII

EL BUEY

Uncido a la carreta va el buey grave y austero;
y su ojo reproduce no el campo verde, como
lo vio Carducci, sino la inmensidad de plomo
del lago que finge una gran lámina de acero.

La arena de la playa le sirve de sendero,
y el sol, que está en lo alto del infinito domo,
unta sus resplandores en el sedeño lomo
y clava su aureola sobre el testuz severo.

El animal camina con majestad estoica,
y ante la fuerza plástica de su figura heroica,
despiértase un recuerdo clásicamente ambiguo;

que, a las evocaciones, es el buey melancólico,
en la hoja de *papirus* exámetro bucólico
y en el frontón del templo bajorrelieve antiguo.

IX

Segundo intermedio romántico

A UNA ONDA

Arrulla con tus líricas canciones,
onda terca que vienes de tan lejos
enjoyada de luces y reflejos,
arrulla mis postreras ilusiones.

La juventud se va; se van sus dones;
del placer quedan los amargos dejos,
de la pasión los desencantos viejos,
y del dolor las tristes emociones.

Queda la vida, que el insulto afianza,
queda el recuerdo del amor perdido,
y queda el ideal que no se alcanza.

Tú, que cantando sueños has venido,
onda lírica, dame la esperanza,
y si no puede ser... dame el olvido.

X

PAISAJE SIN FIGURAS

El saúz es audaz; dejó la orilla
y avanzó en la corriente que chispea
y en derredor del tronco cabrillea
bajo la luz del sol que tiembla y brilla.

Ligeramente impura y amarilla,
en el borde arenoso el agua ondea,
y en la remota extremidad clarea
con blancura de nieve sin mancilla.

El árbol, que se empapa en luces blondas,
deja caer, sensual y perezoso,
la móvil cabellera de sus frondas,

y en el augusto y plácido reposo,
sobre el trémulo raso de las ondas
vuelca su verde limpio y luminoso.

XI

LA HORA MÍSTICA

Se enciende el oleaje, como a la luz se enciende
la leche de los ópalos, en fuegos repentinos;
y la onda turbia lumbres metálicas desprende
si en su volar la rozan los pájaros marinos.

El sol, en desmayadas claridades desciende,
y empapa el horizonte de tonos ambarinos,
rompe con lanzas de oro los cúmulos, y prende
rubíes, de las velas en los flotantes linos.

Es la hora letárgica de la melancolía;
todo está mudo y triste. Ya va a apagarse el día;
diluyese en la sombra cuanto en la tierra alumbra.

Sólo en la humilde iglesia, refugio de oraciones,
lucen, como dos puntos rojizos y temblones,
las llamas de dos cirios que pican la penumbra.

XII

NOCHE CLARA

Blanco de ensueño; blanco de los polares días,
blanco que fosforece, que las linfas estaña;
blanco en que se deshace la sombra en una extraña
niebla azul y profunda que borra lejanías.

La ondulación es lenta, rayada con estrías
de luz —maravillosa e inmensa telaraña,
cuyo tejido frágil se rompe cuando baña
al remo, la corriente de mudas ondas frías.

Entonces ¡qué prodigio! ya el remo que se mueve
sobre el lago salpica gotas de plata y nieve,
que marcan de los botes los caprichosos giros,

hasta que al fin se pierden con su movible estela,
en la remota bruma —la azul y blanca tela
que es polvo de diamantes en humo de zafiros.

XIII

PUESTA DE SOL

Y fueron de la tarde las claras agonías;
el sol, un gran escudo de bronce repujado,
hundiéndose en los frisos del colosal nublado,
dio formas y relieves a raras fantasías.

Mas de improviso, el orto lanzó de sus umbrías
fuertes y cenicientas masas, un haz dorado;
y el cielo, en un instante vivo y diafanizado,
se abrió en un prodigioso florón de pedrerías.

Los lilas del ocaso se tornan oro mate;
pero aún conserva el agua su policroma veste:
sutiles gasas cremas en brocatel granate.

Hay una gran ternura recóndita y agreste;
y el lago, estremecido como una entraña, late
bajo la azul caricia del esplendor celeste.

XIV

Tercer intermedio romántico

VIDAS INÚTILES

Salpicadas de aljófares las sensuales corolas,
se abren, urnas de seda, bajo el claror del día;
son lirios y nenúfares, son lotos y amapolas
que a flor de agua, en la margen, van sobre la onda fría.

Es un jardín flotante... ¡ah! yo me inclinaría,
yo hundiera mis dos manos en las crujientes olas,
para cortar un cáliz... Pero es que vivo a solas,
no hay alma que me espere ni a quien le nombre mía.

Loto que yo arrancara, porque lleno de unciones
durmiera entre las hojas de un libro de oraciones,
púdrete a flor de agua... ¡Qué igual es nuestra suerte!

Yo floto en mi tristeza, que es honda y que no brilla,
en tanto que los vientos me arrancan de la orilla
con rumbo a las oscuras riberas de la muerte.

XV

LUCES Y CARNES

Rayos de sol en plenitud esmaltan
el gris del lago, en claridades blondas,
y son insectos de cristal que saltan
sobre la turbia seda de las ondas.

En las vecinas márgenes exaltan
el verdor enfermizo de las frondas,
y de la sierra en el confín, cobaltan
las lejanías. Junto a las redondas

redes, que están al sol, desnudos juegan
y a sus retozos cándidos se entregan,
dos niños en la arena de la orilla,

y la luz, de doradas palideces,
en aquellas oscuras desnudeces,
con maternales complacencias brilla.

XVI

EL TRIUNFO DEL AZUL

El rosicler ardiente de la mañana pinta
el lago de una pálida sangre de rosas. Quietas
están las aguas, donde como una frágil cinta
la luz ondula y abre sus caprichosas grietas

de plata. Y a los lejos, en carmesí se entinta
el cielo en que las cumbres recortan sus siluetas;
las púrpuras se funden en vahos vïoletas
y queda al fin del rojo la claridad extinta.

Triunfa el azul en gloria; triunfa el azul tramado
de argentos y de oros, como imperial brocado;
es el azul profundo que baña de luz pura

el promontorio rígido y el lago que se enarca;
y sólo, en lo distante, la vela de una barca
pone su dulce nota de virginal blancura.

XVII

VOCES EN LA SOMBRA

En el silencio triste de la noche que empieza,
se oye una voz que viene de lejos, de una mancha
distinta en las penumbras solemnes, de una lancha
que sobre el horizonte su mástil endereza.

Bronca es la voz, de un timbre de salvaje fiereza;
mas al cruzar del lago por la sonora plancha,
yo no sé en qué misterios musicales ensancha
la canción su doliente y adorable tristeza.

Solloza humanos duelos la popular y ruda
canción, y los desgrana sobre la noche muda...
Son del dolor perenne los viejos estribillos.

Un alma primitiva cantando está un tormento;
y es una voz que lleva por acompañamiento
el diálogo estridente de los insomnes grillos.

XVIII

ENVÍO

A ti, viejo poeta, con quien crucé yo un día,
gozoso e impaciente, los lagos del ensueño;
tú eras robusto y grande, yo débil y pequeño,
mas tu barca de oro dio asilo a mi alegría.

Tu juventud ilusa fue hermana de la mía;
tu empeño, noble y alto, fue amigo de mi empeño;
hoy que es fronda de otoño nuestro bote abrileño,
tu pena es camarada de mi melancolía.

A ti va mi poema, vivido frente a frente
del agua y de los cielos, en una hora clemente
pasada en el regazo de la naturaleza.

Va a despertar, si puede, dormidas añoranzas;
a reencender, si sabe, rescoldos de esperanzas,
y a divertir con sueños tu plácida tristeza.

Diciembre de 1906

Vieja lágrima

Voces de la sombra interior

Como en el fondo de la vieja gruta,
perdida en el riñón de la montaña,
desde hace siglos, silenciosamente,
   cae una gota de agua,
aquí, en mi corazón oscuro y solo,
en lo más escondido de la entraña,
oigo caer, desde hace mucho tiempo,
   lentamente, una lágrima.

¿Por qué resquicio oculto se me filtra?
¿De cuáles fuentes misteriosas mana?
¿De qué raudal fecundo se desprende?
¿Qué remoto venero me la manda?

¡Quién sabe!... Cuando niño, fue mi lloro
rocío celestial de la mañana;
cuando joven, fue nube de tormenta,
tempestad de pasión, lluvia de ansias.
Más tarde, en un anochecer de invierno,
   mi llanto fue nevasca...

Hoy no lloro... Ya está seca mi vida
   y serena mi alma.
Sin embargo... ¿Por qué siento que cae
   así, lágrima y lágrima,
tal fuente inagotable de ternura,
tal vena de dolor que no se acaba?
¡Quién sabe! Y no soy yo: son los que fueron;
mis genitores tristes; es mi raza;
los espíritus apesadumbrados,
   las carnes flageladas;
milenarios anhelos imposibles,
   místicas esperanzas,
melancolías bruscas y salvajes,
cóleras impotentes y selváticas.
Al engendrarme el sufrimiento humano,
en mí dejó sus marcas,
sus desesperaciones, sus angustias,
sus gritos, sus blasfemias, sus plegarias.

Es mi herencia, mi herencia la que llora
        en el fondo del ánima;
mi corazón recoge, como un cáliz,
el dolor ancestral, lágrima a lágrima.
Así lo entregaré, cuando en su día,
del seno pudoroso de la amada,
corporizados besos, otros seres,
transformaciones de mi vida, salgan.

Estoy frente a mi mesa de trabajo.
La tarde es linda. Alumbra el sol mi estancia.
Afuera, en el jardín, oigo las voces
de los niños, que ríen y que cantan.
Y pienso: acaso, ¡pobres criaturas!,
sin daros cuenta, en medio a la algazara,
ya en vuestro alegre corazón se filtra,
silenciosa y tenaz, ¡la vieja lágrima!...

Octubre de 1909

La balada de la vuelta del juglar

A Rubén M. Campos

—Dolor: ¡qué callado vienes!
¿Serás el mismo que un día
se fue y me dejó en rehenes
un joyel de poesía?
¿Por qué la queja retienes?
¿Por qué tu melancolía
no trae ornadas las sienes
de rosas de Alejandría?
¿Qué te pasa? ¿Ya no tienes
romances de *yoglería*,
trovas de amor y desdenes,
cuentos de milagrerías?
Dolor: tan callado vienes
que ya no te conocía...

Y él, nada dijo. Callado,
con el jubón empolvado,
y con gesto fosco y duro,

vino a sentarse a mi lado,
en el rincón más oscuro,
frente al fogón apagado.

Y tras lento meditar,
como en éxtasis de olvido,
en aquel mudo penar,
nos pusimos a llorar
con un llanto sin rüido...

Afuera, sonaba el mar...

Noviembre de 1913

La elegía del retorno

A Francisco A. de Icaza

Volveré a la ciudad que yo más quiero
después de tanta desventura; pero
ya seré en mi ciudad un extranjero.

A la ciudad azul y cristalina
volveré; pero ya la golondrina
no encontrará su nido en la rüina.

Volveré tras un año y otro año
de miseria y dolor. Como un extraño
han de verme pasar, solo y huraño.

Volveré por la noche. En la penumbra
miraré la ciudad que arde y deslumbra
como nube de chispas que se encumbra.

Buscaré un pobre lecho en la posada,
y mojaré de llanto la almohada
y me alzaré de prisa a la alborada.

Veré, a las luces de la aurora, inciertas,
las calles blancas, rígidas, desiertas,
los muros grises, las claustrales puertas.

Mis pasos sonarán en las baldosas
con graves resonancias misteriosas
y dulcemente me hablarán las cosas.

Desde el pretil del muro desconchado
los buenos días me dará el granado
y agregará: —¡Por Dios, cómo has cambiado!

Y la ventana de burgués aliño
dirá: —¡Aquí te esperaba un fiel cariño!
Y el templo: —Aquí rezaste cuando niño.

Dirá la casa: —¡Verme te consuela!
—¿Nunca piensas en mí? —dirá la escuela—
y —¡Qué travieso fuiste!— la plazuela.

Y en esa soledad, que reverencio,
en la muda tragedia que presencio,
dialogaré con todo en el silencio.

Caminaré; caminaré... Y, serenas,
mis pasos seguirán, mansas y buenas,
como perros solícitos, las penas.

*

Y tornaré otra vez a la posada,
y esperaré la tarde sonrosada,
y saldré a acariciar con la mirada

la ciudad que yo amé desde pequeño,
la de oro claro, la de azul sedeño,
la de horizonte que parece ensueño.

(¡Cómo en mi amargo exilio me importuna
la visión de mi valle, envuelto en luna,
el brillo del cristal de mi laguna,

el arrabal polvoso y solitario,
la fuente antigua, el tosco campanario,
la roja iglesia, el bosque milenario!

¡Cómo han sido mi angustia y mi desvelo,
el panorama de zafir, el hielo
de los volcanes decorando el cielo!)

Veré las avenidas relucientes,
los parques melancólicos, las gentes
que ante mí pasarán indiferentes.

O tal vez sorprendido, alguien se asombre,
y alguien se esfuerce en recordar mi nombre,
y alguien murmure: ¡Yo conozco a ese hombre!

Iré como un sonámbulo: abstraído
en la contemplación de lo que he sido
desde la sima en que me hundió el olvido.

Iré sereno, resignado y fuerte,
mirando cómo transformó mi suerte
la ingratitud, más dura que la muerte.

Y en el jardín del beso y de la cita,
me sentaré en mi banca favorita,
por ver el cielo y descansar mi cuita.

Entre la sombra, me dirán las flores:
—¿Por qué no te acompañan tus amores?
Tú eras feliz; resígnate; no llores—.

Y en el jardín que la penumbra viste
podré soñar en lo que ya no existe,
y el corazón se sentirá más triste.

Evocaré los seres y las cosas,
y cantarán, con voces milagrosas,
las almas pensativas de las rosas.

Mas ni un mirar piadoso; ni un humano
acento, ni una amiga, ni un hermano,
ni una trémula mano entre mi mano.

Entonces, pensaré con alegría
en que me ha de cubrir, pesada y fría,
tierra sin flores, pero tierra mía.

Y tornaré de noche a la posada,
y, al pedir blando sueño a la almohada,
sintiendo irá la vida fatigada
dolor, tristeza, paz, olvido, nada...

◆

Amado Nervo

(1870-1919)

Nacido en Tepic, hoy Nayarit, Nervo estudió en el Seminario de Zamora, se incorporó a la *Revista Azul* y dirigió con Jesús E. Valenzuela la *Revista Moderna*. Adquirió su prestigio gracias a una novela juvenil: *El bachiller*. Fue de principio a fin un prosista notable y uno de los primeros en practicar la ficción científica en castellano. Vivió algún tiempo en París cerca de Rubén Darío. Allí conoció a su gran amor, Ana Cecilia Luisa Dailliez. Pasó trece años en Madrid como diplomático. La muerte de Ana Cecilia en 1912 y la Revolución mexicana transformaron su obra.

Al morir Darío, Nervo fue aclamado como el primer poeta del idioma. Ministro en Argentina y Uruguay, murió antes de cumplir cincuenta años. Sus honras fúnebres se convirtieron en apoteosis continental. En mayor medida que a Peza, los críticos han castigado a Nervo por la inmensa popularidad de sus textos finales, de aspiración mística y "sin literatura", libros que Ernesto Mejía Sánchez ha reunido en el tomo 171 de la serie Sepan Cuantos. Mejía Sánchez ha publicado también la mejor selección disponible de sus *Versos y prosa* en Clásicos Patria (1984).

A pesar de la reivindicación iniciada en 1968 por Manuel Durán (*Genio y figura de Amado Nervo*), no recibe aún el sitio que merece por sus primeros libros, de *Perlas negras* (1898) a *Los jardines interiores* (1905). Este otro Nervo es el poeta central de la lírica mexicana en el cambio de siglo, dueño de una variedad temática y una habilidad rítmica que nadie igualó. El conflicto entre la moral católica y el decadentismo que se libra en los poemas de Nervo anuncia a López Velarde. "La hermana agua" parece un preludio a *Muerte sin fin*. Alfonso Méndez Plancarte editó sus *Poesías completas* (1962). Antonio Castro Leal hizo una selección de sus *Cien mejores poemas* (1969).

Oremus

Para Bernardo Couto Castillo[78]

Oremos por las nuevas generaciones,
abrumadas de tedios y decepciones;
con ellas en la noche nos hundiremos.
Oremos por los seres desventurados,
de mortal impotencia contaminados...
　　　¡Oremos!

Oremos por la turba que a crüel prueba
sometida, se abate sobre la gleba;
galeote que agita siempre los remos
en el mar de la vida revuelto y hondo,
danaide que sustenta tonel sin fondo...
　　　¡Oremos!

Oremos por los místicos, por los neuróticos,
nostálgicos de sombra, de templos góticos
y de cristos llagados, que con supremos
desconsuelos recorren su ruta fiera,
levantando sus cruces como bandera.
　　　¡Oremos!

Oremos por los que odian los ideales,
por los que van cegando los manantiales
de amor y de esperanza de que bebemos,
y derrocan al Cristo con saña impía,
y después lloran, viendo l'ara vacía...
　　　¡Oremos!

Oremos por los sabios, por el enjambre
de artistas exquisitos que mueren de hambre.
¡Ay! el pan del espíritu les debemos,
aprendimos por ellos a alzar las frentes,
y helos pobres, escuálidos, tristes, dolientes...
　　　¡Oremos!

[78] *Bernardo Couto Castillo* (1880-1901), fundador de la *Revista Moderna*, publicó un solo libro, *Asfodelos*, a los 17 años, y murió a los 21, víctima de las drogas y el alcohol.

Oremos por las células de donde brotan
ideas-resplandores, y que se agotan
prodigando su savia: no las burlemos.
¿Qué fuera de nosotros sin su energía?
¡Oremos por el siglo, por su agonía,
del Suicidio en las negras fauces!

                                        ¡Oremos!

                        1896

A Felipe II

A Rafael Delgado

Ignoro qué corriente de ascetismo,
qué relación, qué afinidad oscura
enlazó tu tristeza y mi tristura
y adunó tu idealismo y mi idealismo;

mas sé por intuición que un astro mismo
surgió de nuestra noche en la pavura,
y que en mí como en ti riñe la altura
un combate mortal con el abismo.

¡Oh rey, eres mi rey! Hosco y sañudo
también soy; en un mar de arcano duelo
mi luminoso espíritu se pierde,

y escondo como tú, soberbio y mudo,
bajo el negro jubón de terciopelo,
el cáncer implacable que me muerde.

                        1896

A Kempis[79]

Sicut nubes, quasi naves
velut umbra...

Ha muchos años que busco el yermo,
ha muchos años que vivo triste,
ha muchos años que estoy enfermo,
¡y es por el libro que tú escribiste!

¡Oh Kempis, antes de leerte, amaba
la luz, las vegas, el mar Océano;
más tú dijiste que todo acaba,
que todo muere, que todo es vano!

Antes, llevado de mis antojos,
besé los labios que al beso invitan,
las rubias trenzas, los grandes ojos,
¡sin acordarme que se marchitan!

Mas como afirman doctores graves,
que tú, maestro, citas y nombras,
que el hombre pasa *como las naves,*
como las nubes, como las sombras...,

huyo de todo terreno lazo,
ningún cariño mi mente alegra,
y con tu libro bajo del brazo
voy recorriendo la noche negra...

¡Oh Kempis, Kempis, asceta yermo,
pálido asceta, qué mal me hiciste!
¡Ha muchos años que estoy enfermo,
y es por el libro que tú escribiste!

[79] *Kempis*: Thomas à Kempis (1380-1471), monje alemán a quien generalmente se atribuye la obra devocional *Imitación de Cristo* (1472), aunque varios eruditos modernos suponen que fue escrita por Gerard Groote (1340-84), reformador católico holandés. En su desdén del mundo y el intelecto la *Imitación* ejerció una influencia decisiva sobre Nervo.

El muecín

Cual nidada de palomas, se acurruca, se repliega
en los flancos verdinegros de la plácida colina
el islámico poblado; más allá luce la vega
sus matices que semejan los de alfombra damasina.

Como egipcia columnata donde al aura veraniega
finge trémolos medrosos, el palmar en la vecina
hondonada se prolonga. Todo es paz; la noche llega
con la frente diademada por la estrella vespertina.

Es la hora del misterio; ya la sierva nazarita
unge el cuerpo de su dueña con suavísimas unciones;
el fakir, enjuto y grave, bajo un pórtico medita.

De improviso, con sonoras y dolientes inflexiones,
desde el alto minarete de la cóncava mezquita,
un muecín de barba nívea deja oír sus oraciones.

Andrógino
(Lubricidades tristes)

Por ti, por ti clamaba, cuando surgiste,
infernal arquetipo, del hondo Erebo,
con tus neutros encantos, tu faz de efebo,
tus senos pectorales, y a mí viniste.

Sombra y luz, yema y polen a un tiempo fuiste,
despertando en las almas el crimen nuevo,
ya con virilidades de dios mancebo,
ya con mustios halagos de mujer triste.

Yo te amé porque, a trueque de ingenuas gracias,
tenías las supremas aristocracias:
sangre azul, alma huraña, vientre infecundo;

porque sabías mucho y amabas poco,
y eras síntesis rara de un siglo loco
y floración malsana de un viejo mundo.

El violoncello

El violoncello sufre más que el violín; la viola
lo sabe y no lo dice cuando se lo pregunto:
se lo veda la divagación del contrapunto
que su motivo a sabia complejidad inmola.

El violoncello dijo su leitmotiv, y sola
predominó en la orquesta su angustia; mas al punto
los cobres la envolvieron en escándalo, y junto
a sus discretas quejas abrieron la corola.

El violoncello sufre más que el pausado trío
cordal que glosa su alma (¿verdad, Rubén Darío?)
y será salvo a causa de sus penas divinas;

mas seguirá llorando su aspiración ignota,
mientras que en el pentagrama de Dios no haya una nota
que por él morir quiera coronada de espinas.

Londres

Desde el vitral de mi balcón distingo,
al fulgor del crepúsculo, la ignota
marejada de calles, en que flota
la bíblica modorra del domingo.

La bruma lenta y silenciosa empieza,
fantasmagorizando los perfiles,
a envolver la metrópoli en sutiles
velos trémulos. —Yo tengo tristeza:

la bíblica tristeza de este día,
la tristeza de inútil romería
que remata en inviernos agresores;

el tedio de lloviznas pertinaces,
y tu *spleen*, niebla límbica, que haces
manchas grises de todos los colores.

En Bohemia

—Gitana, flor de Praga: diez *kreutzers* si me besas.
En tanto que a tu osezno fatiga el tamboril,
que esgrimen los *kangiares* las manos juglaresas
y lloran guzla y flauta—, tus labios, dame, fresas
        de abril

Apéate del asno gentil que encascabelas;
los niños atezados, que tocan churumbelas,
harán al beso coro con risas de cristal.

Por Dios, deja tu rueca de cobre y a mi apremio
responde. Si nos mira tu zíngaro bohemio,
no temas: ¡en Dalmacia forjaron mi puñal!

Rondós vagos
[Fragmentos]

II

Como blanca teoría por el desierto,
desfilan silenciosas mis ilusiones,
sin árbol que les preste sus ramazones,
ni gruta que les brinde refugio cierto.

La luna se levanta del campo yerto
y, al claror de sus lívidas fulguraciones,
como blanca teoría mis ilusiones
desfilan silenciosas por el desierto.

En vano al cielo piden revelaciones;
son esfinges los astros, Edipo ha muerto;
y a la faz de las viejas constelaciones
desfilan silenciosas mis ilusiones
como blanca teoría por el desierto.

III

Pasas por el abismo de mis tristezas
como un rayo de luna sobre los mares,
ungiendo lo infinito de mis pesares
con el nardo y la mirra de tus ternezas.

Ya tramonta mi vida, la tuya empiezas;
mas, salvando del tiempo los valladares,
como un rayo de luna sobre los mares
pasas por el abismo de mis tristezas.

No más en la tersura de mis cantares
dejará el desencanto sus asperezas;
pues Dios, que dio a los cielos sus luminares,
quiso que atravesaras por mis tristezas
como un rayo de luna sobre los mares.

IV

Yo vengo de un brumoso país lejano
regido por un viejo monarca triste...
Mi numen sólo busca lo que es arcano,
mi numen sólo adora lo que no existe.

Tú lloras por un sueño que está lejano,
tú aguardas un cariño que ya no existe;
se pierden tus pupilas en el arcano
como dos alas negras, y estás muy triste.

Eres mía: nacimos de un mismo arcano,
y vamos, desdeñosos de cuanto existe,
en pos de ese brumoso país lejano,
regido por un viejo monarca triste...

Vieja llave

Esta llave cincelada
que en un tiempo fue colgada
(del estrado a la cancela,
de la despensa al granero)
del llavero
de la abuela,
y en continuo repicar
inundaba de rumores
los vetustos corredores;
esta llave cincelada,
si no cierra ni abre nada
¿para qué la he de guardar?

Ya no existe el gran ropero,
la gran arca se vendió:
sólo en un baúl de cuero,
desprendida del llavero,
esta llave se quedó.

Herrumbrosa, orinecida,
como el metal de mi vida,
como el hierro de mi fe,
como mi querer de acero,
esta llave sin llavero
¡nada es ya de lo que fue!

Me parece un amuleto
sin virtud y sin respeto;
nada abre, no resuena...,
¡me parece una alma en pena!

Pobre llave sin fortuna
...y sin dientes, como una
vieja boca: si en mi hogar
ya no cierras ni abres nada
pobre llave desdentada,
¿para qué te he de guardar?

*

Sin embargo, tú sabías
de las glorias de otros días:
del mantón de seda fina
que nos trajo de la China
la gallarda, la ligera
española nao fiera.
Tú sabías de tibores
donde pájaros y flores
confundían sus colores;
tú, de lacas, de marfiles,
y de perfumes sutiles
de otros tiempos; tu cautela
conservaba la canela,
el cacao, la vainilla,
la süave mantequilla,
los grandes quesos frescales
y la miel de los panales,

tentación del paladar;
mas si hoy, abandonada,
ya no cierras ni abres nada,
pobre llave desdentada,
¿para qué te he de guardar?

*

Tu torcida arquitectura
es la misma del portal
de mi antigua casa oscura
(que en un día de premura
fue preciso vender mal).

Es la misma de la ufana
y luminosa ventana
donde Inés, mi prima, y yo
nos dijimos tantas cosas
en las tardes misteriosas
del buen tiempo que pasó...

Me recuerdas mi morada,
me retratas mi solar;
mas si hoy, abandonada,
ya no cierras ni abres nada,
pobre llave desdentada,
¿para qué te he de guardar?

Renunciación

¡Oh, Siddharta Gautama!, tú tenías razón:
las angustias nos vienen del deseo; el edén
consiste en no anhelar, en la renunciación;
quien no desea nada, dondequiera está bien.

El deseo es un vaso de infinita amargura,
un pulpo de tentáculos insaciables, que al par
que se cortan, renacen para nuestra tortura.
El deseo es el padre del esplín, de la hartura,
¡y hay en él más perfidias que en las olas del mar!

Quien bebe como el Cínico el agua con la mano,
quien de volver la espalda al dinero es capaz,

quien ama sobre todas las cosas al Arcano,
¡ése es el victorioso, el fuerte, el soberano,
y no hay paz comparable con su perenne paz!

En paz

Artifex vitae, artifex sui.

Muy cerca de mi ocaso, yo te bendigo, Vida,
porque nunca me diste ni esperanza fallida,
ni trabajos injustos, ni pena inmerecida;

porque veo, al final de mi rudo camino,
que yo fui el arquitecto de mi propio destino;

que si extraje las mieles o la hiel de las cosas,
fue porque en ella puse hiel o mieles sabrosas;
cuando planté rosales coseché siempre rosas.

... Cierto, a mis lozanías va a seguir el invierno:
¡mas tú no me dijiste que mayo fuese eterno!

Hallé sin duda largas las noches de mis penas;
mas no me prometiste tú sólo noches buenas;
y en cambio, tuve algunas santamente serenas...

Amé, fui amado, el sol acarició mi faz.
¡Vida, nada me debes! ¡Vida, estamos en paz!

◆

Rafael López

(1873-1943)

Rafael López, nacido en Guanajuato, cumplió el ideal de parnasianos y simbolistas: ser autor de un solo libro, *Con los ojos abiertos* (1912). Poco antes de su muerte retiró de la circulación un segundo volumen por las erratas que lo agobiaban. Antonio Acevedo Escobedo publicó en 1965 *Prosas transeúntes* y en los últimos veinte años Serge Iván Zaïtzeff le ha dedicado el libro *Rafael López, poeta y prosista* y es el editor de sus *Crónicas escogidas,* una antología de verso y prosa, *La Venus de la Alameda,* y finalmente su *Poesía reunida* (1984). Junto a Nervo, López inicio un proceso nacionalizador dentro del modernismo y en este sentido orientó la búsqueda de su amigo López Velarde quien, a su vez, hizo encontrar un nuevo acento a su maestro, como puede apreciarse en "Venus suspensa".

La Bestia de Oro

La tierra adonde el Bóreas[80] rugiente se encamina
y el indio mar engolfa sin tregua sus espumas
para besar un flanco de la morena ondina;
allí donde una máxima flor de esencia latina
fue regada con sangre de nobles Moctezumas;

la tierra que fue savia del viejo tronco azteca,
nodriza de Cuauhtémoc y Nezahualcoyotl,
la que heredó las artes ancestras del tolteca
e hiló en las patrias rocas —maravillosa rueca—
las rutas siderales de la Piedra del Sol;

la que entre dos océanos, cual náyade imprevista,
se levantó a los ojos ardientes de Cortés
y no tembló en sus fieras montañas de amatista
al ver pasar el rojo corcel de la Conquista,
entre el mortal relámpago del español arnés;

la tierra de los montes azules, cuyos flancos
floridos se duplican en lagos de cristal;
la de las verdes selvas y los volcanes blancos;
la tierra que en la clara luz de sus cielos francos
pintó con el arco iris las plumas del quetzal;

ve allá, tras los pinares del Norte, la amenaza
que entre la polvareda de un bárbaro tropel,
hace la Bestia de Oro con su potente maza:
la poderosa Bestia signos funestos traza,
ebria de orgullo, desde su torre de Babel.

---

[80] *Bóreas*: viento norte.

Ya llega hasta los Andes el estridente coro
de los pueblos que claman temblando de terror;
un crimen la vergüenza parece, y el decoro.
Hay que doblar la rótula frente a la Bestia de Oro
y que adorar al bíblico Nabucodonosor.

Codo con codo, inerme bajo su garra púnica,
el débil va a las horcas impías de su ley:
la potestad del dólar es su *Imperatrix* única;
se secan las olivas más verdes en su túnica
y Shylock lanza trozos humanos a la grey.

En este gran crepúsculo del esplendor latino,
el águila de Anáhuac —símbolo de blasón—
ve moribunda a un cuervo color de su destino,
que clava en lambrequines[81] grasientos de tocino
las prosapias impuras del riel y del carbón.

Time is money ulula su resoplar de toro
junto al sueño latino clavado en una cruz.
¡Oh síntesis grotesca del prócer refrán moro
que dijo bellamente: el tiempo es polvo de oro,
colmillos de elefante y plumas de avestruz!

¿Cómo la virgen criolla de fiera sangre hispana
que ve en su historia alzarse la sombra de Colón
podrá echar al olvido su estirpe soberana?...
¿Irá, dioses crüeles, como una cortesana,
a perfumar los rudos cabellos de Sansón?...

¿Sólo con la protesta de vano gesto agónico
veremos a la Bestia chafar nuestro laurel
y derrumbar la estatua y el bello mármol jónico?...
¿Colgadas en la fronda del sauce babilónico,
hará llorar el viento las liras de Israel?...

Oh patria de Cuauhtémoc, insigne patria azteca
de los duros abuelos, en cuya tradición
hunden los férreos cascos Rocinante y Babieca,

[81] *Lambrequines*: "adorno en forma de hoja de acanto que baja del casco y rodea el escudo".

antes que al viento ruedes cual débil hoja seca,
oh, patria infortunada, oye mi imprecación:

Popocatépetl, cumbre paterna, que se rompa
tu frente en el fracaso[82] de una explosión sin fin,
y la ciudad destruya, y el árbol, y la pompa
de nuestro valle espléndido como un vasto jardín.

Que el sol, en los caminos del cielo, se corrompa
sobre la tumba hollada de Hidalgo, el paladín,
y hurgue el chacal inmundo con su siniestra trompa
la tierra, brava madre del gran Cuauhtemozín.

Que se vuelquen los mares, que estalle una de aquellas
catástrofes que avientan los montes de revés;
que abra los cielos una tempestad de centellas;

que cave hondos abismos la tierra a nuestros pies...
antes que ver las *barras* con las turbias *estrellas*
flotar sobre el antiguo palacio de Cortés.[83]

Venus suspensa

Tu presencia en mi sombra se divulga
como el vuelo de un pájaro escarlata
con el que un pardo atardecer comulga.

Y tu alegría matinal desata
un sonoro esplendor sobre mi vida;
es una esquila de cristal y plata

que, en silencio de muerte sacudida,
me lleva del pavor del Viernes Santo
al júbilo de la Pascua florida.

---

[82] *Fracaso*: estruendo, galicismo muy empleado por los modernistas.
[83] *Palacio de Cortés*: no el de Cuernavaca sino el Palacio Nacional, que fue originalmente residencia del conquistador.

Absuelto el corazón que su quebranto,
con el hechizo de tu primavera,
se agita en rosicler y en amaranto.

Así pinta la nube —pasajera
en el navío ardiente de la aurora—
la habitual palidez de su bandera.

El instante de nuevo se avalora
con la esperanza nómada que el día
pugna en fijar al ancla de la hora.

Vuelve el halago de la melodía
que la ilusión maravillada canta
en un crepuscular violín de Hungría.

Un conjuro se gesta en la garganta
a las pupilas de inquietud de onda
que abrió el Maligno en tu perfil de santa.

A la audacia le grito que se esconda
y a la emoción que siga en su retiro,
pues sólo tengo en tu belleza blonda

un sepulcro de oro a mi suspiro
y un sudario de nieve a mi deseo
—roto avión en escollos de zafiro.

En un milagro estoy; cuando te veo
se deshace la hora en su segundo,
como el relámpago en su centelleo.

Me da la vida su ritmo profundo,
la pavesa interior sustenta llama
y un insólito abril me embruja el mundo.

Juventud, gracia, amor, es tu anagrama
claro, pero insoluble a mis delirios;
quisiera, para descifrar su trama,

ser jardinero entre dulces martirios,
tras cómplice cortina de sonrojos
en tu regazo de rosas y lirios,

sobre tu boca de jacintos rojos,
y tardo sol de veraniego alarde
demorado en las hiedras de tus ojos.

Y en un palmo de azul, sola tu huella,
alivia mi crepúsculo cobarde,
cual la paloma de Venus la bella
suspensa en las cornisas de la tarde.

◆

Efrén Rebolledo

(1877-1929)

Nació en Actopan, Hidalgo, en una de las comunidades indígenas más explotadas del país. Se abrió camino gracias a una beca del Instituto Científico y Literario de Pachuca. Entró en el servicio diplomático, fue secretario de Federico Gamboa en Guatemala y colaboró en la *Revista Moderna*. Vivió siete años en el Japón y uno en China. Al volver a México defendió como diputado a los pobladores del Mezquital. En 1917 dirigió con López Velarde y González Martínez la revista *Pegaso*. Continuó su carrera en Noruega, Francia, Holanda y España. Murió en Madrid en 1929.

Rebolledo es autor de siete libros de poemas, rehechos una y otra vez y refundidos en *Joyelero* (1922), y de una importante obra en prosa, de la que debe mencionarse en especial su novela corta *Salamandra* (1919). Rebolledo incorpora al modernismo temas y escenarios de los que él tuvo experiencia directa y otros poetas conocieron nada más en los libros.

La mayor singularidad de Rebolledo está en los doce sonetos de *Caro victrix* (Carne victoriosa, 1916). Xavier Villaurrutia escribió en 1939, al prologar sus *Poemas escogidos,* que éstos eran "los más intensos y hasta ahora mejores poemas de amor sexual de la poesía mexicana". Pagó un precio por la audacia de publicar en 1916 versos que hoy pueden parecer inocentes: al morir, con casi treinta años en la diplomacia, era apenas secretario de legación. Luis Mario Schneider editó las *Obras completas* de Rebolledo (1968) y reunió en un solo tomo *Caro victrix* y *Salamandra* (1979). Guillermo Sheridan hizo una *Breve antología* para la serie "Material de lectura" (1980).

Caro Victrix

POSESIÓN

Se nublaron los cielos de tus ojos,
y como una paloma agonizante,
abatiste en mi pecho tu semblante
que tiñó el rosicler de los sonrojos.

Jardín de nardos y de mirtos rojos
era tu seno mórbido y fragante,
y al sucumbir, abriste palpitante
las puertas de marfil de tus hinojos.

Me diste generosa tus ardientes
labios, tu aguda lengua que cual fino
dardo vibraba en medio de tus dientes.

Y dócil, mustia, como débil hoja
que gime cuando pasa el torbellino
gemiste de delicia y de congoja.

EL BESO DE SAFO[84]

Más pulidos que el mármol transparente,
más blancos que los blancos vellocinos,
se anudan los dos cuerpos femeninos
en un grupo escultórico y ardiente.

Ancas de cebra, escorzos de serpiente,
combas rotundas, senos colombinos,
una lumbre los labios purpurinos,
y las dos cabelleras un torrente.

En el vivo combate, los pezones
que se embisten, parecen dos pitones
trabados en eróticas pendencias,

---

[84] *Safo* vivió en el siglo VI antes de Cristo. Nacida en Mitilene, Lesbos, creó el poema lírico personal que a través de Catulo y Ovidio pasó a todas las lenguas occidentales. Su obra nos ha llegado casi toda en fragmentos.

y en medio de los muslos enlazados,
dos rosas de capullos inviolados
destilan y confunden sus esencias.

ANTE EL ARA

Te brindas voluptuosa e impudente,
y se antoja tu cuerpo soberano
intacta nieve de crestón lejano,
nítida perla de sedoso oriente.

Ebúrneos brazos, nuca transparente,
aromático busto beso ufano,
y de tu breve y satinada mano
escurren las caricias lentamente.

Tu seno se hincha como láctea ola,
el albo armiño de mullida estola
no iguala de tus muslos la blancura,

mientras tu vientre al que mi labio inclino
es un vergel de lóbrega espesura,
un edén en un páramo de lino.

TRISTÁN E ISOLDA[85]

Vivir encadenados es su suerte,
se aman con un anhelo que no mata
la posesión, y el lazo que los ata
desafía a la ausencia y a la muerte.

Tristán es como el bronce, oscuro y fuerte,
busca el regazo de pulida plata,
Isolda chupa el cáliz escarlata
que en crespo matorral esencias vierte.

---

[85] *Tristán e Isolda*: la leyenda de Tristán e Isolda, los amantes unidos por un eterno amor
que nunca pueden realizar, es considerada en el libro de Denis de Rougemont *L'amour
et l'Occident* (1939) el paradigma del amor romántico occidental que para ser verdadero
ha de ser desdichado. La historia se originó en Irlanda y una de las primeras versiones
es la de Béroul, de quien nada se sabe. Alicia Yllera acaba de hacer una reconstrucción en
lengua castellana: *Tristan e Iseo* (Alianza Editorial, 1985).

Porque se ven a hurto, el adulterio
le da un sutil y criminal resabio
a su pasión que crece en el misterio.

Y atormentados de ansia abrasadora,
beben y beben con goloso labio
sin aplacar la sed que los devora.

SALOMÉ[86]

Son cual dos mariposas sus ligeros
pies, y arrojando el velo que la escuda,
aparece magnífica y desnuda
al fulgor de los rojos reverberos.

Sobre su oscura tez lucen regueros
de extrañas gemas, se abre su menuda
boca, y prodigan su fragancia cruda
frescas flores y raros pebeteros.

Todavía anhelante y sudorosa
de la danza sensual, la abierta rosa
de su virginidad brinda al tetrarca,

y contemplando el lívido trofeo
de Yokanán, el núbil cuerpo enarca
sacudida de horror y deseo.

EL VAMPIRO[87]

Ruedan tus rizos lóbregos y gruesos
por tus cándidas formas como un río,
y esparzo en su raudal crespo y sombrío
las rosas encendidas de mis besos.

[86] *Salomé,* la hija de Herodes y Herodías que danzó para obtener en recompensa la cabeza de san Juan Bautista (San Mateo 14:3 y San Marcos 6:6-28), se volvió a fines del siglo XIX el prototipo de la "mujer fatal" que no tardaría en ser comercializada por el cine. Según Huysmans, que en *À rebours* describe a la Salomé imaginada por el pintor Gustave Moreau, "ella de algún modo se convertía en la deidad simbólica de la lujuria indestructible, en diosa de la inmortal histeria, en belleza maldita".

[87] *Vampiro*: en el mundo eslavo, sobre todo en los Balcanes, se difundió la creencia de que los malos espíritus se adueñan de los cadáveres para existir en ellos y mantenerse

En tanto que descojo los espesos
anillos, siento el roce leve y frío
de tu mano, y un largo calosfrío
me recorre y penetra hasta los huesos.

Tus pupilas caóticas y hurañas
destellan cuando escuchan el suspiro
que sale desgarrando mis entrañas,

y mientras yo agonizo, tú, sedienta,
finges un negro y pertinaz vampiro
que de mi ardiente sangre se sustenta.

LA TENTACIÓN DE SAN ANTONIO[88]

Es en vano que more en el desierto
el demacrado y hosco cenobita,
porque no se ha calmado la infinita
ansia de amar ni el apetito ha muerto.

Del oscuro capuz surge un incierto
perfil que tiene albor de margarita,
una boca encarnada y exquisita,
una crencha olorosa como un huerto.

Ante la aparición blanca y risueña,
se estremece su carne con ardores,
febriles bajo el sayo de estameña,

y piensa con el alma dolorida,
que en lugar de un edén de aves y flores,
es un inmenso páramo la vida.

sorbiendo la sangre de los vivos. El mito del vampiro se fundió con el de la "mujer fatal" en la literatura llamada decadente. El cine popularizó esta obsesión de los círculos minoritarios y designó como "vampiresas" a sus primeras estrellas.

[88] *San Antonio* (*circa* 315-350 d. C.) fue un noble egipcio que se deshizo de su fortuna para convertirse en ermitaño y resistió, según la leyenda, todas las tentaciones que el demonio pudo inventar. En torno suyo otros ermitaños crearon la Tebaida —llamada así por su cercanía a Tebas—, origen de los monasterios cristianos. Flaubert escribió en 1876 *La tentación de san Antonio*.

LETEO[89]

Saturados de bíblica fragancia
se abaten tus cabellos en racimo
de negros bucles, y con dulce mimo
en mi boca tu boca fuego escancia.

Se yerguen con indómita fragancia
tus senos que con lenta mano oprimo,
y tu cuerpo süave, blanco, opimo,
se refleja en las lunas de la estancia.

En la molicie de tu rico lecho,
quebrantando la horrible tiranía
del dolor y la muerte exulta el pecho,

y el fastidio letal y la sombría
desesperanza y el feroz despecho
se funden en tu himen de ambrosía.

EN LAS TINIEBLAS

El crespón de la sombra más profunda
arrebuja mi lecho afortunado,
y ciñendo tus formas a mi lado
de pasión te estremeces moribunda

Tu cabello balsámico circunda
los lirios de tu rostro delicado,
y al flotar por mis dedos destrenzado
de más capuz el tálamo se inunda.

Vibra el alma en mi mano palpitante
al palpar tu melena lujuriante,
surca sedosos piélagos de aromas,

[89] *Leteo*: nombre griego para la personificación del olvido y, sobre todo, nombre de uno de los ríos que bañan el infierno o Hades. Sus aguas hacen olvidar el pasado. Al beberlas los muertos borran de su memoria la existencia terrestre.

busca ocultos jardines de delicias,
y cubriendo las flores y las pomas
nievan calladamente mis caricias.

CLARO DE LUNA

Como un cisne espectral, la luna blanca
en el espacio transparente riela,
y en el follaje espeso, Filomela
melífluas notas de su buche arranca.

Brilla en el fondo oscuro de la banca
tu peinador de vaporosa tela,
y por las frondas de satín se cuela
o en los claros la nívea luz se estanca.

Después de recorrer el mármol frío
de tu pulida tez, toco una rosa
que se abre mojada de rocío;

todo enmudece, y al sentir el grato
calor de tus caricias, mi ardorosa
virilidad se enarca como un gato.

EL DUQUE DE AUMALE[90]

Bajo la oscura red de la pestaña
destella su pupila de deseo
al ver la grupa de esplendor sabeo
y el albo dorso que la nieve empaña.

---

[90] *El duque de Aumale*: no sabemos en cuál de los personajes que llevaron este título pensó Rebolledo. Probablemente se trata de Claudio II de Lorena (1523-1573), que en 1550 sucedió como duque de Aumale a su hermano Francisco, duque de Guisa y abuelo de María Estuardo. Tomó parte activa en las guerras de religión. Gobernador de Borgoña, resistió el sitio de Carlos V en Metz (1552). Ansioso de vengar la muerte de su sobrino, el segundo duque de Guisa (1519-63), Claudio de Lorena fue uno de los principales promotores de la noche de San Bartolomé (24 de agosto de 1572) en que los católicos asesinaron a miles de hugonotes (protestantes franceses) que habían ido a París a fin de asistir a las bodas de Enrique IV y Margarita de Valois.

Embiste el sexo con la enhiesta caña
igual que si campara en un torneo,
y con mano feliz ase el trofeo
de la trenza odorífera y castaña.

El garrido soldado de Lutecia
se ríe de sus triunfos, mas se aprecia
de haber abierto en el amor un rastro,

y gallardo, magnífico, impaciente,
como un corcel se agita cuando siente
la presión de su carga de alabastro.

INSOMNIO

Jidé, clamo, y tu forma idolatrada
no viene a poner fin a mi agonía;
Jidé, imploro, durante la sombría
noche y cuando despunta la alborada.

Te desea mi carne torturada,
Jidé, Jidé, y recuerdo con porfía
frescuras de tus brazos de ambrosía
y esencias de tu boca de granada.

Ven a aplacar las ansias de mi pecho,
Jidé, Jidé, sin ti como un maldito
me debato en la lumbre de mi lecho;

Jidé, sacia mi sed, amiga tierna,
Jidé, Jidé, Jidé, y el vano grito
rasga la noche lóbrega y eterna.

◆

Alfredo R. Placencia

(1873-1930)

Nadie tan diferente a los obispos Montes de Oca y Pagaza como el padre Placencia. Nació en Jalostotitlán, Jalisco, y fue en su infancia vendedor de periódicos. Se ordenó sacerdote, fue párroco en pueblos aislados, tuvo conflictos con los caciques y la jerarquía eclesiástica y pasó algunos años de destierro en California y El Salvador. Al terminar la guerra cristera quedó encargado de la iglesia de Tlaquepaque. Allí murió cuando sólo dos o tres jóvenes escritores jaliscienses sabían que ese humilde cura era el mejor poeta católico que tuvo México antes de Carlos Pellicer.

La poesía de Placencia es un monólogo apasionado en torno de aquella pregunta para la que no existe respuesta: por qué si hay Dios, si se cree en Dios, su silencio resulta la única contestación a la existencia del mal y el sufrimiento en el mundo. En 1924 el padre Placencia publicó tres libros en Barcelona: *El paso del dolor*, *Del cuartel y del claustro*, *El libro de Dios*. Luis Vázquez Correa añadió otros seis, inéditos hasta entonces, para integrar un volumen de *Poesías* (1959) que apenas ha circulado fuera de Guadalajara. Alejandro Avilés preparó una *Antología* de Placencia (1976).

Ciego Dios

Así te ves mejor, crucificado.
Bien quisieras herir, pero no puedes.
Quien acertó a ponerte en ese estado
no hizo cosa mejor. Que así te quedes.

Dices que quien tal hizo estaba ciego.
No lo digas; eso es un desatino.
¿Cómo es que dio con el camino luego,
si los ciegos no dan con el camino?...

Convén mejor en que ni ciego era,
ni fue la causa de tu afrenta suya.
¡Qué maldad, ni qué error, ni qué ceguera!...
Tu amor lo quiso y la ceguera es tuya.

¡Cuánto tiempo hace ya, Ciego adorado,
que me llamas, y corro y nunca llego!...

Si es tan sólo el amor quien te ha cegado,
ciégueme a mí también; quiero estar ciego.

Miserere

Corre tu velo.
Las antorchas celestes se han encendido
y hay más luz en tu cumbre que en el Carmelo.
De amor rendido,
quiero besar la fimbria de tu vestido,
y gritarte mis culpas, arrepentido,
y asomarme a tus ojos y ver el cielo
que hasta el monte en que pisas ha descendido.
Corre tu velo,
que te encubre a mis ojos y te guarda escondido.

Que tus ojos se aparten de mi pecado
y que, mansos, se inclinen a mi tristeza.
Si los yerros enormes de mi pasado
son sobre los cabellos de mi cabeza,
dueño adorado:
ten piedad de este pobre que va extraviado,
más que por su malicia, por su flaqueza.

Al pensar en lo injusto de mi desvío,
siento sonrojo
y me embriago en angustia, dulce Bien mío.
Álcese tu Clemencia sobre tu enojo;
vuélvanse a mí los brazos, a que me acojo,
y la boca blasfema calle el impío.

No me apartes tu rostro, templa tu saña.
No es blasón de tu brazo que así persiga
y descargue su azote sobre una caña.
¿Ya olvidaste mi historia? Soy una espiga
que mil veces el soplo menos airado
batió y deshizo.
Desde el claustro materno vengo heredado
con las grandes tristezas del paraíso.

¡Oh! qué noche tan triste la noche aquella
en que de mí se dijo: "¡Surge a la vida!... ".

¡Quién pudiera dejarla sin una estrella!...
Génesis y principio de tanto daño,
¿por qué no la tuviste siempre escondida?...
Con una noche menos, ¿qué pierde un año?

O si abrirse mis ojos estaba escrito,
¿a qué no sofocarme, cuando nacía?...
Sin el fardo que pesa sobre el proscrito,
fuera menor la mancha de mi delito,
y, al amor de la tumba, descansaría.

¡Oh!... mitiga mi angustia. Que tus enojos
nunca más en los tuyos miren mis ojos.
Aquí quema, aquí corta,
con tal de que me indultes y me perdones.
Le conviene al culpado y a ti te importa
que de blando y benigno tu enojo abones.

¿Qué logras, al herirme, si te olvidares
de que soy en tus dedos frágil arcilla?...
¿A quién dañas y ofendes, si perdonares?...
¿Los mares procelosos, que son los mares,
devoraron, acaso, la blanca orilla?...

Dueño adorado:
por la Llaga bendita de tu costado;
por la tristeza
que en el Huerto sentiste, desamparado;
por la Cruz que ha vencido tu fortaleza...
ten piedad de este pobre, que va extraviado
por su flaqueza.

Mi Cristo de cobre

Quiero un lecho raído, burdo, austero,
del hospital más pobre; quiero una
alondra que me cante en el alero;
y si es tal mi fortuna
que sea noche lunar la en que me muero,
entonces, oíd bien qué es lo que quiero:
quiero un rayo de luna

pálido, sutilísimo, ligero...
De esa luz quiérolo; de otra, ninguna.

Como el último pobre vergonzante,
quiero un lecho raído
en algún hospital desconocido,
y algún Cristo de cobre, agonizante,
y una tremenda inmensidad de olvido
que, al tiempo de sentir que me he partido,
cojan la luz y vayan por delante.
Con eso soy feliz, nada más pido.

¿Para qué más fortuna
que mi lecho de pobre,
y mi rayo de luna,
y mi alondra y mi alero,
y mi Cristo de cobre,
que ha de ser lo primero?...
Con toda esa fortuna
y con mi atroz inmensidad de olvido,
contento moriré; nada más pido.

La fatiga de las puertas

Cuando algún desamparo viene y me grita,
abriéndole mis puertas, dígole, pasa,
y le apresto las cosas que necesita
y ordeno que se alumbre toda la casa
por calentar al huésped que me visita.

Amo el añoso tronco por carcomido;
sueño las tempestades por ser oscuras;
amo, por olvidadas, las sepulturas,
y el ciego, por ser ciego, me fue querido.

No reparé en la mancha del que ha caído,
ya que caímos juntos; y mis ternuras,
si pesaron, acaso, sus desventuras,
fue para amortajarlas en el olvido.

Tal fui desde la cuna y estoy contento
siendo así, de ese modo que me es innato

e irá siempre conmigo. Lo que lamento
y hace el dolor insigne con que me mato,
es ceder al impulso del menor viento
y partir mis caricias con el ingrato.

*

Se acordó de su techo desparecido.
Era su techo
la sombra de aquel otro, también deshecho,
que fue mi nido,
cuyos últimos cantos guardo en mi pecho,
cuyas luces postreras he recogido.

Y sacó muchas cosas vivas y muertas
de los senos del alma, que ante mí abría;
y, al sentirnos gemelos: Desde este día
yo te amo, le dije. Tienes abiertas,
no nomás las del alma, todas mis puertas.

Abracé su abandono, ya que era el mío
y lo senté a mi mesa, como es costumbre,
y distraje con bromas su eterno hastío
y reviví la lumbre
para que así estuviera con menos frío.

¿Qué pudo hacerle falta que no haya hecho?
Le di el pan de mi mesa
y el calor de mi pecho.
Hoy todo eso me pesa.
Maldigo todavía la hora esa
en que mi puerta abría.

¿Quién jamás lo pensara?
Lava tus pies, le dije, lava tu cara.
Y allí estuve oficioso, como un hermano,
con el agua a la puerta.
Fue para que en el rostro me la tirara.

Todo el edén soñado quedó deshecho.
Lo mismo que aquel otro desparecido,
tristes vieron mis ojos el nuevo techo
también caído.

Y se fue. Desde entonces no más ha vuelto.
No sé dónde haya ido ni lo pregunto.
Epílogo de todo —y éste es un punto
de gravedad ingente que no he resuelto—:
¿qué debo hacer ahora con estas puertas?
¿debo cerrar acaso? ¿las dejo abiertas?

Gravedad y no poca
va tomando el enigma. ¿Quién lo resuelve?
¿Si me pongo a cerrarlas y el pobre toca?
¿Si quedan como antes y el otro vuelve?

◆

Francisco González León

(1862-1945)

González León nació, vivió y murió en Lagos de Moreno, Jalisco, recluido en su tiempo propio. Boticario, profesor de francés, castellano y literatura, publicó su primer libro, *Megalomanías* (1908), a los 46 años, cuando sus contemporáneos como Othón y Gutiérrez Nájera ya eran objeto de estudio en las escuelas; y su libro esencial, *Campanas de la tarde* (1922), después de la lucha armada y en el momento de las vanguardias. En el sistema de vasos comunicantes que es la poesía, González León influyó en López Velarde y se dejó influir por él pues, más allá del tema provinciano —que ambos descubrieron como filón poético en los simbolistas belgas y franceses—, cada uno tiene su propia originalidad.

A primera vista, González León parece un equivalente de los pintores ingenuos o primitivos. Una lectura atenta pone de relieve la sabiduría con que está calculado hasta el mínimo efecto de sus poemas. González León, que escribe marginado del prestigio y las modas literarias, es un artista magistral: el poeta más íntimo de la lírica mexicana. Poeta de lo que se desvanece, muere, se gasta, González León asume su tristeza inconsolable, observa su vida como fracaso y naufragio en medio de las cosas, sin darse cuenta del triunfo que significan sus poemas.

Ciertamente apenas comenzamos a aprender a leerlos gracias al estudio de Allen W. Phillips, *Francisco González León: el poeta de Lagos,* sus *Poesías reunidas* en dos volúmenes por Alfonso de Alba (1966) y los trabajos de Ernesto Flores que prepara sus *Poemas completos* para el Fondo de Cultura Económica.

Antiguallas

Casas de mi lugar que tienden a desaparecer:
raras casas que aún suelo yo encontrar.

Es de ver
la amplitud de los patios empedrados,
el brocal con arcadas de ladrillo,
los arriates adosados a los muros
(altos muros patinados y sin brillo)
y la parra que se afianza entre sus grietas,
y macetas y macetas y macetas...

Los equipales criollos
debajo del corredor;
cocina que es comedor;
los enormes cajones despenseros;
mesas de pino
tan blancas como el lino
que duerme en los roperos;
(lino fino de enantes;
lino de las estopillas y de los bramantes...).

Y las amplias escaleras y los breves ventanales;
y las vidrieras
de vidrios poligonales;
y los viejos cornisones de los labrados balcones
por las lluvias carcomidos,
donde por turno hacen nidos
golondrinas y gorriones...

Íntegro

Tardes de beatitud
en que hasta el libro se olvida
porque el alma está diluida
en un vaso de quietud.

Tardes en que están dormidos
todos los ruidos.

Las tardes en que parece
que están como anestesiadas
todas las flores del huerto,
y en que la sombra parece más sombría,
y el caserón más desierto.

Tardes en que se diría
que aun el crepitar de un mueble
fuera una profanación
de absurda cacofonía
y herética intromisión.

Tardes en que está la puerta
de la casa bien cerrada,
y la del alma está abierta...

Tardes en que la veleta
quieta en la torre no gira
y en parálisis se entume,
y en que el silencio se aspira
íntegro como un perfume.

Despertar

Sueños en la mañana
de la alcoba en la semioscuridad.

Despertar indolente en que se siente
la necesidad
de continuar el diálogo interrumpido
con la fantasmagoría nocturnal.

Aquella semivigilia en que aún hay
la indecisión de lo que en sueños vimos;
aquella incapacidad
de descifrar lo que sentimos,
pero en que aún tiembla brumosa una nostalgia
con las fosforescencias de una tenuidad.

Se ha callado en su ranura
suspendiendo su nocturna partitura

algún grillo
que ha ocultado su martillo,
monótono cual la marcha
de un péndulo de bolsillo.

Y en tanto bruñe un espejo
un dejo en la oscuridad,
y descifra una rendija
una ecuación matinal
en un pretil de la casa,
una saltapared
repasa
sus métricas de cristal...

Diálogo

Los mismos sitios y las mismas calles.

"Días como tirados a cordel",
tan lisos y tan sin detalles.
Cual el tic-tac de un reloj,
isócrona la vida
y monótono el latir del corazón.

El propio sol adormilado y yerto
echado como un perro junto al huerto;
las mismas puertas en los mismos quicios;
la campana de hoy que es la de ayer
y ha de ser la campana de mañana;
la eterna catecúmena campana
llamando a los idénticos oficios...

Senectud del monástico mutismo
de una vieja ciudad puesta en catálogo.
Y la lentitud de un diálogo
consigo mismo...

Suenan las III

La grande habitación
que el gran espejo
agranda más.

Sobre la antigua consola,
el viejo reloj de bronce
bajo el fanal de cristal;
y penumbras friolencias
en las que la poquedad
de mi lámpara
no basta a evaporar
el frío de mi soledad.

Escenas y efemérides vacías;
lógicas y rebeldías
intrincadas en lances de episodios
que baraja en su código el azar:
Proceso nocturnal de hora callada
en la que el alma ya no espera nada,
porque fuera impudor el esperar.

Anémica la lámpara vacila;
afuera sopla el viento.
Se perfila la noche y se acelera.
Y en despertar soñoliento,
como arrastrando los pies,
sonámbulo el reloj balbuce lento:
Una,
dos,
tres.

Palabras sin sentido

Aunque la mañana está soleada,
tiene algo de una celda abandonada.
Habla la casa porque está callada;
y en un encogimiento del espíritu,
se me forma algo intrínseco...
... por nada.

Palabras sin sentido;
ecos de quién sabe qué ruido
que repiten las cámaras desiertas
de la desierta casa en el olvido.

Hay un rumor
como el del agua de un surtidor.
Quizá el viento que se aleja,
y que al alejarse, deja
la cúspide de una queja.

Voces sin voz que entiende el corazón;
rumores que así van de pieza en pieza;
palabras sin sentido;
ecos de quién sabe qué ruido,
que ponen diafanías a la tristeza.

Soldaditos de cristal

Lluvia del aguacero,
lluvia de agujas de acero,
lluvia llena de olores y de ruidos
que me mueves el alma y los sentidos.

Qué lejana visión en ti se afina:
Cuando eras citadina...
Cuando eras pueblerina...
Cuando eras campesina...

La urbe episcopal, vieja y lontana...
mi pueblo... mi casona... mi ventana...
la granja con su olor a mejorana...
Fresca siempre al caer y siempre bella;
pero ya no eres aquélla:

La que con mi devoción
rezaba su honda oración
allá adentro de aquel hueco
barítono canalón.

Cuando eras agua bendita
para mi alma que contrita

y neófita en su emoción,
acaso en ti comulgaba
su pristísima comunión.

Cuando soñaba y soñabas,
cuando te hablaba y me hablabas,
cuando eran alma las cosas,
cuando del patio ancestral
marchabas sobre las losas
en un desfile marcial
de infinitos soldaditos
de ejércitos de cristal.

La gotera

Llovió toda la noche.
La llovizna final aún parpadea
un húmedo rumor en la azotea;
archivo de hojas que moviera el viento.

La oscuridad del ámbito se duerme
desvelada dentro del aposento.

La lluvia ha hecho
que se filtre el agua
y se traspase el techo
estilando metódica en la estera
del piso de la pieza,
una gotera.

Esbozo musical que se devana.
... Ritmo alterno
de arteria o de campana:
Tic...
Tac...

Si motivos de música de cámara
la llovizna ejecuta,
la gotera en el suelo pertiguea
la ley de una batuta.

Hay algo que recóndito se afina;
la oscuridad es morfina
propia para soñar.

Ábrense de par en par
los sencillos postigos de la infancia.
Perspectiva interior de la distancia,
que tan cerca del alma se veía:
la vieja casa conventual y fría;
las grandes y recónditas alcobas;
los cuentos de los duendes que ahí andaban
cambiando de lugar a las escobas.

Y el bullicioso gozo;
y el asomarse al pozo
por distinguir la arruga
que en el agua dejaba la tortuga.

Recóndita virtud de aquellas cosas
que se amplían en el alma a la manera
del vidrio de una esfera.

Gotera
de renguera
desigual:
Tic...
Tac...

Clepsidra cuya gota horada el tiempo
con caída de ritmo vertical;
rumor que asemeja al de la péndola
que en la sala de ambiente colonial
rebanaba el silencio de las horas
con el filo de su disco de metal.

Agua dormida

Agua dormida de aquel pilón:
agua desierta;
agua contagiada del conventual
silencio de la huerta.

Agua que no te evaporas,
que no te viola la cántara,
y que no cantas, y que no lloras.

Tu oblongo cristal
es como el vidrio de una cámara fotográfica
que retrata un idéntico paisaje
de silencio y de paz.

Tus húmedos helechos,
un cielo siempre azul, y quizás
un celaje...

Tú a la vida, jamás, jamás te asomas,
y te basta de un álamo el follaje,
y en las tardes, un vuelo de palomas...

Agua dormida,
agua que contrastas con mi vida,
agua desierta...

Pegado a la cancela de la huerta,
de sus rejas detrás,
¡qué de veces de lejos te he mirado!,
y con hambre espiritual he suspirado:
¡si me dieras tu paz!

Enrique González Martínez

(1871-1952)

Nació en Guadalajara y fue médico rural en Mocorito, Sinaloa. Allí publicó sus
primeros libros, con tanto éxito que se trasladó a la Ciudad de México para ser
presidente del Ateneo de la Juventud. Como editorialista de *El Imparcial* con-
tribuyó a la caída y muerte de Madero. Fue subsecretario de Instrucción Públi-
ca en uno de los muchos gabinetes de Huerta. No partió al exilio como sus
amigos y compañeros: permaneció en la capital y fue, durante los años más in-
tensos de la guerra civil, el centro de la vida intelectual y el maestro de los jóve-
nes a quienes más tarde se llamaría "Contemporáneos". Fue ministro de México
en Chile, Argentina, Portugal y España. Tuvo fama de competir con Nervo en

haber sido la persona más encantadora entre los poetas de este país. En la segunda posguerra fue amigo de los intelectuales de izquierda que lo llevaron a presidir el Congreso Americano de la Paz.

El prestigio literario es un fenómeno difícil de explicar que sólo tangencialmente se relaciona con la calidad intrínseca de las obras. Durante muchos años González Martínez fue considerado el mejor poeta mexicano. Ahora se le recuerda sobre todo por su soneto "Tuércele el cuello al cisne", que no fue un ataque contra Rubén Darío sino una toma de partido por los elementos simbolistas del modernismo en contra de sus rasgos parnasianos. El público actual no es el más dispuesto a escuchar sus sermones morales que fueron una respuesta a la violencia de la Revolución, la contrarrevolución y la Primera Guerra Mundial. Pero no leer a González Martínez significa perderse al gran poeta del dolor (*Poemas truncos* y *Ausencia y canto*, escritos a la muerte de su esposa y su hijo, el poeta Enrique González Rojo) y al no menos grande de la vejez que a los ochenta años hizo su mejor libro, *El nuevo Narciso* (1952), con el que se clausuró brillantemente el ciclo modernista. Antonio Castro Leal editó en 1971 las *Obras completas* de González Martínez y Jaime Torres Bodet hizo una *Antología* de sus mejores poemas, reimpresa en Lecturas mexicanas (1985).

Busca en todas las cosas...

Busca en todas las cosas un alma y un sentido
oculto; no te ciñas a la apariencia vana;
husmea, sigue el rastro de la verdad arcana,
escudriñante el ojo y aguzado el oído.

No seas como el necio, que al mirar la virgínea
imperfección del mármol que la arcilla aprisiona,
queda sordo a la entraña de la piedra, que entona
en recóndito ritmo la canción de la línea.

Ama todo lo grácil de la vida, la calma
de la flor que se mece, el color, el paisaje.
Ya sabrás poco a poco descifrar su lenguaje...
¡Oh, divino coloquio de las cosas y el alma!

Hay en todos los seres una blanda sonrisa,
un dolor inefable o un misterio sombrío.
¿Sabes tú si son lágrimas las gotas de rocío?
¿Sabes tú qué secreto va contando la brisa?

Atan hebras sutiles a las cosas distantes;
al acento lejano corresponde otro acento.
¿Sabes tú dónde lleva los suspiros el viento?
¿Sabes tú si son almas las estrellas errantes?

No desdeñes al pájaro de argentina garganta
que se queja en la tarde, que salmodia a la aurora.
Es un alma que canta y es un alma que llora...
¡Y sabrá por qué llora, y sabrá por qué canta!

Busca en todas las cosas el oculto sentido;
lo hallarás cuando logres comprender su lenguaje;
cuando sientas el alma colosal del paisaje
y los ayes lanzados por el árbol herido...

Psalle et Sile

No turbar el silencio de la vida,
ésa es la ley... Y sosegadamente
llorar, si hay que llorar, como la fuente
escondida.

Quema a solas —¡a solas!— el incienso
de tu santa inquietud, y sueña, y sube
por la escala del sueño... Cada nube
fue desde el mar hasta el azul inmenso.

Y guarda la mirada
que divisaste en tu sendero —una
a manera de ráfaga de luna
que filtraba el tamiz de la enramada—;
el perfume sutil de un misterioso
atardecer; la voz cuyo sonido
te murmuró mil cosas al oído;
el rojo luminoso
de una cumbre lejana;
la campana
que daba al viento su gemido vago...

La vida debe ser como un gran lago
cuajado al soplo de invernales brisas,

que lleva en su blancura sin rumores
las estelas de todas las sonrisas
y los surcos de todos los dolores.

Cada emoción sentida,
en lo más hondo de tu ser impresa
debe quedar, porque la ley es ésa:
no turbar el silencio de la vida,
y sosegadamente
llorar, si hay que llorar, como la fuente
escondida...

Tuércele el cuello al cisne...

Tuércele el cuello al cisne de engañoso plumaje
que da su nota blanca al azul de la fuente;
él pasea su gracia no más, pero no siente
el alma de las cosas ni la voz del paisaje.

Huye de toda forma y de todo lenguaje
que no vayan acordes con el ritmo latente
de la vida profunda... y adora intensamente
la vida, y que la vida comprenda tu homenaje.

Mira al sapiente búho cómo tiende las alas
desde el Olimpo, deja el regazo de Palas
y posa en aquel árbol el vuelo taciturno...

Él no tiene la gracia del cisne, mas su inquieta
pupila, que se clava en la sombra, interpreta
el misterioso libro del silencio nocturno.

Como hermana y hermano

Como hermana y hermano
vamos los dos cogidos de la mano...

En la quietud de la pradera hay una
blanca y radiosa claridad de luna,
y el paisaje nocturno es tan risueño
que con ser realidad parece sueño.

De pronto, en un recodo del camino,
oímos un cantar... Parece el trino
de un ave nunca oída,
un canto de otro mundo y de otra vida...
¿Oyes? —me dices— y a mi rostro juntas
tus pupilas preñadas de preguntas.
La dulce calma de la noche es tanta
que se escuchan latir los corazones.
Yo te digo: no temas, hay canciones
que no sabremos nunca quién las canta...

Como hermana y hermano
vamos los dos cogidos de la mano...

Besado por el soplo de la brisa,
el estanque cercano se divisa...
Bañándose en las ondas hay un astro;
un cisne alarga el cuello lentamente
como blanca serpiente
que saliera de un huevo de alabastro...
Mientras miras el agua silenciosa,
sientes sobre la nuca el cosquilleo,
la pasajera onda de un deseo,
el espasmo sutil, el calosfrío
de un beso ardiente cual si fuera mío...
Alzas a mí tu rostro amedrentado
y trémula murmuras: ¿me has besado?...
Tu breve mano oprime
mi mano; y yo a tu oído: ¿sabes? esos
besos nunca sabrás quién los imprime...
Acaso, ni siquiera si son besos...

Como hermana y hermano
vamos los dos cogidos de la mano...

En un desfalleciente desvarío,
tu rostro apoyas en el pecho mío,
y sientes resbalar sobre tu frente
una lágrima ardiente...
Me clavas tus pupilas soñadoras
y tiernamente me preguntas: ¿lloras?
Secos están mis ojos.. Hasta el fondo

puedes mirar en ellos... Pero advierte
que hay lágrimas nocturnas —te respondo—
que no sabremos nunca quién las vierte...

Como hermana y hermano
vamos los dos cogidos de la mano...

Mañana, los poetas...

Mañana, los poetas cantarán en divino
verso que no logramos entonar los de hoy;
nuevas constelaciones darán otro destino
a sus almas inquietas con un nuevo temblor.

Mañana, los poetas seguirán su camino
absortos en ignota y extraña floración,
y al oír nuestro canto, con desdén repentino
echarán a los vientos nuestra vieja ilusión.

Y todo será inútil, y todo será en vano;
será el afán de siempre y el idéntico arcano
y la misma tiniebla dentro del corazón.

Y ante la eterna sombra que surge y se retira,
recogerán del polvo la abandonada lira
y cantarán con ella nuestra misma canción.

Dolor

Mi abismo se llenó de su mirada,
y se fundió en mi ser, y fue tan mía,
que dudo si este aliento de agonía
es vida aún o muerte alucinada.

Llegó el Arcángel, descargó la espada
sobre el doble laurel que florecía
en el sellado huerto... Y aquel día
volvió la sombra y regresé a mi nada.

Creí que el mundo, ante el humano asombro,
iba a caer envuelto en el escombro
de la ruina total del firmamento...

¡Mas vi la tierra en paz, en paz la altura,
sereno el campo, la corriente pura,
el monte azul y sosegado el viento!...

Mar eterno

El mar por tantas horas ha mecido
sueños y ensueños de mi vida errante,
que aún corto sus espumas, navegante
de noche azul en piélago de olvido.

Marinero de insomnios perseguido
—pérfido el rumbo, prófugo el instante—,
cual mascarón de proa voy delante,
esclavo de los ojos y el oído.

Del mar me cuenta el caracol sonoro,
el dejo de su sal gusto en el lloro,
el canto de sus ondas me despierta;

y vuelve a ver mi náufraga fortuna
nuestras dos almas que juntó la luna
en la isla fantástica y desierta.

La despedida

No ha de besarme en la angustiada hora
de mi trance mortal, y será en vano
que busque la caricia de su mano
con el afán con que la busco ahora.

Será el morir como distante aurora
perdida en sueños; sentiré cercano
el leve soplo de un suspiro hermano
o la filial desolación que llora.

Su beso, no... La trágica amargura
de su último mirar en mí perdura
cada vez más tenaz y más adentro...

Aquellos ojos de paloma herida
sellaron la suprema despedida
por si no hay otro viaje ni otro encuentro.

Estancias

1

Tropel de sombras; mas el ojo lleva
en su retina la visión del viaje.
Alcé mi voz al astro que se eleva;
cantando espero que la noche baje.
Del coro soy; ni resonancia nueva
ni raro timbre de inicial mensaje;
me seduce la eterna melodía
que, por ser la de todos, es más mía.

2

Roble, laurel, espina, poco importa;
lo que vale es vivir; en la tortura,
igual que en el placer, la vida es corta;
voluntad de vivir es lo que dura.
La frente al aire y la mirada absorta,
mil veces renovara mi aventura
de andar y desandar este camino
a fuer de voluntario peregrino.

3

Sonrisa, lentitud. ¡Feliz quien sabe,
a la hora solemne e imprecisa
en que es forzoso que la vida acabe,
asociar el adiós con la sonrisa
y lentamente conducir la nave!
Semeja fuga navegar de prisa.
Llegue la barca al límite supremo
arriando lonas y al compás del remo.

4

En marcha desigual y prolongada,
nada pasa por mí sin dejar huella:
agua que corre y agua congelada,
el cocuyo lo mismo que la estrella,
a la vez el camino y la posada,
el beso de hoy y el ósculo de aquella
que en horas de quebranto vespertino
partió mi pan y me brindó su vino.

5

Vive mi sueño selvas encantadas
por donde tiendo la mirada y veo
ninfas que se dispersan en bandadas,
sátiros en el rijo del deseo,
mansedumbre de fieras dominadas
por el hechizo musical de Orfeo,
y fuentes que revelan al oído
la eficacia secreta del sonido.

6

Cruza también —acompasada ronda—
el vuelo de las aves agoreras;
trinos que se despiertan en la fronda
evocan mis lejanas primaveras;
no hay un leve rumor que no responda
en clave de palabras mensajeras,
y ven mis ojos, siervos de mis pasos,
nacer auroras y morir ocasos.

7

Torvo fantasma acecha con la muda
presencia marginal; su comentario
de impasible silencio rige y muda
el mapa del borroso itinerario.
Un tiempo fue pavor, amago, duda,
hoy consejero fiel y amigo diario;
presidiendo las horas, nos advierte
que brotan del rosal rosas de muerte.

8

Causa dolor dejar interrumpida
la vieja historia y en sordina el canto
que a toda voz alzamos a la vida
con risa fácil o con noble llanto;
mas esta suavidad adormecida
de rapsodia final tiene su encanto:
define el ojo y el oído ausculta
la forma vaga y la palabra oculta.

9

¡Mágico mar de mis contemplaciones
que recorrí sonámbulo y despierto;
velas que el huracán hizo jirones
y hube de renovar en cada puerto;
náutica rosa de las tentaciones
a todos rumbos y sin rumbo cierto!...
¿Qué testigos insomnes a mi lado
dirán que la aventura ha terminado?

10

Uno fui ayer. Mañana ¿quién pudiera
decir lo que seré? Se está forjando
esta vida mortal y no sé cuándo
terminen mi labor y mi carrera.
En mi mal y mi bien ejerzo mando
y en mi mano está ser ángel o fiera.
Cetrero y domador, dar he sabido
suelta al azor y látigo al rugido.

11

Estoy en soledad bajo los pinos,
enfrente el viejo mar que duerme y brama,
el mar que pinta y borra los caminos;
la altura atrás, hoy nieve y ayer flama.
Tras de mí, los impulsos repentinos;
delante, la aventura que me llama;
delante, lo que toco y lo que veo;
detrás, la incertidumbre del deseo.

12

Frente a mí, la videncia de horizontes,
la flor campestre en musgo de esmeralda,
y traspasando el filo de los montes,
el reino de las sombras a mi espalda.
Atrás, las altas cúspides bifrontes
cuyos hielos al sol mojan la falda;
y en mitad de la altura y del abismo,
la profunda ignorancia de mí mismo.

13

Con el ala ligera y temblorosa,
Ariel, alma del aire, roza el viento
y es iris con disfraz de mariposa
en el jardín azul del firmamento.
Me digo: ¿por qué voy de cosa en cosa
en perpetuo y activo movimiento
cual si tuviera el alma repartida
en una inmensa donación de vida?

14

Desde la aurora de preludios rojos
una obsesión de altura me enardece;
y cuando el sol escapa de mis ojos
y en brazos de la noche desfallece,
sigue el ansia de vuelo sus antojos,
crece el afán mientras la sombra crece,
y voy a tientas por la selva oscura
como niño que corre a la ventura.

15

¿A la ventura? No. La vida clama
y el alma se conturba al llamamiento;
todos piden merced y el eco brama
sobre las alas trémulas del viento;
el torrente del odio se derrama,
huye la grey en trágico lamento
¡y es fuerza compartir esa agonía
que, por ser la de todos, es más mía!

16

Cabe la excelsa austeridad del pino
y el espiral abrazo de la hiedra,
estoy forjando a golpes mi destino
—estatua y escultor, cincel y piedra—.
Grietado fuste en tumbo repentino,
truncado capitel, nada me arredra;
prestos acuden al tropiezo humano
bloque y martillo en la nerviosa mano.

17

Hace tres lustros me engañó la vida
—¡cómo me duele la traición!— y creo
que de su propio engaño arrepentida,
ofreció nuevo don a mi deseo.
Aún escuecen los labios de la herida;
un hilo rojo en mi costado veo;
mas resignado el escozor soporto
y bebiendo mi sangre me conforto.

18

¡Estrella clara, compasiva estrella
que tras la celosía de la nube
me hiciste guiños en la noche aquella!
Como sobre las alas de un querube,
vi discurrir por la celeste huella
llanto que baja y oración que sube.
¡Tocó mi frente el rayo diamantino
y todo se hizo canto en el camino!

19

Mi torpe balbucir halló el secreto
de la palabra; fue purificado
el beso matinal; violado el veto
que confunde el amor con el pecado;
tornóse manso el corazón inquieto,
y las rosas del huerto constelado
entornaron de noche su corola
porque brillaras tú límpida y sola.

20

¡Oh, poesía, santa poesía,
samaritana luz en mi sendero,
flor en mi duelo, dardo en mi alegría!
Por ti debo morir y por ti muero,
te quisiera decir como decía
el bardo de la lira y del acero.
¡Puede esgrimir la muerte su guadaña
si tu amor en el trance me acompaña!

21

Donadora del ritmo y de la rima,
quiero decirte adiós, pues ya cercana
anuncia que la hora se aproxima
la profética voz de la campana.
Viento renovador ruge en la cima
del alto monte de cabeza cana;
oigo el fragor; mas nada me amedrenta
porque escucho mi canto en la tormenta.

22

Árbol caduco; greñas el ramaje;
ulcerada corteza; pluma y trinos
en fuga por los árboles vecinos;
desnudez espectral frente al boscaje.

Pudor que espera que la noche ataje
el confuso tropel de los caminos
de que otrora cansancios peregrinos
demandaron frescura y hospedaje.

Arroyo fiel en pertinaz murmullo;
de la penuria verde en la cimera,
desmedrado mechón que finge orgullo.

Y en la piadosa lluvia, mensajera
de un nuevo amanecer, flor en capullo,
¡último don de tarda primavera!

Nota editorial

En 1979 la editorial Promexa publicó, en dos volúmenes, sendas antologías de poesía mexicana: la primera, con poemas de 1810 a 1914, a cargo de José Emilio Pacheco; la segunda; de 1915 a 1979, por Carlos Monsiváis. El proyecto tenía como antecedentes antologías que había editado en 1966 Empresas Editoriales, así como la *Antología del modernismo*, que Pacheco preparó en 1970 para la Biblioteca del Estudiante Universitario de la UNAM.

Promexa relanzó en 1985 las antologías, ahora en un solo volumen, como parte de su Gran Colección de Literatura Mexicana. Para publicar el tomo *La poesía, siglos XIX y XX*, los antologadores revisaron la selección de poemas, así como las notas explicativas y los textos preliminares, de los que prepararon versiones mucho más compactas.

Para esta edición en Hotel de las Letras hemos tomado, en el caso de los poemas y sus notas iniciales y a pie, el texto de 1985, pero separando la selección en dos volúmenes para volver más amable la lectura. Recuperamos, sin embargo, el prólogo de la edición de 1979, por ser más completo. Hemos corregido erratas e imprecisiones de la edición de Promexa, que iban desde gazapos tipográficos hasta la omisión de versos enteros.

Hemos conservado las notas del antologador tal como estaban, incluyendo las noticias sobre el estado de la edición y las investigaciones que sus obras presentaban entonces, pese a que, sabemos, al día de hoy se han actualizado y mejorado gracias al esfuerzo de casi cuatro décadas prodigado por editores y especialistas. Las notas introductorias y explicativas no sólo siguen vigentes para presentar las obras poéticas antologadas: trazan una pintura elocuente tanto del contexto de su publicación inicial como de la personalidad de José Emilio Pacheco como lector, estudioso, editor y divulgador de la poesía mexicana.

Índice de poetas

Acuña, Manuel, 140
Altamirano, Ignacio Manuel, 133

Calderón, Fernando, 89
Carpio, Manuel, 53
Cuenca, Agustín F., 186

Díaz Mirón, Salvador, 210

Fernández de Lizardi, José Joaquín, 29
Fernández Granados, Enrique, 201
Flores, Manuel M., 156

González Bocanegra, Francisco, 96
González León, Francisco, 301
González Martínez, Enrique, 309
Gutiérrez Nájera, Manuel, 223

Heredia, José María, 44

Icaza, Francisco A. de, 248

López, Rafael, 283

María Enriqueta, 254
Méndez de Cuenca, Laura, 190
Montes de Oca y Obregón, Ignacio, 197
Murillo, Josefa, 184

Nervo, Amado, 273

Ortega, Francisco, 35
Othón, Manuel José, 232

Pagaza, Joaquín Arcadio, 193
Peón Contreras, José, 181
Pesado, José Joaquín, 60
Peza, Juan de Dios, 171
Placencia, Alfredo R., 296
Plaza, Antonio, 163
Prieto, Guillermo, 114

Quintana Roo, Andrés, 30

Ramírez, Ignacio, 104
Rebolledo, Efrén, 288
Riva Palacio, Vicente, 127
Rodríguez Galván, Ignacio, 69
Rosas Moreno, José, 178

Sánchez de Tagle, Francisco Manuel, 39
Sierra, Justo, 203

Urbina, Luis G., 257

Valle, Juan, 100

Índice de poemas

A ella, 215
A Felipe II, 275
A Iturbide en su coronación, 36
A Kempis, 276
A la luna en tiempo de discordias civiles, 39
A Laura (Méndez), 141
A Lidia, 203
A orillas del Atoyac, 186
A un triste, 231
A una ramera, 166
Abrojos, 164
Adiós, mamá Carlota (versión de Mateos), 129
Adiós, mamá Carlota (versión de Ruiz), 128
Adiós, oh patria mía, 85
Adiós y siempre adiós, 185
Agua dormida, 308
Ahasvero, 251
Al amor, 111
Al Atoyac, 137
Al caer la tarde, 193
Al chorro del estanque…, 221
Al mar, 114
Al nacimiento del Señor, 53
Al sol, 199
Al viento, 131
Andrógino, 277
Ante un cadáver, 143
Antiguallas, 302
Árbol de mi vida, 189
Así fue…, 257

¡Bailad, bailad!, 83
Bajo las palmas, 156
Busca en todas las cosas…, 310

Cantares, 121
Caro Victrix, 289
Ciego Dios, 296
Cleopatra, 210
Como hermana y hermano, 312
Contraste, 184
Contrición poética, 44

De Lidia, 202
Décimas glosadas, 122
Definiciones, 185
Dentro de una esmeralda, 222
Despertar, 303
Después de los asesinatos de Tacubaya, 105
Diálogo, 304
Dolor, 314

Ecos, 182
Ejemplo, 213
El Año Nuevo [Altamirano], 140
El Año Nuevo [Ramírez], 112
El canto del libro, 251
El cerro, 194
El Escorial, 131
El fantasma, 213
El muecín, 277
El poema del lago, 258
El río, 195
El río de Cosamaloapan, 54
El soldado de la libertad, 92
El sueño del tirano, 89
El violoncello, 278
Elegía, 245
En Bohemia, 279
En el álbum de Eduardo Sánchez Fuentes, 222
En el desierto. Idilio salvaje, 241
En el teocalli de Cholula, 45
En la noche, 252
En las ruinas de Mitla, 176
En mi barrio, 174
En paz, 283
En un cromo, 231

Engarce, 214
Ensueños, 119
Estancias, 316

Francesca, 158
Frondas y glebas, 233
Funeral bucólico, 205
Fusiles y muñecas, 172

Himno de los bosques, 234
Himno Nacional, 97
Hojas secas, 148

Idilio, 216
Íntegro, 302
Invocación (de los aztecas) al Dios de la Guerra, 67
Ipandro Acaico, 200

José Martí, 209

La arteria rota, 250
La balada de la vuelta del juglar, 269
La Bestia de Oro, 284
La despedida, 315
La duquesa Job, 224
La elegía del retorno, 270
La fatiga de las puertas, 299
La giganta, 215
La gota de hiel, 87
La gotera, 307
La guerra civil, 100
La muerte del tirano, 133
La mujer de nieve, 223
La noche, 160
La noche en el Escorial, 132
La nube, 211
La oración de la tarde, 195
La vejez, 132
La vuelta a la aldea, 179
Las amapolas, 134
Las horas, 253
Las troyanas, 54
Londres, 278

Mañana, los poetas..., 314
Mar eterno, 315
México en 1847, 55
Mi Cristo de cobre, 298
Miércoles de ceniza, 29
Miramar en 1876, 198
Miserere, 297
Música de Schubert, 212
Música fúnebre, 212

Nada, 170
Nave incendiada, 201
Niágara, 49
Nieblas, 190
Nocturno, 146
Non omnis moriar, 228

Oda al dieciséis de septiembre de 1821, 30
Oda XXX de Horacio, 196
"Oremus", 274
Otumba, 194

Paisaje, 256
Paisaje de sol, 250
Palabras sin sentido, 305
Para entonces, 229
Playera, 204
Por los desgraciados, 105
Por los gregorianos muertos, 108
Preludio, 249
Profecía de Guatimoc, 70
Psalle et Sile, 311
Pulvis es, 200

Renunciación [María Enriqueta], 254
Renunciación [Nervo], 282
Romance de la Migajita, 124
Rondós vagos, 279

Salmo XXXVIII, 62
San Ignacio Mártir, 199
Sitios y escenas de Orizaba y Córdoba, 60

Soldaditos de cristal, 306
Soneto inscrito en una puerta de la Alameda, 43
Suenan las III, 305

To be, 230
Tres cruces, 207
Tuércele el cuello al cisne…, 312

Vana invitación, 255
Vanidad de la gloria humana, 64
Venus suspensa, 286
Vieja lágrima, 268
Vieja llave, 280

Esta obra se imprimió y encuadernó
en el mes de junio de 2022,
en los talleres de Impregráfica Digital, S.A. de C.V.,
Av. Coyoacán 100–D, Col. Del Valle Norte,
C.P. 03103, Benito Juárez, Ciudad de México.